I0816340

NO HAY ÉXITO PARA LOS INDECISOS

Joanna Grover y Jonathan Rhodes,
creadores del Entrenamiento de Visualización Funcional, probado en atletas olímpicos

¡NO HAY ÉXITO PARA LOS INDECISOS

Descubre el método para, de una vez por todas, alcanzar tus metas

DIANA

Título original: The Choice Point: *The Scientifically Proven Method to Push Past Mental Walls and Achieve Your Goals*

Traducido por: Carlos Díaz
Formación de interiores: Alejandra Romero
Diseño de portada: Planeta Arte & Diseño / Tonatihu Iaquian Torres Mejía
Ilustración de portada: © Getty Images

Bajo el sello editorial DIANA M.R.
Avenida Presidente Masarik núm. 111,
Piso 2, Polanco V Sección, Miguel Hidalgo
C.P. 11560, Ciudad de México
www.planetadelibros.com.mx

Primera edición en formato epub: febrero de 2025
ISBN: 978-607-39-2451-1

Primera edición impresa en México: febrero de 2025
ISBN: 978-607-39-2362-0

Impreso en los talleres de Litográfica Ingramex, S.A. de C.V.
Centeno núm. 162, colonia Granjas Esmeralda, Ciudad de México
Impreso y hecho en México – *Printed and made in Mexico*

ÍNDICE

— TERCERA PARTE —

VE MÁS ALLÁ

PRÓLOGO

Las imágenes que guardamos en la mente tienen un enorme poder. Cuando gané el Campeonato de Wimbledon, no fue la primera vez que tuve el trofeo en mis manos. En mi imaginación, lo había levantado muchos años atrás. Mi papá plantó la semilla cuando era pequeña y me dijo que algún día lo ganaría. Le creí. Desde luego, ¿qué sabía yo del mundo en aquella época?

Ni siquiera imaginaba cómo sería mi viaje, pero sabía que tendría un gran futuro. Wimbledon es una imagen tan icónica que podía visualizarla en mi mente, y así lo hice:

Imaginé ganar el punto decisivo.

Imaginé dar golpes grandiosos.

Imaginé recibir el trofeo.

Sostuve el trofeo.

Besé el trofeo.

Lo levantaba sobre mi cabeza.

Estas imágenes se me quedaron grabadas: se volvieron un destino y una meta. Como la mayoría de los atletas, me guío por las metas. Por fortuna, también tenía la confianza y siempre sentí que podía enfrentarme a cualquiera y competir en cualquier deporte que deseara. Elegí el tenis porque me encantaba. Me sentí como en casa desde el primer momento en que pisé una cancha. Siempre me ha gustado ese deporte y poder ganar mientras jugaba me resultaba maravilloso. Nadie me presionó para practicarlo; de hecho, fue todo lo contrario. Cuando era hora de entrenar, era la primera en saltar a la cancha.

A los cinco años, pasaba horas golpeando una pelota contra la pared, ¡y me encantaba! Ten en cuenta que eso fue mucho antes de los *smartphones* y las redes sociales. Nunca me aburría y nunca me molestaba hacer lo necesario para mejorar, sin importar lo cansado o monótono que fuera. Tanto el entrenamiento como el dolor eran parte del proceso. No iba a comerme solamente la cereza del pastel y dejar lo demás, porque así no se forman los campeones. No me puse a elegir qué partes del duro acondicionamiento quería hacer, sino que estaba comprometida con hacerlo todo. Si un entrenador me resultaba respetable, lo escuchaba y seguía sus instrucciones.

Quizá estés pensando: *Es fácil para ti decirlo porque eres Martina Navratilova*. Es verdad. Pero alguna vez fui una preadolescente insignificante viajando en tren hacia Praga, cargando con mis grandes sueños, mi mochila de la escuela y una maleta de tenis. En ese momento, un extraño me preguntó:

—¿Para qué son todas esas raquetas?

Respondí que jugaba tenis y, en silencio, confié en que algún día ya no me harían esa pregunta.

Si decides perseguir tu sueño, es probable que debas enfrentar la adversidad, por lo que es importante tener una brújula interna que nadie pueda afectar, ni los críticos ni los oponentes populares. Como propósito de vida, tengo un compromiso con los derechos humanos y con la justicia, valores que me inculcaron mis padres con su franqueza. La fama que gané con el tenis me permitió usar mi plataforma para levantar la voz y, quizá, cambiar la opinión de algunas personas respecto a sus prejuicios.

Es obvio que no soy perfecta, pero cuando cometo un error, aprendo y me adapto. Es lo que se debe hacer al jugar tenis. Aprendes muchas buenas lecciones de vida en este deporte.

En la cancha, enfrenté mis nervios y las dudas constantes. Fuera de ella, tuve que superar muchos contratiempos, incluidas las opiniones de los medios y la sociedad. Había más titulares cuando perdía que cuando ganaba. Aquellos días no eran como ahora, los jugadores no estaban en contacto con los fans a través de las redes sociales; mi carrera fue una batalla con altibajos. Me sentí bienvenida cuando me mudé a otro país gracias a mi atletismo, y luego fui rechazada por mi orientación sexual. Sin embargo, a pesar de la presión social de los medios, nunca me perdí de vista a mí misma. Seguí adelante porque en la mente y en el corazón tenía claro que estaba adelantada a mi tiempo. Era una mujer lesbiana, fuerte, franca y musculosa. Tenía fe en que el mundo se actualizaría algún día, y así fue.

En este libro, Jonathan y Jo te enseñarán que conocer tu motivo, entender tu sistema interno de creencias y conectar con tu brújula moral te ayudará cuando la marea se vuelva contra ti. Te animo a que, en esos momentos, encuentres el modo de subsistir. No te dejes intimidar por la norma, encuentra tu propio camino.

Ahora me tomaré el tiempo de hablarles directamente a las mujeres atletas que podrían estar leyendo este libro. Si tú lo eres, ahora más que nunca es esencial que conozcas tus *valores* y tu *valía*. Las redes sociales han dado a las personas autorización para ser desagradables y sortear eso puede resultarnos particularmente difícil a las mujeres porque solemos enfocarnos en lo negativo. Es fácil internalizar los comentarios malintencionados, y no hace falta mucho para que la semilla de la duda se convierta en un roble en tu mente.

En una ocasión, un famoso reportero de tenis me dijo que me costaba trabajo concluir los partidos cuando me correspondía realizar el saque por el punto ganador. Nunca se lo dije, pero sus palabras permanecieron en mi mente por mucho tiempo. No lo tenía presente en todo momento, pero ese comentario surgía casi siempre que era mi turno para realizar un saque por el punto ganador, y me veía obligada a enfrentarlo. Además, no sabía si lo que me había dicho era cierto porque en aquel entonces no teníamos acceso a las estadísticas como ahora y no podía comprobarlo para saber si de verdad era un punto débil en mi juego. Solo podía darle vueltas y eso bastaba para que, en ocasiones, sobrepensara un saque. Por este motivo, recomiendo a los atletas que no lean nada sobre sí mismos. Mi forma de superar estos bloqueos mentales es mediante la acción. Cuando competía, no había psicólogos deportivos. Ojalá hubiéramos tenido las herramientas para volver a una mentalidad positiva durante un partido. Ahora existen esas herramientas, y lo mejor de todo es que en este momento las tienes en tus manos. En este libro, Jo y Jonathan te ofrecen herramientas como el desarrollo de señales para reiniciar tu mente, lo cual te ayudará a superar la adversidad y a comprometerte a alcanzar las metas que sean importantes para ti.

Estas herramientas se basan en el Entrenamiento de Visualización Funcional, o FIT (por sus siglas en inglés), un campo en el que Jo y Jonathan son expertos. Yo usé la visualización en la cancha, pero no es el único lugar donde funciona. Cuando vi la cara de Julia, supe que quería ver ese rostro por el resto de mi vida. Hemos tenido momentos difíciles en nuestro matrimonio y en la crianza de nuestros hijos, pero sigo volviendo a esa visualización.

El objetivo de este libro es averiguar *quién eres* en primer lugar —tus valores y tus metas—, para luego encender el motor de la visualización, por decirlo de alguna manera. El valor más grande en mi vida es la justicia; es mi estrella polar y me ayuda a guiarme por el mundo. Una de las formas en que esto se manifiesta es rodeándome de amigos con mentalidades similares que comparten ese valor. Confié en Jo desde que la conocí porque es una terapeuta, y tuve fe en que resguardaría lo que compartiera con ella en privado. También compartimos el compromiso en común de crear un mundo más justo. Trabajamos lado a lado para registrar a jóvenes votantes en Miami y hemos asistido a conferencias y eventos para recaudar fondos en favor de los derechos LGBT. Es una buena amiga a la que busco cuando necesito algún consejo, y siempre responde con una voz tranquila y reconfortante, por lo que tengo absoluta confianza en que la información que te ofrecerá en *No hay éxito para los indecisos* te servirá para toda la vida.

Sea cual sea tu sueño, espero que te tomes el tiempo necesario para imaginarlo en toda su extensión. Toma la semilla de la aspiración y conviértela en un roble. Confía en que puedes transformarte en una mejor versión de ti mismo, ya sea en la cancha de tenis, en el ámbito profesional o en tu vida personal. Tengo la esperanza de que algún día tendrás la habilidad de echarle un vistazo a tu vida, a tu carrera y a tu legado, y dirás: «Fui fiel a mí mismo y trabajé para mejorarme a mí, a mi familia, a mis amigos y a mi comunidad tan bien como me fue posible». ¿Qué podría ser más importante que eso?

MARTINA NAVRATILOVA

INTRODUCCIÓN

En cierta ocasión, mientras presentábamos nuestro programa para una convención internacional, un amigo muy sabio nos dijo: «No digas que eres un comediante; cuenta un chiste». Sus palabras hicieron eco porque, aunque nosotros no lo sabíamos, habíamos presentado nuestro trabajo de forma incorrecta. Estábamos hablando en vez de mostrar, y para no cometer el mismo error contigo, queremos comenzar ofreciéndote una prueba mental. Empecemos. Piensa en la siguiente palabra con tantos detalles como te sea posible: *e-mail*. Sí, *e-mail*.

¿Qué significa para ti esa palabra? De ser posible, intenta conectar con tus sentidos. ¿De qué manera se activan con esa palabra?

Cuando lees *e-mail*, ¿piensas en algo en específico o te sientes de cierta manera? Desde luego, ese «sentir» es diferente para todos. Algunos podrían pensar en recibir un correo, mientras que otros podrían imaginar que lo redactan y, en su imaginación, escuchan cómo sus dedos presionan las teclas. Algunos más podrían haberse imaginado sentados frente a una pantalla leyendo un correo, o quizá visualizaron el icono o las notificaciones del celular que les informaban el número de correos sin leer: ¡son 56! Quizá pensaste en otra cosa, como borrar un correo, y es probable que eso se sintiera bien.

A medida que das prioridad y atención a cierto pensamiento, en este caso la palabra *e-mail*, es probable que lo conectes con significados y emociones. En cuanto comienza tu conversación interna —la plática que tienes contigo mismo mientras lees y repites la palabra en tu mente—, también lo hace la visualización. La visualización es el proceso de crear representaciones mentales a través del sonido, el olfato, el gusto, el tacto, el movimiento, la visión y la emoción. Todos usan la visualización de manera diferente. Cuando nos enfocamos en un pensamiento, como pensar en comer una rebanada de pastel e imaginar la textura, el aroma, el sabor y la emoción al comerla, cada persona experimentará ese pensamiento de forma diferente con base en sus preferencias y experiencias, y en algo conocido como «desarrollo». Ya imaginarás qué ocurrirá si desarrollas ese pensamiento con detalle: se te antojará un pastel y probablemente correrás a la cocina o a una pastelería cercana para comprar uno antes de seguir leyendo este libro. Nuestras mentes tienen poder y nuestra habilidad de imaginar escenarios puede dictar muchas de nuestras acciones. Algunas de esas acciones son contraproducentes para nuestras metas («¡Cómete ese pastel!», «¡Renuncia a ese proyecto!»), pero no tiene por qué ser así; puedes aprovechar el extraordinario poder que tiene tu mente para optimizar tus acciones («Mejor cómete una ensalada y termina ese proyecto»). Este libro te proporcionará una herramienta para lograr precisamente eso: convertirte en el conductor de tu mente, en vez de ser un simple pasajero.

Al establecer una meta, la mayoría de las personas no planean de forma efectiva ni usan la visualización multisensorial para percibir el proceso de alcanzar esa meta y, por esta razón, cuando encuentran dificultades, no las ven como vallas en una carrera de obstáculos, sino como muros. En consecuencia, a menudo se rinden porque no han desarrollado las habilidades que les permitirían cumplir con el esfuerzo y la perseverancia requeridos.

Un modo más efectivo de comenzar la búsqueda de una meta es usar la conversación interna y la visualización para predecir la manera en que podrían ocurrir tanto el proceso (esfuerzo y perseverancia) como el resultado (éxito o fracaso). La manera en que elaboramos mentalmente este resultado y proceso influye en las probabilidades de alcanzar nuestras metas. De forma bastante literal, la manera en la que imaginamos el futuro y la atención que le damos a un pensamiento guían nuestros esfuerzos, lo que a su vez influye en nuestro comportamiento y resultados.

Puedes usar la visualización para planear tus metas mediante la fantasía, comenzando por imaginar cómo luce el éxito, dependiendo de esas metas: recibir un ascenso en el trabajo, ganar una medalla de oro en las Olimpiadas o estar recostado en una playa del Pacífico. Después puedes dividir tus metas en logros más pequeños e imaginar cómo se siente, huele, sabe, suena y luce cada etapa del éxito. Este proceso es la base de la visualización multisensorial. Cuando te enfrentes a alguna dificultad, se volverá claro uno de los beneficios clave de este enfoque. Dado que ya imaginaste que esa dificultad ocurre, y ya planeaste las formas en que puedes superarla, en lugar de verla como un muro, la percibirás como una valla en una carrera de obstáculos y podrás aumentar la velocidad para saltar sobre ella.

Con este libro aprenderás a entrenar tus habilidades de visualización para mejorar tu planeación y mantener tus metas de pie. Tal vez en este momento no seas consciente del poder de tu imaginación, pero pronto aprenderás a medirla, entrenarla, aprovechar su potencial y refinarla para tu crecimiento personal y el de las personas y comunidades que amas.

La base de este libro es un amplio cuerpo de investigación académica llamado Entrenamiento de Visualización Funcional (FIT), el cual demuestra que la visualización mental provoca emociones y que estas, a su vez, son la clave para amplificar la motivación y modificar el comportamiento. Este método fue desarrollado por psicólogos académicos que estudiaron las adicciones en la Universidad de Plymouth,

Reino Unido, y en la Universidad de Tecnología de Queensland, Australia, quienes observaron que las personas que sufren alguna adicción tienen buenas intenciones y un fuerte deseo de dejar sus hábitos dañinos hasta que la ansiedad toma el control de sus pensamientos, lo que frecuentemente resulta en recaídas. El método FIT enseña a las personas a superar la ansiedad —y otras dificultades basadas en el placer— entrenándolas para mantenerse firmes en sus metas.

Extendimos el modelo FIT de tal forma que incluya nuevas herramientas para mejorar el desempeño. Leerás sobre técnicas que creamos para interrumpir viejos hábitos, tales como SLAPP (por sus siglas en inglés), que está disponible para el público por primera vez en este libro. Ya que el modelo FIT fue desarrollado para asesorías individuales, creamos un modelo para equipos que llamamos Visualización Aplicada para la Motivación, o AIM, por sus siglas en inglés. Escribimos *No hay éxito para los indecisos* para que sientas como si estuvieras sentado frente a frente con nosotros, tus *coaches* de visualización. El punto decisivo —el concepto que da origen a este libro— es el momento exacto en el que decides alejar tu atención de los pensamientos indeseables que podrían interponerse en la decisión consciente de perseverar (o no) en la búsqueda de tu meta. Es ese momento en el que te dices: «¿Debo o no debo continuar?». Este libro es un manual para usar el FIT con el fin de cambiar el comportamiento humano. Compartiremos nuestras propias historias y las de nuestros pacientes: *coaches* en busca de nuevas formas de abordar viejos problemas, ejecutivos llenos de estrés en busca de un balance entre el trabajo y la vida, atletas olímpicos deseosos de medallas, y personas comunes que quieren un estilo de vida más sano. No importa quién seas, cuál sea tu meta o en qué momento de tu vida te encuentres, este libro es para ti.

Nos volvimos autores de *No hay éxito para los indecisos* bajo circunstancias inusuales y una visión común. El doctor Jonathan Rhodes es un apasionado desarrollador del método FIT y psicólogo cognitivo e investigador en la Universidad de Plymouth. Hasta este momento, Jonathan es la única persona que ha investigado e implementado el modelo AIM con grupos de pacientes, entre los que se incluyen equipos profesionales de futbol y velerismo, equipos educativos, organizaciones corporativas y el Ejército Británico. Jo Grover es una compasiva activista comunitaria, trabajadora social y *coach* de Miami Beach, Florida, quien se aventuró a ir a Inglaterra luego de romperse un hombro en un accidente de equitación. La caída durante una competencia en Kentucky no solo destruyó su brazo, también disminuyó su confianza y su amor por un deporte que adoraba. Tanto su cirujano como su terapeuta físico ayudaron a que su cuerpo sanara; el modelo FIT la ayudó a superar el miedo que el accidente había grabado en su mente. Gracias a este método, aprendió a confiar de nuevo en ella misma y en su caballo, y juntos ganaron dos campeonatos antes de retirarse definitivamente bajo sus propios términos. Jo fue la primera persona de Estados Unidos en certificarse en FIT, y descubrió que funcionaba de forma más eficiente y producía un cambio más profundo y duradero en sus pacientes que la terapia cognitivo-conductual que había usado con anterioridad.

Jonathan escribe como académico y consultor de rendimiento; y Jo, como paciente y practicante. Juntos escribimos desde la mente y el corazón. Nuestra colaboración comenzó luego de una videollamada durante la cuarentena por COVID-19 en 2020, mientras Jo estaba bajo las hojas de las palmeras del sur de Florida y Jonathan se encontraba a más de siete mil kilómetros, entre las ventiscas del sur de Inglaterra. Nunca nos encontramos en persona mientras escribíamos este libro, lo cual fue un reto debido a las diferencias de husos horarios, estilos de escritura, compromisos laborales, vidas familiares... ¿ya mencionamos los estilos de escritura? Superamos estos retos porque teníamos como motivación nuestros valores colectivos —servicio y educación—, y juntos imaginamos los beneficios que otras personas recibirían al entender mejor cómo usar la imaginación para alcanzar sus metas. Los beneficios que nuestros pacientes reportan van más allá del éxito en las metas personales, también experimentan una mejoría en su calidad de sueño, así como progresos en su calidad de vida: se comunican mejor, tienen menos estrés, sienten más felicidad y perciben un propósito más profundo, su rendimiento es consistente y alcanzan sus objetivos, y tienen un sentido de pertenencia más sólido. Queremos compartir lo que sabemos sobre la ciencia del éxito: las historias de perseverancia y triunfo ante la adversidad, para que tú, nuestro querido lector, también puedas experimentar esos beneficios.

También creamos una compañía llamada Imagery Coaching, en la que damos asesoría a ejecutivos de la lista Fortune 500, emprendedores, atletas profesionales, rescatistas, enfermeras, profesores, estudiantes, *coaches*, instituciones educativas y miembros destacados del ejército. Desarrollamos cursos internacionales de capacitación para formar en visualización a la próxima generación de *coaches*. Creemos que más personas deberían tener acceso a este tipo de formación, por lo que el 20% de nuestros estudiantes reciben becas completas para capacitarse con nosotros. Dichas becas se entregan a quienes, sin ellas, no podrían acceder a esta preparación debido a las barreras socioeconómicas. También apoyamos iniciativas de cambio locales y globales, como la Climate Coaching Alliance, una red de instructores ejecutivos que trabaja con organizaciones relacionadas con el clima. Aspiramos a tener un Día de la Visualización, respaldado por la Organización de las Naciones Unidas, en el que enseñemos a líderes mundiales y activistas climáticos a imaginar juntos soluciones para el cambio climático a través de la creatividad y la colaboración. Además, seguimos ampliando la cartera de investigaciones del FIT para individuos y del AIM para equipos.

Esos somos nosotros, pero a fin de cuentas *tú* eres el tema sobre quien versa este libro: tus sueños, tus metas, tus aspiraciones, así como tus valores y lo que significas; tu comunidad y tus conexiones. Este libro trata sobre tomar las metas que hay en tu mente, visualizarlas y volverlas realidad.

Cómo usar este libro

La visualización es algo íntimo y emocional, por lo que debes ser amable y paciente contigo mismo. Busca a un amigo que desee acompañarte o trátate a ti mismo como un buen amigo. Los ejercicios en este libro te revelarán un sentido más profundo de significado y conexión. Ya que la imaginación es personal, presentaremos una serie de pruebas y mediciones que te proporcionarán un punto de partida desde el cual puedes comenzar a trabajar para alcanzar tus metas. Los capítulos se desarrollan de un modo estructurado que tiene la intención de brindarte apoyo y delinear tu viaje personal con el modelo FIT, mientras reflexionas en el trabajo realizado a lo largo de cinco pasos: tus valores, creencias, actitud, cogniciones y conductas. En la primera parte, nos enfocamos en los tres pasos iniciales (valores, creencias y actitud). Para que el entrenamiento de visualización sea más efectivo, debes tener claridad respecto a tus metas y reconectar con aquello que es importante para ti.

Recomendamos que, a lo largo del libro, aunque especialmente en los tres primeros capítulos, tomes notas y registres tu progreso en un diario, como si fueras un investigador de tu propia mente, ya que un diario te ofrece un espacio para la autorreflexión y la incubación mental; te sentirás alentado a pensar respecto a tu propio pensamiento. Puede sonar redundante, pero así tendrás un espacio para pensar «¿Por qué?». En cada uno de estos puntos, mientras escribes en tu diario y realizas reflexiones críticas, también te recomendamos pausar la lectura para permitir que tus pensamientos tomen forma. Puedes seguir leyendo unas horas más tarde, al siguiente día o cuando sientas que es apropiado hacerlo. Dicho de otro modo: te recomendamos no leer este libro tan rápido como un niño de 5 años se come un sándwich de jamón. Es mejor leerlo con la misma calma con la que una persona de 50 años se comería ese sándwich, saboreando y sobrepensando cada bocado.

En el inicio de la segunda parte, nos enfocamos en el entrenamiento de visualización, que es la etapa cognitiva del viaje. Esperamos que recibas ese material con curiosidad y una meta definida. Durante esta segunda parte, podrás explorar con detalle tu viaje de visualización, desde el paso uno, los valores, hasta el paso cuatro, las cogniciones. Te invitaremos a medir tus habilidades de visualización para después refinar cada uno de los aspectos multisensoriales, como la imaginación visual, auditiva y cinética. Lo mejor es que tomes notas respecto a cada área sensorial y te mantengas reflexivo conforme pongas en práctica la teoría. Si te llegas a sentir estancado, cada capítulo ofrece ejemplos de resolución de problemas para ver la manera en la que otros se abrieron paso hacia la práctica diaria de la visualización.

En cuanto comiences a practicar la visualización, ya estarás en la etapa final: el cambio conductual. En este punto podrás experimentar para averiguar qué funciona mejor para tu práctica aplicada. Para lograr que las conductas se mantengan y perseveren cuando haya complicaciones, te daremos instrucciones adicionales sobre cómo aplicar el método FIT, las cuales te ayudarán a crear rutinas y reiniciar tus pensamientos cuando sea necesario. De nuevo, lee despacio la segunda parte, de modo que puedas estar seguro de lo que funciona mejor para ti.

Hasta este punto, todo tratará sobre ti, sobre tus metas y tu práctica con la visualización. Una vez que conectes con tu sentido personal de propósito, significado y acción, estarás listo para descubrir cómo puedes usar la visualización en tu comunidad. La tercera parte va más allá de lo individual y se enfoca en detallar la manera en que la visualización puede ser usada en grupos y equipos. Adaptamos el método FIT, que es estrictamente para individuos, de tal forma que se pueda aplicar a equipos con el modelo AIM. Cuando los equipos alcanzan sus metas de manera constante, pueden trabajar en conjunto para conseguir objetivos más complejos, que pueden ir desde la resolución de problemas a escala organizacional, como cuestiones relativas al personal, hasta la resolución de situaciones globales, como el cambio climático.

¿Qué motivó la escritura de este libro?

Si bien hay un universo de libros de crecimiento personal que prometen cambios, pocos plantean un trabajo que comience desde el interior mediante los valores, y son todavía menos los que se basan en estudios científicos revisados por expertos que documenten cómo la imaginación puede amplificar la motivación y favorecer un cambio conductual constante. *No hay éxito para los indecisos* combina la ciencia con el crecimiento personal y te ofrece un conjunto único de herramientas prácticas hechas a la medida de todas tus dificultades y metas, desde los objetivos personales de salud física hasta la reconstrucción de tu sentido de pertenencia y propósito.

Durante décadas, muchos atletas han usado la visualización en sus prácticas de rendimiento para mantenerse enfocados a pesar de las presiones que enfrentan durante las competencias. Tú podrás explorar de forma breve la imaginación de campeones de tenis, nadadores olímpicos, clavadistas, futbolistas y jugadores de rugby, ultramaratonistas, poseedores de récords mundiales, directores ejecutivos, líderes mundiales de la industria y miembros de tropas militares de élite para entender cómo puedes usar las mismas prácticas de visualización para darle forma a tu vida. Te compartiremos una amplia variedad de historias que demuestran que tanto individuos como equipos se favorecen del poder de la visualización en sus momentos de inspiración y se mantienen así hasta que logran alcanzar sus objetivos. ¿Estás listo para adaptarte? ¿Estás listo para alcanzar tus metas? ¿Estás listo para persistir y poner a prueba la ciencia que amplificará tu motivación? ¿Estás listo para amplificarte *a ti mismo?* Entonces, ¡comencemos!

PRIMERA PARTE

SUPERA LOS OBSTÁCULOS MENTALES

CAPÍTULO 1

DE LA REBELIÓN MENTAL A LA VISUALIZACIÓN MOTIVACIONAL

Deja que se abra un sendero hacia la tranquilidad
que yace bajo el caos, donde encontrarás la paz
que no creías posible y verás lo que reluce
dentro de la tormenta.

JOHN O'DONOHUE, poeta irlandés

Imagina que tu alarma suena temprano una mañana de enero. Te levantas y te asomas por la ventana. Afuera llueve y hace frío. Aunque te esfuerzas por mantener tu compromiso interior y tienes toda la intención de llevar una vida más sana, decides no salir a correr porque piensas: «Mañana el día estará menos húmedo». Vuelves a la comodidad de tu cama y duermes otros treinta minutos. Cuando por fin te levantas, te sientes culpable, y eso arruina tu motivación y destroza tus esperanzas de mejorar tu salud desde comienzos del año. Como sientes un poco de vergüenza, decides prepararte un gran desayuno para darte ánimo, y entonces te das cuenta de que lo mismo ocurrió ayer y anteayer. Piensas: «Quizá será mejor intentarlo en febrero». Este es el punto decisivo: ¿correr o no correr? He ahí el dilema.

Lo cierto es que nos hacemos este tipo de preguntas todos los días y luego tomamos decisiones clave que influyen en nuestra conducta.

Por lo general, los puntos decisivos se presentan cuando enfrentamos alguna dificultad, y emergen cuando realizamos —o decidimos *no* realizar— una variedad infinita de actividades: al trabajar en la oficina, escribir una tesis, estudiar para un examen, subir corriendo por una colina, nadar algunos metros más o superar una dinámica complicada en una relación. Para todos, un punto decisivo tiene el poder de definir quiénes somos: corredores o no corredores, académicos o no académicos, sanos o no sanos.

Es común que, al alcanzar un punto decisivo, ya hayas invertido una gran cantidad de energía, emoción y atención, además de haber realizado muchos sacrificios personales que te hacen sentir cansado o sin motivación. Cuando te sientes drenado, los pensamientos negativos se abalanzan en una rebelión declarada y las dificultades pueden parecer insuperables, pero este es el momento en el que necesitas tomar decisiones críticas que revelarán aspectos de tu carácter, como tu fortaleza mental y determinación. Experimentamos entre 6 000 y 60 000 pensamientos al día.[1] Entender que tienes la libertad de elegir cuáles de estos pensamientos se convierten en actos puede cambiar tu vida y tiene el potencial de moldear tu destino. No obstante, es frecuente que nuestras decisiones dependan de la cuestión de la fuerza de voluntad porque, en ese punto decisivo crítico, olvidamos preguntarnos *por qué queremos* realizar la acción y qué *significa* para nuestro futuro.

El punto decisivo es un momento que ofrece dos opciones: la rebelión mental o el control cognitivo. Mientras la rebelión mental significa la amenaza de decepcionarnos con nuestras acciones, el control cognitivo es su antítesis y se basa en el compromiso con nuestras metas a largo plazo, nuestros valores y nuestro propósito.

En un solo día, incluso si solo el 0.1% de los 60 000 pensamientos que tienes son puntos decisivos, tienes sesenta oportunidades para elegir entre «sí o no», «detenerte o seguir», «renunciar o continuar». Los puntos decisivos no son subconscientes, sino que involucran pensamientos conscientes, y es por esta razón que tienes el control para manejar esos pensamientos conforme ingresan a tu consciencia, en lugar de que se conviertan en un enfrentamiento contra tu fuerza de voluntad, que podrías perder debido a la fatiga mental.[2]

Además, descubrimos que, cuando enseñamos a los participantes de nuestras investigaciones y a nuestros pacientes a controlar su atención durante momentos específicos del día para percibir obstáculos y planear sus siguientes pasos mediante la visualización, estos reportan una fuerza de voluntad más firme y un mayor sentido de voluntad, lo que incrementa su confianza y desempeño.

Cómo tomar decisiones de acuerdo con tus valores y no con tus impulsos

En nuestro trabajo e investigación, descubrimos que a menudo los valores nucleares se descuidan o se ponen en peligro debido a los cambios cotidianos en las circunstancias personales, por ejemplo, los cambios en los compromisos laborales o familiares. Conforme se modifican las prioridades, las consecuencias del manejo de los puntos decisivos de cada individuo adquieren mayor importancia. Al realizar una lista de sus valores nucleares más importantes, las personas colocan la salud en el puesto más alto el 99% de las veces. Sí, incluso por encima de la familia, las relaciones, la felicidad, y siempre por encima de la paz mundial. Todos sabemos que para mantenernos sanos debemos ejercitarnos, comer los nutrientes apropiados y mantenernos hidratados. Sin embargo, en 2021, la Organización Mundial de la Salud estimó que 2.8 millones de muertes estuvieron directamente correlacionadas con la obesidad.[3] Muchas de esas muertes pudieron haberse evitado. Las personas *saben* cómo llevar una alimentación sana, cómo hidratarse y que deberían hacer ejercicio. No obstante, muchos optamos por no hacer ejercicio hoy porque siempre hay un mañana. Pero a menudo las acciones que realizamos hoy tienen como resultado que mañana pensemos igual y tengamos la misma excusa y falta de progreso.

Si la salud personal nos es tan importante, ¿por qué nos cuesta tanto ser firmes con las decisiones que nos benefician de forma directa? Nuestra investigación comenzó con esta curiosa pregunta: «¿Por qué algunas personas se mantienen firmes mientras otras renuncian?».

La respuesta se encuentra en la atención y la imaginación. La manera en que esto ocurre fue demostrada dramáticamente en el estudio más importante jamás realizado sobre pérdida de peso sin medicación. Llevado a cabo por la doctora Linda Solbrig y sus colegas de la Universidad de Plymouth, en Gran Bretaña, y de la Universidad de Tecnología de Queensland, en Australia, se convirtió en el estudio FIT (Entrenamiento de Visualización Funcional) más leído sobre pérdida de peso.[4] En esta investigación de 2018, se reclutó a 121 participantes mediante un anuncio en un periódico local de Plymouth, y se les dividió en dos grupos aleatorios. Un grupo recibió una entrevista motivacional, un tipo de intervención centrada en los pacientes y basada en evidencia recabada a través de preguntas abiertas, afirmaciones, reflexiones y resúmenes. Las entrevistas motivacionales son la base de la «conversación para el cambio» (un método que dirige a las personas para que discutan soluciones y planes), y son implementadas por profesores, doctores, *coaches*, terapeutas y asesores. El otro grupo recibió formación en FIT y aprendió a usar la visualización para planear, anticipar obstáculos y poner a prueba soluciones nuevas con base en éxitos previos.

Solbrig trabajó con ambos grupos durante un periodo de seis meses y les dio seguimiento tras 12 meses. El tiempo que ambos grupos dedicaron a participar en el programa fue breve: cada participante recibió una sola sesión presencial de una hora, una llamada de seguimiento (de 45 minutos o menos), llamadas de revisión (de 15 minutos o menos) cada dos semanas durante un periodo de tres meses, y después llamadas de revisión mensuales durante tres meses. Todos los participantes tuvieron apenas cuatro horas de contacto con Solbrig. Los resultados despertaron el interés periodístico y fueron reportados en medios de comunicación de todo el mundo.

En promedio, los participantes del grupo FIT perdieron cuatro kilos en un periodo de seis meses y, más importante aún, los resultados se mantuvieron incluso después de la intervención. A los 12 meses, los miembros del grupo FIT habían perdido en promedio seis kilos, mientras que los del grupo de entrevistas motivacionales solo habían perdido en promedio medio kilo. Pese a no haber recibido ningún tipo de apoyo luego de los primeros seis meses, los participantes del grupo FIT continuaron progresando. Nunca se había visto un resultado parecido en un programa de pérdida de peso hasta la realización de este estudio. Con apenas cuatro horas de contacto con una practicante del modelo FIT en los primeros seis meses, y ningún contacto en la segunda mitad del estudio, los miembros de este grupo se volvieron autosuficientes y se condujeron a sí mismos de tal modo que mantuvieron el progreso hacia sus metas. Al parecer, este modelo les dio la confianza y las herramientas para persistir.

Veamos un resumen de lo que hizo el grupo FIT.

- ➜ Exploraron las discrepancias entre sus valores nucleares y su conducta actual.
- ➜ Imaginaron el éxito en cada etapa de su ruta planeada y se visualizaron alcanzando sus metas.
- ➜ Se les enseñó —como te enseñaremos a ti— a usar la visualización como un hábito diario, anclado a un ritual, como beber café por la mañana o cepillarse los dientes.

El modelo FIT enseña a cada individuo a controlar los impulsos, remplazando un pensamiento no deseado con visualizaciones orientadas a alcanzar metas.

Comprender los pensamientos espontáneos

Si alguna vez has esperado en una estación de tren, tal vez hayas notado que tu atención se desvía de un pensamiento a otro. Vamos a replicarlo: mientras estás en el andén X, notas que un tren llega al andén Y. Los pasajeros de ese tren llevan maletas abultadas y parecen listos para irse de vacaciones. En uno de los costados del tren, hay un letrero que indica su destino: el aeropuerto. Te preguntas adónde irán. «¡Seguro que a algún lugar cálido!». El tren parte y, a continuación, en el andén Z, otro tren se detiene rechinando, y notas que todos los que esperan para abordarlo llevan ropa formal. En esta ocasión, ni siquiera deseas leer el letrero que indica su destino y tu atención se desvía de vuelta al andén Y, donde acaba de arribar un nuevo tren.

Al igual que los trenes, los pensamientos son frecuentes y tú decides si abordarlos o simplemente verlos pasar, pero tal como ocurre con los trenes, solo se puede viajar en uno a la vez.

Ejercer nuestra voluntad es una conducta que se aprende. Podemos hacer que estos momentos decisivos nos favorezcan si controlamos la manera en la que dirigimos nuestra atención. Conforme los pensamientos se presentan en nuestra consciencia y elegimos retener aquellos que nos acercan a nuestras metas, desarrollamos nuestro autocontrol y adquirimos consciencia de las decisiones que tomamos y, a su vez, aprendemos a controlar nuestra atención para poder enfocarnos en aquello que nos importa.

Un pensamiento espontáneo es cualquier idea, recuerdo, sentimiento o fantasía que ingresa en tu mente, y con frecuencia no tienes mucho control respecto a su llegada. Siempre hay pensamientos en nuestra mente, seamos conscientes o no de ello, pero un pensamiento espontáneo es aquel que mantenemos incluso por una fracción de segundo antes de que se vaya como un tren que sale de un andén. Dado que los pensamientos espontáneos no solo nos *acercan a* nuestros puntos decisivos, sino que nos hacen *atravesarlos*, algunos científicos se han dedicado a determinar el número de «trenes» de pensamiento que vemos pasar cada día. Para realizar ese cálculo, tuvieron que escanear el cerebro y medir los pensamientos de las personas mientras descansaban y realizaban tareas, observando la frecuencia con que aparecían los pensamientos espontáneos. Esta investigación en apariencia imposible requirió millones de dólares, instalaciones de clase mundial y que los mejores especialistas en neurología se reunieran y colaboraran. El Proyecto Conectoma Humano comenzó en 2009 con el objetivo de escanear la totalidad del cerebro humano. La enorme base de datos está disponible para todo el público. Así que, si te interesa y tienes tanto los conocimientos básicos como el tiempo, puedes realizar un análisis y llegar a tus propias conclusiones.[5]

Un grupo de investigadores se enfocó en medir el número de pensamientos espontáneos que cada individuo tuvo al día en comparación con las tareas que realizaba.[6] Los investigadores se refieren a los fragmentos neuronales como *gusanos de pensamiento* (que no deben confundirse con los «gusanos auditivos», que son canciones que no puedes sacarte de la mente). Un gusano de pensamiento se mide usando resonancias magnéticas funcionales (FMRI, por sus siglas en inglés), para después registrarlo como una representación visual. El pico de actividad cerebral de un pensamiento puede verse en la FMRI como un segmento continuo, similar a un gusano que se retuerce a través de una red de pasajes neuronales conforme emerge hacia la superficie. Si bien retenemos algunos pensamientos por periodos largos, la mayoría son cortos y pasajeros, y desaparecen tan pronto como se presentan. En todos los casos, desde el momento en que el gusano se presenta en la consciencia, es cuestión de tiempo para que desaparezca del escaneo cerebral, como si un pájaro lo hubiera devorado.

Por ejemplo, si tu teléfono o tu computadora hace un sonido (¡ding!), distraerá tu atención de aquello en lo que estabas enfocado y tomarás la decisión de revisar ese dispositivo. A esto se le conoce como pensamiento espontáneo voluntario porque la señal (¡ding!) crea un pensamiento (revisar). Por otra parte, es frecuente que los pensamientos espontáneos involuntarios parezcan aleatorios. Se generan en la profundidad de tu subconsciente «(Tengo que agregar leche a la lista de compras)» y luego, ¡pop!, emergen a la superficie.

Los pensamientos espontáneos pueden ocurrir con mucha frecuencia mientras realizas tareas repetitivas, como lavar platos, hacer ejercicio o escribir un correo. Para todas las personas es igual: los pensamientos emergen y retenemos algunos, mientras otros se disipan.

Cuando alcanzamos un punto decisivo, nuestra respuesta inicial es desear placer a corto plazo, pero este tipo de placer puede afectar nuestras metas a largo plazo porque normalmente los pensamientos respecto a esas metas alcanzan nuestra consciencia con lentitud, mientras que la satisfacción inmediata es rápida. Despertamos para ir a correr con la intención de mejorar nuestra salud, pero de pronto aparecen las excusas porque el placer inmediato a corto plazo es una cama tibia y cómoda. Es casi como si existieran dos tipos de gusanos de pensamiento: metas a largo plazo y satisfacción a corto plazo. Los gusanos parten del mismo lugar, pero uno llega a nuestra mente consciente transitando por una autopista despejada mientras el otro utiliza calles estrechas en hora pico y, como resultado, ambos gusanos alcanzan la consciencia en momentos diferentes; el primero en llegar es el del placer inmediato a corto plazo.

La decisión placentera que tomas en ese punto decisivo específico puede ser destructiva para tus metas porque rara vez lleva al éxito a largo plazo. Los pensamientos iniciales de placer solo son una respuesta automática, una cognición espontánea que experimentamos y a la que le damos atención, para después responder a ella de un modo que contradice nuestras metas a largo plazo. En este libro, aprenderás a modificar este pensamiento inicial y a remplazar la decisión placentera —como satisfacer un deseo inmediato o rendirte al enfrentar una dificultad— con pensamientos de satisfacción y logros futuros, lo cual te permitirá enfocarte en tus metas y ser resiliente ante los contratiempos.

Retén tus gusanos de pensamiento

Los gusanos de pensamiento son constantes. Si bien algunos pensamientos espontáneos son involuntarios y parecen aleatorios mientras otros tienen una planeación voluntaria basada en señales, todos los pensamientos emergen uno por uno. Prestamos atención a la mayoría de los pensamientos de una forma que parece incontrolable, lo que resulta en una falta de concentración. Todos los días realizamos nuestras tareas rutinarias y le damos toda nuestra atención a algunos de nuestros pensamientos —pero no a otros— porque nos parecen más importantes. ¿Por qué?

Por las emociones. Las emociones dirigen nuestro pensamiento. Por ejemplo, a menudo comemos no porque tengamos hambre, sino porque tenemos el deseo de experimentar el placer que brinda la comida. Piensa en el chocolate. Una vez que le damos nuestra atención a ese gustito y a la satisfacción que nos dará, comenzamos a pensar detalladamente en el estímulo y el goce potencial. Cuando Bridget Jones se siente triste, va por helado. ¿Por qué? Por la satisfacción emocional. A lo largo de nuestras vidas, las experiencias crean refuerzos y nos condicionan a buscar el placer rápido y a corto plazo: comer, buscar alivio o satisfacer un deseo interno de tal manera que genere la sensación de una posible satisfacción inmediata.

Si no fuiste a correr durante una mañana lluviosa, debes saber que tu decisión ya estaba tomada. El gusano de pensamiento que dijo: «Quédate en cama» había estado retorciéndose por tu subconsciente desde el día anterior y estabas preparando una excusa antes de necesitarla. Siempre nos estamos anticipando. Los escaneos neuronales revelan que, incluso antes de comenzar una tarea, ya percibimos el resultado.[7]

Cuando intentas realizar alguna tarea enorme, comienzas a enfrentar dificultades significativas porque anticipas el arduo trabajo a realizar en cuanto surgen los pensamientos espontáneos que te dicen que te tomes una pausa, o, peor, que te rindas. Pero considera cuánto cambiaría tu vida si supieras que puedes reprogramar tus gusanos de pensamiento para que aquellos relacionados con las metas a largo plazo se suban a un Ferrari y lleguen a toda velocidad por la autopista mientras ahuyentas la opción del placer rápido.

Para poner a prueba el poder del modelo FIT, Jonathan y otros colegas reclutaron a un grupo de 31 «no corredores» autoproclamados, a quienes les importaba su salud pero carecían de la motivación para ejercitarse de forma constante. Al principio, el grupo recibió una entrevista motivacional para explorar sus metas, generar motivación y que ellos mismos desarrollaran un plan personal. Después se les permitió ejercitarse de la forma que consideraran más efectiva. Tras cinco meses, se les preguntó si considerarían correr en un ultramaratón. Jonathan esperaba que nadie aceptara; pero, para su sorpresa, 15 estuvieron de acuerdo en intentarlo.

Esos 15 participantes fueron divididos en dos grupos: uno recibió entrevistas motivacionales y apoyo de un psicólogo, y el otro recibió el modelo FIT y se le enseñó a reprogramar sus gusanos de pensamiento implementando la visualización multisensorial. Ocho meses después, los participantes corrieron en un ultramaratón. Los miembros del grupo FIT tuvieron cinco veces más probabilidades de terminar la carrera que aquellos que no implementaron este modelo.[8] Descubrimos que, incluso en los momentos de mayor fatiga y hasta dolor, cuando las emociones estaban potenciadas debido a que los participantes llevaban corriendo muchas horas, empapados y sintiendo frío y hambre, los miembros del grupo FIT pudieron reprogramar sus gusanos de pensamiento durante la carrera para que los llevaran a la meta deseada.

Enfocar la atención con el FIT

El FIT es una intervención que todos pueden usar para dominar sus pensamientos al dirigir la atención hacia las metas a largo plazo, promoviendo la consistencia, el desempeño óptimo y la confianza. Los participantes de los grupos FIT en los estudios sobre pérdida de peso y ultramaratón hicieron de la visualización un hábito, y en otro estudio FIT, mejoraron la constancia en el ejercicio.[9] Cada mañana, mientras se preparaban una taza de café o calentaban agua en una tetera, imaginaron cómo superar obstáculos y planearon pequeños pasos que los llevarían a ser más sanos y a mantener conductas sanas. De este modo, el FIT funciona más allá de las metas iniciales que plantees —por ejemplo, perder peso o tener buena condición física y salud en general— para mantener tus resultados.

Los investigadores descubrieron que podemos controlar nuestros pensamientos espontáneos mediante el uso de señales: detonantes conductuales sencillos para recordar mantenernos enfocados.[10] Una señal, de acuerdo con la manera en la que empleamos el término en psicología, es un acto explícito que funciona como disparo de salida para un gusano de pensamiento. Es probable que ya tengas algunas señales como parte de tus hábitos diarios. Tal vez te metes a bañar en la mañana y, en vez de disfrutar el agua caliente, comienzas a planear cómo será el día, qué ropa te pondrás y qué reuniones tendrás. Si bien las señales internas dependen de la fisiología, como la temperatura corporal o el ritmo cardiaco, una señal externa es aquello que, al mirarlo o experimentarlo, detona un pensamiento, como meterte a bañar o ver tus tenis para correr. Esta información es importante porque, al planear mediante la integración de señales externas en nuestra rutina diaria, podemos controlar nuestro pensamiento de forma productiva y proactiva para guiarnos hacia nuestras metas.

Pero todos somos víctimas de algunas señales todos los días y nos perdemos en nuestras rutinas. Encendemos la televisión y nos enfrentamos a la publicidad que genera pensamientos espontáneos. Luego tomamos el celular para revisar Instagram/Facebook/X/el correo. ¿Alguna vez has estado en medio de algo importante y tu mente simplemente se pone a vagar y, cuando te das cuenta, ya «estás revisando» tu celular? Conforme lo haces, los pensamientos que surgen suelen estar desconectados, creados por videos, mensajes y contenidos aleatorios que se roban tu atención antes de poder continuar. Pasan cinco minutos y luego diez, y antes de que te des cuenta, ya desperdiciaste tu tiempo. Lo que tenía la intención de ser una revisión rápida terminó por hacer que tu mente vagara. En lugar de eso, lo que necesitamos son señales más explícitas que nos recuerden nuestras metas a largo plazo basadas en tareas, así como su importancia. Eso es lo que logra el FIT al enfocar nuestra atención.

Encuentra tu propio ejemplo

Para que puedas encontrar un ejemplo personal, te invitamos a recordar un momento específico en el que hayas experimentado un nivel elevado de concentración y atención, como escribir un ensayo, poner en práctica una habilidad o quizá hasta cocinar. Es posible que durante esta tarea te encontraras en un estado de flujo, completamente cautivado, y lograras realizar mucho trabajo. En ese estado mental, los pensamientos espontáneos se armonizan y trabajan en conjunto para ayudarte a completar tu labor. Estos pensamientos armoniosos vienen y van, pero su conexión te permite retener la atención por periodos largos, de modo que te resulta posible resolver problemas y tener una energía mental ágil.

Piensa en esa experiencia específica. ¿Había muchas distracciones o pusiste en práctica un sistema lógico que te permitió enfocarte en tu trabajo? Quizá apagaste tu teléfono y tu computadora. Sin darte cuenta, al ejecutar esas acciones explícitas, activaste tu señal conductual de trabajo y silenciaste tu conversación cognitiva. Por lo tanto, la manera en la que planeas tus tareas hace una diferencia real en tu éxito, porque las estrategias que usas —como el uso de señales— manejan miles de pensamientos espontáneos.

En el Proyecto Conectoma Humano, como mencionamos antes, se escaneó la totalidad del cerebro humano, lo cual permitió a los investigadores descubrir que el número exacto de pensamientos que las personas tienen a lo largo del día depende de las tareas y de su habilidad para controlar los pensamientos espontáneos. Si realizas una tarea que disfrutas, es probable que tengas menos pensamientos que si te dedicas a algo que te aburre. Cuando consideras la atención y la concentración que se necesita para ver una película —seguir la trama, entender a los personajes y sus conexiones mutuas, predecir lo que ocurrirá—, te encuentras en un estado de flujo, ya que los pensamientos trabajan en conjunto de manera armoniosa. Pero si te distraes para revisar tu teléfono, ni siquiera la ves en realidad. Tu mente se perderá en un mar de ideas. De igual forma, en un día armonioso, experimentas alrededor de 6 200 pensamientos por día. Si no te enfocas y prestas atención, la frecuencia de los pensamientos espontáneos aumenta. Algunos psicólogos sugieren que tenemos 60 000 pensamientos por día, y Daniel Kahneman, psicólogo ganador del Premio Nobel, sugiere que la persona promedio toma 35 000 decisiones al día, es decir, más o menos 24 decisiones por minuto.[11]

Tristemente, para la persona promedio, de estos miles de pensamientos diarios, por lo general 80% son negativos. Si aceptamos que tenemos 35 000 decisiones difíciles, eso equivale a 28 000 decisiones negativas y 7 000 positivas cada día.

¿Las cosas cambiarán mañana? Es poco probable. El psicólogo Robert Leahy sugiere que el 95% de nuestros pensamientos en un día determinado son exactamente iguales a los del día anterior.[12] Por lo tanto, si hoy sufres de una serie de pensamientos negativos que podrían afectar tus metas y tu autopercepción, y no haces nada para contrarrestarlos, es probable que mañana pase lo mismo. La buena noticia es que puedes cambiar esa probabilidad al trabajar en tus pensamientos hoy, para que experimentes un mañana más optimista.

Nosotros decidimos a qué darle nuestra atención. Los pensamientos espontáneos nos llevan a los puntos decisivos, y nosotros elegimos desarrollarlos o no. *No siempre puedes controlar el momento en el que surge un pensamiento voluntario o involuntario, pero puedes decidir por cuánto tiempo lo mantendrás en tu cabeza.*

Desarrollo y ensayo

En 2016, Iris Schmidbauer, una clavadista alemana novata, fue invitada a competir en un evento internacional de clavadismo desde un acantilado en Filipinas. El prestigioso evento era una oportunidad para que nuevos competidores adquirieran experiencia en clavados desde plataformas de veinte metros, algo con lo que Iris soñaba desde niña. Para llegar hasta esa posición, había entrenado arduamente, había repasado los saltos en su mente una y otra vez, y había hecho muchos sacrificios a lo largo de su vida. Como no había dormido la noche previa al primer día de la competencia, Iris estaba un poco cansada, pero sabía que podía valerse de la memoria muscular para realizar sus clavados. En una competencia anterior, se había lesionado un tobillo, por lo que tomó un analgésico, intentó no imaginar nada negativo y se mantuvo positiva mientras estaba por comenzar sus primeros saltos. Imaginó que todo saldría bien: la colocación, la postura, el control de sus brazos, la distribución de su peso, la velocidad al comenzar y terminar las rotaciones, y el impacto en el agua.

Aunque Iris no había hecho saltos de práctica desde la plataforma de veinte metros el día de la competencia, su primer clavado fue exitoso y los jueces le dieron una puntuación muy alta, lo que la colocó en el primer lugar antes de la segunda ronda. Pudo mantener el control sobre sus pensamientos negativos y, de forma confiada, repasó en su mente su siguiente clavado: tres vueltas y media. Lo siguiente que ocurrió fue una combinación de varios elementos. Iris no se sentía del todo bien, pero mantuvo la confianza en que su memoria muscular se activaría, tal como ocurrió en el primer clavado. Tenía fe en sus habilidades y en el control de sus pensamientos, por lo que no realizó una visualización de preparación y confió en que su cuerpo haría el trabajo. Iris tenía una sensación inusual; tal vez era el analgésico que afectaba su atención, o quizá estaba experimentando un nuevo nivel de enfoque elevado. De cualquier forma, esa era la oportunidad de su vida, significaba demasiado, había trabajado muy duro y, además, se encontraba en primer lugar, de modo que ella, una atleta resiliente, estaba determinada a mostrar sus habilidades, su talento y su compromiso con el clavadismo, incluso si se sentía un poco «extraña».

Cuando alcanzó la cima del acantilado, lista para saltar, dio una señal a los buzos rescatistas en el agua y se colocó con los dedos de los pies sobresaliendo del borde. Imaginó su salto una vez más. En su mente, se vio saltar, sintió su cuerpo moverse por el aire y experimentó el agua rodeándola al zambullirse, primero los pies y luego el resto de su cuerpo. Inhaló profundo, asumió la postura correcta, flexionó las rodillas y se lanzó al aire.

Su cuerpo aceleró mientras rotaba y, en ese momento, se sintió perdida porque su memoria muscular olvidó el salto. Su espalda impactó el agua a 75 kilómetros por hora.

Iris salió del agua con moretones, tosiendo sangre y con una lesión grave en el cuello, pero afortunadamente no tenía ninguna fractura. Luego de pasar algunas horas en el hospital, los médicos la dieron de alta y esa noche acompañó a los otros competidores a beber agua mineral en un bar. Sin embargo, la experiencia le dejó traumas tanto físicos como mentales.

Durante los siguientes meses, tuvo pensamientos espontáneos sobre *ese clavado* varias veces al día. Lo imaginaba de forma vívida, repitiendo el fiasco con todo detalle en su cabeza y, en consecuencia, no había vuelto a realizar clavados desde entonces. Acudió a Jonathan en busca de ayuda y, durante las siguientes seis semanas, desarrollaron un plan para ayudarla a superar su trauma y que volviera a participar en saltos desde acantilados.

No podemos hacer mucho para evitar que un pensamiento espontáneo intrusivo, como el que experimentó Iris, alcance la consciencia, pero podemos controlar hasta qué grado lo exploramos. La atención que damos a un pensamiento espontáneo depende de lo que llamamos desarrollo y repaso. El desarrollo es el proceso por el cual les damos atención a los pensamientos y los exploramos a detalle de forma multisensorial, como imaginar sabores, olores, sonidos y emociones. El repaso mental es el proceso de repetir el desarrollo de forma constante.

A menudo, un pensamiento espontáneo surge por una señal interna (como el hambre) o externa (como observar a alguien comiendo una hamburguesa), lo que detona un pensamiento, como el deseo de comer. Sabemos que las hamburguesas (el estímulo) pueden ser malas para la salud, pero ese no es nuestro pensamiento inicial. El pensamiento inicial es lo bien que sabe una hamburguesa, por lo que le damos atención al estímulo imaginado. Después exploramos el comer una hamburguesa mediante el desarrollo multisensorial —el aroma, las sensaciones, el sabor— y, en particular, mediante nuestra conexión emocional con el estímulo. Repasamos el proceso al repetir el desarrollo una y otra vez. Esto nos lleva a responder de forma específica: ansiar una hamburguesa por la satisfacción emocional que producirá, de tal modo que empezamos a babear como Homero Simpson conforme soñamos despiertos con la mirada perdida.

Lo mismo pasa si no te gustan las hamburguesas, por ejemplo, si alguna vez te intoxicaste con una. El estímulo se desarrolla mediante la atención multisensorial: repites una mala experiencia y luego la reacción es sentir malestar cuando ves una hamburguesa, lo que produce una respuesta de evitación.

La importancia del desarrollo está en el grado de detalle de la exposición multisensorial. En el momento en el que surge un pensamiento espontáneo, tienes la oportunidad consciente de desarrollar el pensamiento con detalle y luego repasarlo. Esta es tu ventana de oportunidad para realizar un cambio, la cual permanece abierta un par de segundos.

Digamos que experimentas un pensamiento y lo aceptas. Por ejemplo, ves una nube en el cielo. Entonces tienes la oportunidad de desarrollar mentalmente la nube: puedes pensar en su forma, tamaño, color y la sombra que produce, la velocidad a la que se mueve... o puedes no hacerlo. La decisión de explorar mentalmente y con detalle un pensamiento siempre es tuya, y lo que eliges explorar es importante porque ese momento es tu punto decisivo. Es en ese momento cuando se presenta la oportunidad de ofrecerte a ti mismo un pensamiento alternativo que esté anclado a tus metas.

Puedes explorar tres factores de desarrollo para manejar el punto decisivo de tal modo que comiences a tomar mejores decisiones. La aplicación práctica de la teoría de desarrollo se basa en la memoria, específicamente en el modelo de memoria funcional de Baddeley y Hitch.[13] Este modelo demuestra cómo los sentidos reciben la información que procesa el cerebro. Un estímulo ingresa a la consciencia, le damos atención y luego una parte del cerebro (conocida como ejecutivo central) distribuye el estímulo hacia tres sistemas:

1. El círculo fonológico (tu voz interna).
2. El cuaderno de dibujo visual y espacial (la visualización).
3. El amortiguador episódico (recordar un evento específico).

Vamos a considerar un ejemplo. Deja que tu mente divague por un minuto después de que leas esta palabra: limón. ¿En qué piensas cuando te escuchas decirla en voz alta?

Tómate algunos segundos para pensar en ella.

Al principio, prestaste atención a la palabra y, después de leerla, su significado apareció en tu mente, lo que pudo haber desencadenado una visualización multisensorial. Eso es el desarrollo. Cuando te pedimos que «te tomaras algunos segundos para pensar en ella», repetiste la palabra en tu mente, lo que provocó un mayor desarrollo, y entonces comenzaste a repasar. Es probable que todavía esté ocurriendo.

En este momento puedes recordar la palabra conforme se repite en tu mente porque está pasando de tu memoria a corto plazo a la de largo plazo. Esta repetición auditiva es lo que se conoce como círculo fonológico, que es la conversación cognitiva o plática con uno mismo, es decir, la voz dentro de tu cabeza que detona el siguiente sistema: el sistema visual y espacial.*

---

* Si no eres consciente de que estás repitiendo la palabra, es importante observar que, hasta este punto, no hemos vuelto a repetirla desde que la presentamos, por lo que debiste retenerla y puedes recordarla sin dificultad. Además, como ya pasaron

Puede ser que en tu mente dibujaras un limón para admirar el brillante color amarillo del objeto, ver sus pliegues y pensar en cómo se sentiría su peso al sujetarlo con la mano. También es posible que te imaginaras acercándolo a tu nariz para percibir el dulce aroma cítrico y cortando el fruto en rebanadas para ver el patrón en forma de flor de la pulpa en cada una de ellas. ¡Puede ser que hasta fantasearas con prepararte un gin tonic (aunque quizá eso solo lo hicimos nosotros)!

Al visualizar el limón, también es probable que mentalmente te ubicaras en un lugar conocido, tal vez tu cocina, o quizá pensaste en un recuerdo o en un momento específico que significara algo para ti. Esta marca de tiempo es el tercer sistema, conocido como amortiguador episódico, y agrega familiaridad al desarrollo.

El amortiguador episódico es quizá el más importante de los tres sistemas, ya que a menudo recordamos y desarrollamos eventos —como cumpleaños, vacaciones u otros eventos importantes— debido a lo que significan para nosotros. El amortiguador episódico es como un calendario de recuerdos donde las fechas importantes están resaltadas con un círculo. Para ver esta dinámica en funcionamiento, vamos a hacer algo divertido y nos enfocaremos en el primer concierto al que asististe. ¿Dónde estabas? ¿Cómo era el recinto? ¿Qué tal se sentía la temperatura? ¿Quién te acompañó? ¿Cuál es la historia? Mientras piensas en este episodio, tómate unos minutos para considerar el significado detrás del recuerdo. ¿Por qué es importante? ¿En qué año ocurrió? ¿Tiene una marca de tiempo?

El significado de eventos importantes enciende el desarrollo multisensorial, y si hay un significado, es más probable que lo repasemos. El amortiguador episódico es una parte fundamental de los puntos decisivos porque involucra el *por qué*, el significado que genera los pensamientos más detallados y, en última instancia, se con-

---

más de veinte segundos desde que la presentamos, la palabra se encuentra en tu memoria a largo plazo, y es probable que recuerdes esta sección del libro por el resto de tu vida.

vierte en tu propia herramienta para motivarte, inspirarte y potenciar tu impulso para superar momentos difíciles.

Conforme recuerdas o piensas a futuro respecto a un evento importante, los tres sistemas se interconectan: los eventos evocan emociones, el sistema visual dibuja la escena o el objeto en tu mente, y así comienza tu conversación interna. Si el evento no está conectado con una emoción, como un traslado al trabajo o un viaje de A a B, es raro que lo recordemos, a no ser que algo inusual ocurra y las emociones entren al escenario. Sin embargo, sí recordamos eventos familiares o momentos en compañía de amigos por el significado y las emociones que ese evento representa, el detalle con el que lo desarrollamos y los repasos que permitimos. Recordamos eventos traumáticos por la misma razón, porque tienen el poder de cambiar nuestra conducta, haciéndonos reacios al riesgo conforme sopesamos los beneficios y los inconvenientes de una tarea. En consecuencia, un evento traumático, como el accidente de Iris, ocasiona que revaloricemos nuestras creencias respecto al riesgo y puede influir en las decisiones que tomamos.

Imagina que hay varios pensamientos espontáneos coexistiendo y cada uno está dentro de su propia caja cerrada. Cuando una de las cajas con un pensamiento espontáneo llega a tu mente, no sabes cuál lleva dentro, o si es positivo o negativo, hasta que la abres y miras dentro. Al abrir la caja, decidiste prestar atención a ese pensamiento individual, y luego eliges examinarlo con detenimiento. A esto le llamamos el gato de Schrödinger de la psicología.

Erwin Rudolf Josef Alexander Schrödinger fue un físico cuántico que propuso que no puede haber partículas múltiples en una caja. Para demostrar esta idea, creó un ejercicio de pensamiento que se conoce como el gato de Schrödinger, donde, en teoría, dentro de una caja de cobre sellada hay un gato junto con veneno radioactivo. El veneno tiene una probabilidad del 50% de ser liberado y, si eso ocurre, el gato muere. Por lo tanto, si la caja permanece cerrada, el gato existe en ambos estados —vivo y muerto— porque no sabemos si el veneno mató al gato. Solo al abrir la caja vemos el colapso de una superposición y resulta que el gato está vivo o muerto, pero no ambas.

En nuestro proceso, solo cuando miras dentro de la caja que contiene un pensamiento puedes verlo en su estado actual. Ese pensamiento puede tratar sobre cualquier cosa —un pez, un rábano, un sillón—, pero no lo sabrás hasta mirar dentro. Por lo tanto, aunque tengas miles de cajas con pensamientos espontáneos todos los días, solo puedes darle tu atención a uno a la vez, del mismo modo que al viajar en tren solo puedes experimentar un viaje a la vez.

Vamos a abrir una caja para mirar en su interior. Piensa en una taza que contiene un líquido. Ahora desarrolla el color de la taza, su tamaño, temperatura, textura, peso, aroma y demás detalles. Imagina que bebes de ella y piensa en el sabor y la temperatura del líquido. Lo que haces es explorar un solo pensamiento al agregar detalles desarrollados. Si el pensamiento desarrollado te proporciona una experiencia agradable, es probable que quieras repasar el pensamiento y, al hacerlo, puede que sientas sed.

Ahora vamos a abrir otra caja de pensamiento, dentro de la cual hay una pizza. Deja que la caja se quede abierta y haz un desarrollo detallado: su textura, temperatura, sabor... como por arte de magia, ¡la taza desapareció! Esto se debe a que solo puedes abrir una caja a la vez para desarrollar un solo pensamiento, y, tan pronto como prestas atención a un nuevo pensamiento en una nueva caja, la otra se cierra.**

La cinta transportadora de cajas o pensamientos espontáneos los lleva del subconsciente a la consciencia a través de las redes neuronales subyacentes del cerebro. Sin embargo, las señales o los estímulos correctos tienen el potencial de activar los pensamientos

** En ocasiones, si continúas alternando entre las dos cajas de pensamiento —pizza y taza—, las dos se mezclan en un mismo pensamiento, lo que crea una nueva caja de pensamiento, por lo general, de alguna ocasión en la que experimentaste las dos cosas al mismo tiempo (o sea, comer pizza y beber de una taza simultáneamente). No obstante, si esto ocurre, tendrás las bases para argumentar que el gato de Schrödinger en realidad está vivo y muerto.

voluntarios con mayor velocidad que los involuntarios, lo que te otorga una mayor probabilidad de abrir una caja que contenga un pensamiento positivo. Desde luego, no hay forma de saber qué tipo de pensamiento contiene una caja hasta que le diriges tu atención y la abres, después de lo cual tienes dos segundos para cerrarla si es un pensamiento no deseable o mantenerla abierta y desarrollarla.

El desarrollo comienza tan pronto como abres una caja. En ese mismo momento, arranca el cronómetro de tu punto decisivo y tienes un par de segundos para decidir. Si tardas más de dos segundos examinando el pensamiento, el desarrollo se acumula y comienza el repaso, lo que produce emociones que, con frecuencia, desembocan en una conducta. O puedes cerrar la caja —con las señales y el entrenamiento apropiados— y el pensamiento desaparecerá no solo en ese momento, sino que su fuerza se debilitará. Si logras desaparecer un pensamiento suficientes veces, podrás deshacerte de ese tipo de pensamientos con facilidad.

Iris, la clavadista, desarrolló durante meses un pensamiento indeseable sobre lo que le ocurrió durante la competencia. Para ayudarla a controlar este pensamiento repetitivo, ella y Jonathan abordaron tres preguntas: ¿qué detonó el pensamiento?, ¿se podía redirigir la atención de Iris?, ¿hacia dónde desviarían su atención? Al responder estas preguntas, ella fue capaz de reprogramar sus procesos de desarrollo y repaso, llevándolos de lo negativo a lo positivo.

Como una detective, Iris examinó sus hábitos y tomó notas exactas sobre los momentos en los que sentía que los pensamientos espontáneos negativos aparecían. La detección de estas señales les permitió analizar el momento en el que sus cajas llegaban y, a partir de ello, Jonathan le pidió a Iris que encontrara las soluciones para limitar la frecuencia de señales que detonaban los pensamientos traumáticos.

Iris notó que la frecuencia más alta de pensamientos negativos ocurría cuando miraba su teléfono, el cual tenía como fondo de pantalla una foto suya de pie en la cima de un acantilado. Aunque la foto era previa al accidente, un simple vistazo servía como una señal que detonaba la secuencia de desarrollo y repaso que generaba estrés, ansiedad y miedo.

Una semana después, Jonathan le indicó a Iris que realizara una lista de acciones que ayudaran a reducir su ansiedad y la frecuencia de los pensamientos espontáneos negativos.

Su primera estrategia fue cambiar el fondo de pantalla de su celular a una imagen neutral, con lo que disminuyó la frecuencia con la que veía las señales de activación que generaban pensamientos espontáneos negativos. En consecuencia, también disminuyó la intensidad del desarrollo de esos pensamientos.

La segunda estrategia fue volver al agua y disfrutar los clavados desde plataformas de cinco metros.

La tercera fue enfocarse en un evento importante previo relacionado con el clavadismo —cuando supo que quería dedicarse a ese deporte— y desarrollar pensamientos respecto a ese evento positivo mientras empacaba su maleta de entrenamiento todos los días.

Iris profundizó los detalles con los que desarrollaba y repasaba sus pensamientos positivos, y con ese proceso disminuyó los negativos. Cada semana, Iris y Jonathan refinaron sus estrategias, por ejemplo, usar la visualización de observación, la cual comenzaba tan pronto se colocaba junto a la alberca para observar a otros nadadores, al mismo tiempo que usaba señales como secarse las piernas con su toalla azul para activar la visualización, y chasquear sus dedos tres veces a un ritmo específico antes de realizar un salto. Cada señal redirigía su atención al motivo que tenía para saltar y a las metas actuales que mejorarían su proceso, como realizar un movimiento de caderas rápido al terminar una rotación. Para la sexta semana, Iris estaba saltando de nuevo desde acantilados.

Para volver a saltar como antes, Iris se recordó con firmeza el *motivo* por el que lo hacía. El pensamiento «por qué saltas» es poderoso debido a lo que significaba para ella y a las experiencias que había enfrentado en busca de sus metas. Cuando inevitablemente surgía un pensamiento negativo, lo aceptaba, pero redirigía su atención a su motivación, a su compromiso y a la oportunidad que tenía. Cuando se desarrolla un pensamiento espontáneo, este tiene el potencial de determinar nuestro futuro, para bien o para mal. Estos puntos decisivos tienen el poder de cambiar nuestra mentalidad, a menos que entendamos la forma en que nuestros pensamientos son creados y aprendamos cómo adaptar nuestras respuestas.

Con la ayuda de Jonathan —mediante el entrenamiento de visualización, explorando los puntos decisivos y controlando su rebelión mental—, Iris se redefinió a sí misma y ahora es una de las diez mejores clavadistas de acantilados del mundo.

CAPÍTULO 2

ENTRENAMIENTO DE VISUALIZACIÓN FUNCIONAL

Hay un espacio entre un estímulo y su respuesta.
En ese espacio yace el poder para elegir
nuestra respuesta, y en esa respuesta radican
nuestro crecimiento y nuestra libertad.

VIKTOR FRANKL

Desde el momento en el que despiertas, existe la posibilidad de que te enfrentes a un punto decisivo: puedes tomar tu teléfono de inmediato y revisarlo de quince a treinta minutos. Otra decisión es levantarte y comenzar tu día volviéndote tu prioridad: dar un paseo, nadar, meditar o realizar cualquier otra actividad constructiva. Piensa por un momento en cómo te sentirías luego de revisar tu celular. ¿Y si, en lugar de eso, te levantas y meditas? ¿Cómo te sentirías? ¿Cómo se compara esa sensación a la que tendrías si eligieras la primera opción?

¿Y si te dijéramos que podemos enseñarte un método que, de practicarlo durante tres minutos al día, te ayudará a gestionar estas decisiones de tal manera que podrás lograr tus metas y disfrutar más cada aspecto de tu vida? Cuantos más días lo practiques, serás más capaz de tomar las decisiones que te permitan lograr tus metas. Además, esos tres minutos al día no solo tendrán un impacto positivo en ti, sino que también crearán un efecto en cadena sobre las personas que te rodean.

Creamos el ejercicio de tres minutos llamado Entrenamiento de Visualización Funcional, o FIT, como parte de nuestro programa de *coaching* sobre visualización, y es una herramienta poderosa que te ayudará a elegir las acciones y actitudes que te acercarán a tus metas en vez de alejarte de ellas.

Uno de nuestros primeros pacientes corporativos, Charlie Alvarez, CEO de Stratus, acudió a nosotros con una meta sencilla: quería ganar el torneo de golf anual organizado por sus amigos de la universidad, para el que solo faltaban cuatro semanas. Específicamente, quería aprender a controlar sus emociones al estar bajo presión. Cuando fallaba un tiro, permitía que el recuerdo de ese tiro creciera y arruinara el resto de su juego. Como estaba motivado para lograr una meta específica y clara cuando acudió a nosotros, pudimos comenzar de inmediato y, luego de cuatro sesiones de visualización, Charlie ya estaba listo y consiguió ganar el torneo.

Pero más importante que eso, Charlie se sintió inspirado para usar la visualización y enfrentar otros retos. Casi un año después de su primera sesión, el FIT se había vuelto parte de su naturaleza. No solo mejoró su forma de jugar golf, también cambió la manera de dirigirse a sí mismo y a los demás. Este efecto secundario fue el mismo que se observó en el estudio de pérdida de peso. Una vez que las personas entienden cómo funciona la visualización, continúan usándola.

Descubrimos esto con muchos de nuestros pacientes: además de manejar sus puntos decisivos usando el FIT, también enseñan a otros a hacer lo mismo. Por ejemplo, en una reunión administrativa, un miembro del equipo de Charlie tuvo una actitud negativa tan corrosiva que afectó el ánimo de todos. Charlie estaba enojado, pero recordó cómo el FIT lo había ayudado a controlar su ira en el campo de golf. Debía tomar una decisión: podía reaccionar con enojo o podía tomarse el tiempo de apostar a largo plazo, lo que le sería útil tanto a él como a la compañía. Fue a casa, paseó a su perro y usó el modelo FIT para visualizar el resultado que quería.

Cuando se sintió tranquilo, Charlie llamó a su colega y adoptó una postura inquisitiva, preguntándole: «¿Cómo sientes que estuvo la junta?» y «¿Lograste el resultado que querías?».

No lo estaba acusando, sino que tenía un interés genuino y, como resultado, el gerente pudo ser autorreflexivo y se dio cuenta del impacto negativo que su actitud había tenido sobre el equipo y sobre sí mismo. En la siguiente reunión, el gerente se presentó con una actitud diferente.

Retrocedamos un poco. Como mencionamos, no todos son como Charlie. Muchas personas acuden a nosotros en busca de ayuda, pero son ambivalentes respecto al cambio. Necesitan un modo de explorar su resistencia para conectar con su motivación, por lo que usamos un enfoque conversacional que es el estándar del sector para generar motivación. A continuación, te contaremos su historia y por qué es esencial para el modelo FIT.

Argumentos a favor del cambio

Sería imposible hablar del FIT sin hablar sobre la dedicación de los investigadores cuyo trabajo sentó un precedente. Colaboraron para entender con detenimiento la mejor forma de propiciar cambios en los pacientes. En 1980, el psicólogo William Miller fue coautor de un artículo de investigación sobre el problema del alcoholismo, en el que se descubrió que el 67% del éxito de los pacientes dependía de la empatía del terapeuta.[1] Unos años más tarde, Miller publicó otro artículo en el que presentó la estructura de una conversación empática. El estilo de conversación solidario permitió que el paciente argumentara a favor del cambio.[2] Conocido como entrevista motivacional, fue un cambio de paradigma que sentó las bases para el campo del *coaching*.

Podríamos retroceder aún más y dar crédito al innovador trabajo de Carl Rogers y su enfoque de terapia centrado en la persona, el cual gira en torno a la idea de que todas las personas tienen la sabiduría para superar sus propios retos. Rogers creía que para ser un buen terapeuta había que escuchar en vez de ser «el experto». Una diferencia clave entre el método de Rogers y el enfoque de las entrevistas motivacionales es que el practicante del segundo enfoque dirige la conversación usando una serie de cuatro procesos —interacción, atención, evocación y planeación—, lo que resulta en acciones. En el método de Rogers, no se dirige la conversación.

Miller se tomó muy en serio el método de Rogers, y cuando se le pidió que hiciera un juego de roles para demostrar sus técnicas de generación de empatía con un grupo de estudiantes de psicología en Noruega, escuchó y respondió a sus preguntas. Fue la primera vez que una conversación empática pasó de ser un concepto a un proceso, y sirvió como base para las entrevistas motivacionales.

Poco después, Miller conoció al psicólogo Stephen Rollnick, quien había leído el artículo de Miller sobre las entrevistas motivacionales y enseñaba a profesionales del Reino Unido a usarlas en su práctica. Miller aseguró que Rollnick entendía el «eje» del enfoque, y ambos escribieron un libro al respecto para que la técnica evolucionara en lo que es hasta el momento de escribir este libro: el proceso más estudiado en la psicoterapia.[3] Existen quinientos estudios relacionados con las entrevistas motivacionales.

Cómo concebir las entrevistas motivacionales

Las entrevistas motivacionales han sido estudiadas durante cuatro décadas y, a la fecha, son el método de intervención más efectivo para generar motivación, superando a las terapias tradicionales en un 75 por ciento.[4]

Este estilo de discusión de metas a través de la colaboración, la compasión, la evocación y la aceptación, centrado en las personas, fomenta una asociación entre el paciente y el terapeuta, conocida como el espíritu de las entrevistas motivacionales, que funciona mediante una comunicación audaz que se enfoca en lo siguiente:

➜ Preguntas abiertas (por ejemplo: «¿Cómo estuvo tu día?»).

➜ Afirmaciones (por ejemplo: «Hiciste un gran esfuerzo para que esa reunión ocurriera a tiempo»).

➜ Reflexiones (por ejemplo: «Parece que tuviste una mañana estresante»).

➜ Resúmenes (por ejemplo: «Paseaste al perro, alistaste a los niños para que fueran a la escuela, compraste lo necesario para la cena y luego fuiste a surfear antes de tu reunión de las nueve de la mañana»).

Si el problema es el tabaquismo, el paciente ya conoce las implicaciones de seguir fumando, de modo que es poco probable que reiterar los efectos negativos a la salud produzca un cambio motivacional.

Es común que, al comenzar a trabajar con un paciente, descubramos que la meta inicial con la que llegan no es la que eligen implementar. Exploremos el tema del tabaquismo. Cuando un paciente llega con la meta de dejar ese hábito, podemos explorar las formas de hacerlo y las razones por las que dejar de fumar beneficiará su salud, pero esa no es la ruta normal al usar las entrevistas motivacionales. En su lugar, no profundizamos en la meta hasta después de *entablar una conversación* sobre la historia del paciente y establecer su historial y sus *valores nucleares*.

Podemos comenzar diciendo: «Háblame sobre ti» o «¿Qué haces en tu tiempo libre?». Estas son las preguntas que haría un nuevo amigo que tiene un interés genuino, y formularlas es una manera de expresar empatía. Con frecuencia, entre las respuestas que recibimos al explorar las metas y los valores están las siguientes: «Disfruto pasar tiempo con mi familia los fines de semana e ir a pasear» o «Hago deporte con mis amigos y me gusta hacer ejercicio». Al inicio, lo que nos interesa explorar con detalle son estas conductas, no necesariamente el tabaquismo. Una vez que inicia la conversación, comenzamos a enfocarnos en la meta, y en vez de usar palabras como «dejarlo» o «parar», hacemos que las preguntas entrelacen un valor con una mentalidad o una actitud.

Por ejemplo, un terapeuta puede decir: «Dijiste que disfrutas estar activo con tu familia y que el ejercicio es una forma de mantenerte sano. Al parecer, lo que te importa es tu salud y tu familia. ¿Puedes decirme si eso hace eco en ti?».

En este punto, generamos discrepancias para crear ambivalencia. La ambivalencia es fundamental en las entrevistas de motivación porque es en este momento donde el paciente interviene con un «pero/tal vez». Con frecuencia escuchamos: «La salud es importante para mí, *pero* fumo porque es mi forma de relajarme luego de un día estresante».

También escuchamos: «Ya intenté dejarlo y no pude hacerlo. *Tal vez* ahora sea diferente».

A lo que respondemos con algo como «¿Puedes pensar en alguna ocasión en la que te propusiste realizar algo difícil y tuviste éxito?». Esto ayuda a que el individuo interactúe, reflexione y construya confianza a partir de experiencias pasadas.

En las entrevistas motivacionales, el siguiente proceso es *evocar la motivación* haciendo preguntas como «¿Por qué es importante para ti cambiar?» y «¿Te sientes listo para comenzar ahora mismo?». Estas preguntas crean una *conversación sobre el cambio*, que el terapeuta escucha y usa para dirigir la conversación hacia la meta deseada.

El paciente puede decir: «Creo que necesito reducir el número de cigarros que fumo» o «Creo que salir a correr me ayudaría a manejar el estrés mejor que fumar». El terapeuta nunca ofrece una solución en ninguna parte de este enfoque, sino que el paciente arma el rompecabezas. ¿Por qué? Porque con frecuencia ya pensaron en la solución de manera informal antes de acudir al terapeuta, y ya imaginaron el esfuerzo que tendrán que hacer. Pero necesitan ayuda con la motivación y la formulación de un plan.

La parte final es determinar un *plan*, el cual también depende del paciente y debe enfocarse en su compromiso con realizar las acciones a lo largo de un periodo establecido. En este punto, a menudo alentamos al paciente a calificar el nivel de confianza que tiene en su habilidad para cumplir con la labor, en una escala del 0 («No confío en que pueda cambiar») al 100 («Confío plenamente en que voy a cambiar»). Esta puntuación revela el nivel de optimismo, las áreas de negatividad, las dificultades y los posibles retos, y puede usarse no solo para valorar la percepción actual del paciente respecto al cambio, sino también para desarrollar un plan realista que se adapte a sus necesidades.

La evidencia de que se puede cambiar una conducta mediante el uso de las entrevistas motivacionales es convincente.[5] Funciona y se usa de manera productiva para tratar ansiedades, mejorar el apego al ejercicio, reducir el estrés y la ansiedad, perder peso y hasta mejorar el desempeño deportivo. La pregunta por responder es la siguiente: si es un método tan efectivo, «¿por qué cambiarlo?». Porque cuando incluimos el uso de la visualización en momentos cruciales durante la conversación, *el FIT es hasta cinco veces más efectivo que las entrevistas motivacionales por sí mismas.*

Creación del FIT a partir de las entrevistas motivacionales

El FIT, al igual que las entrevistas motivacionales, fue desarrollado por psicólogos que investigaban las adicciones, especialmente las ansiedades y los deseos.[6] Luego de veinte años de investigación liderada por los profesores de Psicología Jackie Andrade y Jon May, en la Universidad de Plymouth, y por el profesor David Kavanagh, de la Universidad de Tecnología de Queensland, el proceso fue refinado en lo que ahora llamamos FIT.

Su investigación inicial estaba enfocada en la memoria, la creatividad y la visualización, y trabajaron con una gran variedad de individuos que iba desde personas que sufrían de adicciones hasta bailarines que buscaban ser más creativos.[7] El método aplicado FIT es relativamente nuevo, y el primer proyecto de este método exploró la manera de hacer que las personas dejaran de comer entre comidas.[8] Luego progresó hacia la forma de crear hábitos saludables o, en esencia, cómo enseñar a las personas a usar la visualización para ansiar lo que querían lograr en vez de ceder ante los deseos inmediatos. Los participantes tenían un gran reto por delante, ya que para los humanos es difícil imaginar los beneficios de no tener algo, ya sea una galleta o un trago, pero se enfrentaron a este reto enfocándose en forjar confianza con pequeños actos y estableciendo metas a corto plazo, lo que se sumó hasta lograr el éxito a largo plazo.

Charlie, el CEO que te presentamos en este capítulo, comenzó por mejorar su juego de golf y al final también mejoraron sus habilidades de liderazgo. En vez de causarle presiones respecto a la meta a largo plazo, con el FIT presentamos esa meta para luego enfocarnos en las decisiones diarias que se irían sumando. Algunas elecciones fueron puntos decisivos —como la manera de manejar sus emociones— y otras fueron decisiones importantes que requirieron contemplación y colaboración antes de tomarlas.

La pregunta clave que todos los investigadores enfrentaron fue si el pensamiento intrusivo (por ejemplo, la idea de beber una copa de vino) podía ser redirigido o remplazado por un pensamiento diferente que compitiera por la atención de la persona. La respuesta es que sí: siempre que el pensamiento con el que remplazas a otro involucre un desarrollo (por ejemplo, imaginar un tigre; su forma, tamaño y color), el pensamiento placentero original del vino desaparecerá.[9]

Mientras Jonathan estaba estudiando su doctorado en la Universidad de Plymouth, él y Linda Solbrig tuvieron como supervisores a Jackie Andrade y Jon May. Linda (quien principalmente trabajó y se capacitó en la realización de entrevistas motivacionales con Andrade) desarrolló el FIT para perder peso, y Jonathan (quien mayoritariamente trabajó y se capacitó junto a Jon May) usó inicialmente el FIT en relación con el desempeño deportivo. Mientras tanto, David Kavanagh siguió estudiando las ansias con su equipo de trabajo en Australia. Este grupo de investigadores desarrolló los fundamentos sobre cómo integrar la *visualización* dentro del espíritu de las entrevistas motivacionales que conforman el FIT.

A partir de ahí, cada desarrollador siguió refinándolo para adaptarlo a las poblaciones con las que trabajaban con el fin de lidiar con las limitaciones de tiempo de aplicación y encontrar la forma de trabajar con aquellos que, por cualquier motivo, no fueran capaces de usar la visualización. Jonathan comenzó a usar el FIT tradicional trabajando con los participantes de la investigación y con sus pacientes individualmente, pero más tarde evolucionó su enfoque para poder usarlo en equipos, aplicarlo en un marco de tiempo relativamente breve —de modo que se adaptara a las necesidades de diversas organizaciones— y ajustarlo a individuos (dentro de los equipos) que tuvieran dificultades con ciertos aspectos, por ejemplo, al usar la visualización.

¿Por qué funciona el FIT?

La visualización genera emociones y estas son más efectivas para dar forma a nuestras conductas que hablar sobre cambiar esas conductas. Todos imaginamos el futuro, pero el FIT te enseña a convertir ese acto en un hábito diario vinculado con tus metas. Este método funciona porque crea una forma deliberada de controlar tu pensamiento mediante la redirección y el remplazo de pensamientos que, de lo contrario, podrían hacer que te rindas o que tus metas se degraden. También funciona porque altera tu conversación interna, y las historias que te cuentas a ti mismo también tienen el potencial de crear visualizaciones. Al enseñarte a entender y dominar tu imaginación, el FIT te ayuda a tener un mayor grado de confianza en tu habilidad de lograr el éxito, a ser más concienzudo al hacer que planees con anticipación y a seguir adelante y perseverar cuando enfrentes las dificultades inevitables que habrá en tu camino.

Tu primera sesión del método FIT

Como ya mencionamos, este método comienza con una conversación. Para este libro, ajustamos el modelo de conversación mediante la creación de un diario que te proporcionará las preguntas típicas de una entrevista motivacional. Si bien este método no es lo mismo que tener a un profesional presente contigo, las preguntas te invitarán a explorar tus valores nucleares y su relación con tu meta. También agregamos la característica de la narrativa, ya que las historias son una manera común en que las personas se comunican al conversar. Si nos conociéramos en persona, nos compartirías tu historia prácticamente del mismo modo.

Tu diario es el lugar donde puedes ser honesto y vulnerable contigo mismo, y donde aprenderás la mejor forma posible de progresar hacia tus metas. Es la incubadora de tus pensamientos, donde puedes hacer anotaciones para luego llevar a cabo contemplaciones sobre lo que sientes. Con frecuencia, al incubar esos pensamientos, comenzarás a planear mental y emocionalmente respecto al camino que hay por delante. La incubación toma ideas nuevas y las mezcla con ideas previas, lo que produce puntos de vista frescos que se relacionan contigo y con tus metas. El motivo final para escribir en un diario es que te permite tener un registro de tu proceso de prueba y error, de modo que refines la manera en la que abordas tanto las dificultades como tu vida diaria y realices los cambios que mejor se adapten a tu forma de trabajar.

El primer ejercicio de tu diario tiene que ver con entender tus valores nucleares. Te ayudará a alinear tu meta y tus valores para que sincronices tu visión con tus acciones. A continuación, encontrarás una lista de 83 valores desarrollados a partir del trabajo de Miller y sus colegas.[10] Analízalos y anota aquellos que sean más importantes para ti. Si se te ocurre alguno que no esté incluido en la lista, siéntete libre de agregarlo.

Aceptación	Cuidado	Paz interior
Amabilidad	Deber	Paz mundial
Amor	Dependencia	Perdón
Amistad	Desafío	Placer
Apertura	Destreza	Poder
Atractivo	Diversión	Popularidad
Autenticidad	Ecología	Precisión
Autoaceptación	Emoción	Propósito
Autoconocimiento	Esperanza	Racionalidad
Autocontrol	Espiritualidad	Realismo
Autoestima	Estabilidad	Realización
Autonomía	Fama	Recibir amor
Autoridad	Familia	Responsabilidad
Aventura	Fidelidad	Riesgo
Belleza	Flexibilidad	Riqueza
Cambio	Generosidad	Romance
Comodidad	Honestidad	Salud
Compasión	Humildad	Seguridad
Compromiso	Humor	Servicio
Condición física	Inconformismo	Sexualidad
Conocimiento	Independencia	Simplicidad
Consciencia	Intimidad	Soledad
Contribución	Justicia	Tolerancia
Cooperación	Moderación	Trabajo
Cortesía	Monogamia	Tradición
Creatividad	Ocio	Virtud
Crecimiento	Orden	Voluntad divina
Crianza	Pasión	

¿De qué manera encarnas tus valores? Haz una pausa y tómate un momento para examinar la forma en que vives tus valores.

CONSIDERA LO SIGUIENTE Y ANÓTALO EN TU DIARIO:

- Los cinco valores más importantes para ti.
- ¿Qué valores se ven reflejados en tus metas personales?
- Cuando hay dos valores que compiten por tu tiempo, por ejemplo, salud y familia, ¿cómo los manejas?

Ahora vamos a determinar si tus acciones se alinean con tus valores. Por ejemplo, si calificaste la familia como un valor nuclear, pero no te has mantenido en contacto con la tuya, entonces hay una discrepancia entre el valor y tus acciones. Del mismo modo, si tu valor es la salud, pero no te ejercitas con regularidad, a menudo comes alimentos poco sanos o fumas, ahí hay otra desconexión.

Por otra parte, quizá estás alineado con tus valores y los llevas a cabo todos los días. Si ese es el caso, es probable que seas bueno priorizando tareas, por lo que tu calidad de vida es mejor gracias a ello. Si sientes que lo estás haciendo bien y, en general, tus acciones se alinean con tus valores, siéntete libre de saltarte el siguiente párrafo y continúa hasta la sección titulada «Tu historia».

La mayoría de las personas están fuera de balance porque rara vez viven de acuerdo con sus valores y no exploran sus mentalidades, actitudes o su forma de pensar respecto a las metas. Nuestros valores no siempre nos llevan a las conductas que deseamos. Con frecuencia, los atletas incluyen tener salud, una buena condición física y ganar dentro de sus cinco valores más importantes, pero como recompensa tras una sesión dura de entrenamiento, comen chocolate o comida rápida. No estamos diciendo que eso siempre sea malo, permitirse ciertas recompensas luego de alguna tarea difícil tiene sus beneficios, siempre y cuando esas recompensas sean moderadas. Para encontrar el equilibrio entre nuestros valores y acciones, a veces puede ser necesario ser permisivos, pero esto debe ocurrir bajo una moderación controlada. En vez de comer una barra de chocolate justo después de una rutina de ejercicio, el atleta podría decir: «Está bien que por la noche coma una barra de chocolate y tome una taza de té mientras me relajo». Esa acción generará equilibrio sin entrar en conflicto con la mentalidad del atleta de ser una persona sana.

Tu historia

En gran medida, tu sentido de identidad y el mundo a tu alrededor se revelan en las historias que te cuentas regularmente. Como pasa en los libros, tus historias tienen temas con villanos, héroes, personajes secundarios, viajes y finales percibidos. Las historias suceden en tu imaginación, activan tus sentidos y tus emociones, y pueden ser un impulso o dejarte estancado porque enfocan tu atención e influyen en tu conducta, incluso más que la realidad.

Cinco días de autoexploración

Este ejercicio es el primero de la serie relacionada con tu diario. Intenta realizar estos ejercicios con calma, no los hagas todos a la vez ni te saltes alguno sin tomarte el debido tiempo para completarlos. No es un examen con límite de tiempo, sino la manera en la que comenzarás a dar formas nuevas a viejos hábitos, lo que mejorará tu alineación con tus metas.

EJERCICIO DE CINCO DÍAS CON UN DIARIO

Este ejercicio te sacará del sistema de recompensas rápidas, dominado por la dopamina, y te llevará a los niveles superiores del cerebro, donde conectarás con tu sentido de propósito, intuición e imaginación. Conforme avances en el proceso de autoexploración descrito en este libro, quizá notes que algunas secciones son difíciles de implementar debido a que las ideas son nuevas o contienen variaciones de lo que percibes como normal. Cuando eso ocurra, reduce la velocidad, siéntate, escribe algo si gustas, y regresa a esa sección después de incubar un poco mejor la idea. Trátate como lo haría un buen amigo, es decir, sé amable y compasivo contigo mismo, porque la autorreflexión (tener pensamientos respecto a tus pensamientos) puede ser difícil.

Comencemos con algunas indicaciones:

DÍA 1. Observa las historias que compartes. Presta atención a lo que dices sobre ti mismo con los demás o cuando conoces a alguien nuevo. Ten en cuenta que este es un ejercicio de observación, de modo que no hay respuestas correctas o incorrectas. Nadie te está juzgando, así que, por favor, no te juzgues a ti mismo. Solo observa y anota esas observaciones en tu diario.

DÍA 2. Deja de cumplir con tus pendientes durante cinco minutos para meditar sobre esta pregunta en calma y sin interrupciones: ¿cuál es tu historia? Toma nota de cualquier tema que surja.

DÍA 3. Igual que ayer, tómate otros cinco minutos para responder las siguientes preguntas en calma y sin interrupciones: ¿de qué manera te sirve tu historia? ¿Cómo te está frenando?

DÍA 4. Medita respecto a lo siguiente: ¿qué debes cambiar en tu historia para acercarte más a tus sueños?

DÍA 5. Piensa en la respuesta que diste ayer. Si pudieras llevar a cabo ese cambio, ¿cómo luciría tu vida?

Ahora que has reducido la velocidad para entender tus cinco valores más importantes y tu historia, esperamos que seas más consciente de ti mismo y te sientas más afianzado. Es importante que conectes con tu sentido de identidad y tus valores porque esa conexión te guiará para que seas fiel a ti mismo, a las metas que establezcas y a quienes te rodean. Sentirte motivado respecto a la meta con la que sueñas y entender lo que hace que tú seas tú es el primer paso. Ahora comenzaremos a explorar la diferencia entre la motivación y el compromiso, y cómo tu meta debe generarse a partir de tus valores si es que quieres tener éxito.

CAPÍTULO 3

COMPROMISO

El compromiso abre las puertas de la imaginación, permite la visión y nos da los elementos necesarios para que nuestros sueños se vuelvan realidad.

James Womack, fundador del Lean Enterprise Institute

Cuando las tropas de Julio César marcharon a través del río Rubicón y entraron a Roma, él dijo: *«Alea iacta est»,* es decir, la suerte está echada. Julio César sabía que ese río poco profundo servía como límite entre Roma y sus provincias, y, al cruzarlo, estaba iniciando una guerra civil. El castigo por cruzar el Rubicón era la muerte. Solo había una manera en la que César y sus soldados podrían volver a casa: alcanzar la victoria. Si perdían la batalla, todos perecerían. En el lenguaje actual, un Rubicón es un punto de no retorno, como renunciar a un trabajo, tener un hijo o saltar de un avión. Cruzar un Rubicón metafórico tiene un nivel de claridad del que carecen la mayoría de nuestras acciones. Es un riesgo que tomas con plena consciencia de que ese acto puede alterar tu destino, y una vez que actúas, ya no puedes cambiar tu decisión. No hay vuelta atrás.

No obstante, en la mayoría de las situaciones, encontrarás muchas oportunidades para volver atrás o rendirte.

La mayoría de las personas tenemos la intención de apegarnos a un plan, pero es frecuente que no lo hagamos en el momento de enfrentar dificultades. Cómete esa galleta, no te la comas; pide ayuda, no la pidas; despiértate temprano para hacer ejercicio, sigue dormido. Cuando enfrentamos una decisión, en cada bifurcación podemos hacer aquello que nos acerque a nuestra meta o lo que nos aleje. A esto es a lo que llamamos puntos decisivos.

En este capítulo, aprenderás sobre el cruce del Rubicón y sobre los puntos decisivos, y descubrirás los elementos clave para fortalecer tu compromiso bajo cualquier circunstancia, a menos que determines que ya no estás comprometido. A fin de cuentas, solo tú decides si avanzas hacia tu visión o la dejas ir. Si decides perseguirla, en este capítulo podrás encontrar la guía y la inspiración para esos momentos oscuros en los que te sientas solo en la búsqueda de tus sueños. Quizá también llegues a la conclusión de que los costos de seguir adelante son mayores que los beneficios, en cuyo caso puedes optar por un nuevo camino durante tu «momento de fuga».

Jo aprendió sobre las dificultades de sortear un Rubicón por primera vez en 1985, cuando su padre y su hermano mayor, Al Grover y Al jr., decidieron cruzar el Atlántico en una pequeña lancha de motor.

La noche previa a su partida, mientras se volvían conscientes de los riesgos, padre e hijo calmaron sus nervios con alcohol y comida, y a la mañana siguiente partieron con malestares estomacales. Tan pronto como dejaron el puerto, el viento comenzó a soplar y el mar se agitó. Permanecieron callados, cada uno en la profundidad de su mente. Entonces, se hizo de noche y cayó una tormenta. No había señal alguna de las luces en tierra y el bote se sacudía como una botella de plástico; no tenían dónde refugiarse ni forma de calentarse. Sabían que pasarían horas o incluso días antes de poder secarse, entrar en calor y recuperar la calma. De pronto, la idea de un viaje de más de cuatro mil kilómetros no les resultó tan atractiva como lo había sido la noche anterior, durante la cena de celebración.

Su motivación se debilitó.

—¿Este viaje vale la pena?

La respuesta de Al jr. fue:

—De ninguna manera. ¿Podemos volver? ¡Ya no quiero hacer esto!

—Ya es muy tarde —respondió su padre.

Al Grover estimó que no tenían forma de superar los vientos y las olas. Los motores de la lancha, con 65 caballos de fuerza y hélices de treinta centímetros, no tenían la potencia suficiente para volver a la costa, por lo que la decisión de partir era irreversible. Habían cruzado el Rubicón.

El mar estuvo agitado casi en todo momento durante dos semanas. Tras 17 días y a unos 160 kilómetros de su primera parada en las Azores, un grupo de islas a las afueras de Portugal, descubrieron que se dirigían directamente hacia el huracán Claudette.

Cuarenta y ocho horas más tarde, la tormenta había pasado. Magullados, golpeados, casi sin combustible y cada uno pesando nueve kilos menos de lo que pesaban 21 días atrás, cuando partieron de Canadá, superaron la tormenta. En ese momento, cada uno enfrentó un punto decisivo.

Al jr. decidió quedarse en las Azores y no seguir adelante. Al día siguiente, Al Grover llamó a Rosemarie, su esposa, para decirle que su hijo se había rendido y que era el fin.

—Se acabó, ya no puedo más —anunció.

Rosemarie respondió:

—Sí, claro que puedes. ¡Debes terminar el viaje! Enviaré a Dante.

Dante era su otro hijo.

El tono firme e inquebrantable de Rosemarie en ese punto decisivo tan crítico hizo toda la diferencia para Al Grover. Cuando sus recursos internos estaban agotados, la determinación de su esposa renovó su resolución y decidió continuar.

Dante aterrizó en las Azores dos días después para acompañar a su padre los últimos 160 kilómetros hasta Lisboa, y Al Grover cumplió uno de sus sueños de toda la vida.

El factor compromiso

Hace falta tener compromiso para desafiar el *statu quo*. Cuando un cambio es muy grande —por ejemplo, si planeas cambiar tu carrera profesional—, debes cruzar un Rubicón. ¿Te arriesgarás a probar suerte o darás marcha atrás? Los ejercicios al final del capítulo te ayudarán a determinar lo que en realidad quieres antes de dar ese salto.

Independientemente de tu meta, todos los días tendrás la oportunidad de reforzar tu compromiso en diversos puntos decisivos. La persona promedio toma entre sesenta y ochenta decisiones conscientes cada día, y es en estos puntos decisivos donde demuestras tu nivel de compromiso. ¿Elegirás ese momento para renunciar, o vale la pena realizar un sacrificio para cambiar y elegir un nuevo camino que te acerque a vivir una vida alineada con el futuro que deseas? Cuando eliges la segunda opción de manera consistente, experimentas un cambio interno que produce un mayor sentido de autonomía y satisfacción, y dejas de ser un pasajero para tomar el control de tu vida.

Cuando encuentras dificultades y contratiempos, la decisión de seguir adelante debe venir de lo más profundo de tu interior, y esta decisión, idealmente, está vinculada con la visualización y con algo más grande que tú. Al Grover visualizó el reconocimiento que recibiría al tener un lugar en la historia junto a sus modelos a seguir. Había leído sobre los peligrosos viajes realizados por el capitán Slocum, sir Francis Drake y sir Francis Chichester, y se imaginó siendo parte de ellos. Admiraba todo lo que habían resistido por sus países, sus hombres, sus familias y por el deseo de hacer lo que ningún hombre había hecho antes. Al Grover sabía que cruzar el océano sería el viaje de su vida, y completarlo era el legado que anhelaba y por el que estaba dispuesto a arriesgarlo todo. Su hijo no compartía la misma visión ni sentía la misma resolución, y esa fue la causa principal por la que tomó la decisión de no completar la misión.

A diferencia de la motivación, que aumenta y disminuye, el compromiso es fijo: o estás comprometido o no lo estás. Admitir esta verdad puede ser difícil, y encararla puede ser abrumador, porque romper un compromiso equivale a romper un contrato con uno mismo. Puede que en algún momento de tu vida hayas dicho: «Estoy comprometido con mejorar mi salud», «Estoy comprometido con esta relación» o «Estoy comprometido con terminar este curso de capacitación», o cualquier otra cosa. Ese tipo de frases son el inicio de un contrato interno contigo mismo, que podrías terminar rompiendo si tu motivación cae demasiado y no tienes ni las herramientas ni a las personas que te ayuden a reafirmar tu compromiso.

Es poco realista pensar que estarás dispuesto a darlo todo a todas horas, pero tu sentir refleja diferentes niveles de motivación de un momento a otro. No sabrás cuán *comprometido* estás de verdad hasta no encontrar algún tipo de obstáculo físico o mental que parezca bloquear tu camino al éxito. Puedes decidir seguir adelante o puedes decidir dar marcha atrás.

Cuatro ingredientes para fortalecer tu compromiso

Si tienes la intención clara de continuar sin importar los obstáculos que encuentres, hay cuatro ingredientes con los que puedes aumentar tus posibilidades de éxito y construir cimientos más fuertes que tu motivación, los cuales serán la base de tu compromiso.

Primer ingrediente: tener una meta sin bifurcaciones

En su tratado *Sobre el cielo*, Aristóteles cuenta la historia de un hombre igualmente sediento y hambriento que debe decidir qué necesidad atender primero, pero al haber sido colocado de forma equidistante entre la comida y el agua, queda paralizado por la incertidumbre. Si la comida estuviera más cerca que el agua, la elección sería fácil: primero se acercaría a la comida y, por el momento, sacrificaría el agua. Sin embargo, ya que ambas se encuentran igual de lejos, está ante una paradoja. Al final, el hombre muere de hambre y sed, ya que no pudo decidir por cuál ir primero. La lección es que el riesgo no está en la decisión que tomas, sino en el tiempo que te lleva tomar esa decisión y comprometerte con ella. En el siglo XVI, a esta paradoja se le llamó el asno de Buridán, porque en ese ejemplo se remplazó al hombre con un burro (para algunos, ambas paradojas son similares).

En el mundo moderno, la paradoja de Buridán sigue siendo predominante —aunque afortunadamente ya no resulta en muertes—, especialmente en los espacios de trabajo, donde hay una competencia entre nuestras prioridades. Por ejemplo, una cuestión que podrías haber enfrentado es la cantidad de tiempo que debes dedicar al trabajo y a la familia. A menudo, estas metas están en competencia, por lo que, aunque sientas que debes comprometerte con ambas, tendrás más probabilidades de éxito si estableces el compromiso claro de tener una como prioridad. Si les das la misma importancia, lo más probable es que fracases en ambas, ya que es posible que termines batallando constantemente con las dos elecciones en competencia y no le des el tiempo o la atención suficiente a ninguna. Debes limitar el tiempo que le dedicas al trabajo como concesión a priorizar solo a tu familia. A menudo, las metas mal priorizadas llevan al agotamiento. Al invertir demasiado tiempo y energía en una variedad muy amplia de metas, puedes perder tu sentido personal de significado y propósito.

Si bien es importante que sueñes en grande, al trabajar hacia cualquier objetivo de gran magnitud, las metas pequeñas también importan. Se necesita menos fuerza de voluntad y motivación para comprometerte con un solo cambio que con muchos cambios a la vez. Una vez que te comprometas con una sola decisión basada en una meta, experimentarás menos pensamientos y visualizaciones intrusivas, lo que liberará tu espacio mental para que te enfoques en los pensamientos y visualizaciones que deseas, y no en los negativos que podrían distraer tu atención. Primero, para evitar que te sientas como un asno, elige una meta y una acción y apégate a ellas.

Mientras sean importantes para ti, esta meta y esta acción pueden ser de cualquier tamaño. Pueden ser algo pequeño, como agregar cinco minutos de meditación a tu día con el objetivo de reducir el estrés, o algo grande, como crear un programa de *coaching* que cambie la forma en que el mundo ve los retos venideros.

Segundo ingrediente: asegúrate de tener apoyo

Casi todos se sienten motivados al principio, pero al pasar por un momento difícil, la motivación se puede evaporar y llegamos al punto decisivo donde en cuestión de segundos tomamos la decisión seguir o renunciar. La voz en nuestra mente nos tienta a detenernos diciendo «No puedo», «No lo vale» o «Merezco un descanso». En este punto, la motivación ya no es suficiente.

Aunque cualquiera tiene el *potencial* de llegar más allá de la capa superficial de la motivación por cuenta propia, la mayoría necesitamos una voz externa, como la de un *coach* o de un ser amado, que nos aliente a no rendirnos y así alcanzar la raíz del compromiso y seguir adelante.

Cuando Al Grover quiso rendirse, su esposa fue el apoyo clave que lo ayudó a superar el punto decisivo de irse a casa o seguir su viaje. Ella sabía que si volvía a casa derrotado, se sentiría miserable, y fueron sus ánimos los que lo ayudaron a recordar su propósito y a reafirmar su compromiso.

Si no tienes una pareja que te apoye, puedes valerte de tus amigos o familiares, o incluso puedes contratar a un *coach*. Busca a cualquier persona con la que sepas que puedes contar, que te recordará tu *motivo* y tu visión, y te ayudará a reforzar tu compromiso cuando estés a punto de rendirte. No siempre hace falta tener una conversación para superar un momento de vacilación, a veces solo basta con saber que cuentas con alguien que quiere apoyarte.

Otro aspecto de tener un sistema de apoyo es que este puede ayudarte asumiendo las responsabilidades de tareas para las que podrías no tener tiempo o energía mientras persigues tu meta. Esto no solo se refiere a esposas fuertes apoyando a sus esposos. Trabajamos con muchas ejecutivas que reciben el apoyo de sus esposos o novios, quienes asumen responsabilidades y mantienen las rutinas diarias del hogar, la familia y los compromisos sociales.

Puedes crear un sistema de apoyo teniendo un «cómplice», alguien con quien compartas tu meta. Al escribir este libro y desarrollar una empresa global de *coaching,* Jo y Jonathan fueron capaces de confiar el uno en el otro y apoyarse mutuamente. Al principio fue difícil para Jo, a quien no le gusta pedir ayuda. La primera reacción de Jonathan cuando Jo tuvo dificultades fue decirle:

—Siempre tendrás mi apoyo.

Su buena disposición para acercarse y ser parte de la búsqueda de Jo hizo posible tanto este libro como la empresa global de *coaching*.

El apoyo también puede adoptar la forma de una comunidad. Al jr. volvió a casa para dejar de huir de sus problemas y enfrentar la realidad de su vida. Comenzó a acudir de forma regular a una iglesia católica para rezar, lo que le dio el sentido de comunidad que necesitaba. También hemos visto el poder de la comunidad y de brindar apoyo mutuo al trabajar con atletas de élite o con integrantes de los Comandos Británicos.

Tercer ingrediente: encuentra tu centro y fortalécelo con la visualización

Para comenzar el FIT, debes comprenderte a ti mismo, tus motivaciones y tu compromiso con el cambio. Para unos pocos es fácil llegar a ese entendimiento: tienen una meta clara que han imaginado por años, incluso décadas, y ya han tenido algunos logros en el camino hacia esa meta. Pero para la mayoría de nosotros, hace falta desenterrar de manera amistosa y sin juicios las imágenes a las que nos aferramos y que nos retienen, con el fin de encontrar aquellas que nos sirvan de apoyo. Tu conjunto de imágenes es enteramente personal. Tómate el tiempo de encontrar las imágenes que te inspiren. Puede que entre estas imágenes incluyas una donde te queda tu vestido o tu traje favorito, o donde estás de pie en un podio recibiendo los aplausos del público. El uso (o la falta de uso) de la visualización literalmente puede crear o destruir tu éxito.

Al Grover imaginó que establecía un récord mundial como el primer capitán de una lancha a motor en cruzar el océano Atlántico con éxito mucho antes de zarpar desde la costa. Imaginó la sensación de logro, el apoyo de sus seres queridos, el olor del mar, el sentimiento de libertad al estar lejos de tierra y el sabor del café mientras veía el amanecer sobre el vasto océano. Mientras planeaba el viaje, sentía el orgullo en su pecho y su energía elevarse. No lo sabía, pero estaba usando la visualización central, y esta fortaleció su compromiso a tal punto que fue capaz de continuar su viaje trasatlántico hasta el final, pese a un sinfín de problemas. Su hijo no definió su visualización central respecto al viaje antes de embarcarse, además de que el viaje no estaba vinculado con su sentido de propósito, por ello no es de sorprender que se retirara antes del final.

Ganar la pelea de toda la vida contra el peso

Profundizaremos más respecto a la visualización y cómo usarla en los siguientes capítulos, pero te daremos un ejemplo rápido de cómo uno de los pacientes de Jo pudo encontrar y fortalecer su visualización central para lograr una meta común: perder peso.

Bob había tenido problemas de peso toda su vida. Al ser médico, estaba al tanto de la factura que el sobrepeso le cobraría a su cuerpo. En el pasado, había perdido peso usando técnicas de dieta que iban y venían, las cuales lo dejaban mental y físicamente exhausto. En dos periodos distintos de seis meses cada uno, perdió 45 kilos al entrenar de manera obsesiva para participar en triatlones. Cuando ya no pudo aguantar la restricción calórica combinada con las intensas demandas que el entrenamiento le exigía a su mente y a su cuerpo, su fuerza de voluntad se agotó, volvió a sus hábitos alimenticios poco saludables y ganó todo el peso perdido. Él se sentía peor cada vez que esto ocurría.

Su esposa, una atleta, había escuchado del FIT y lo alentó a darle una oportunidad. Bob acudió con Jo en abril de 2019, con 45 kilos de sobrepeso. Su primera sesión del FIT ocurrió en su cumpleaños número 55. Él la programó en esa fecha como un regalo que se dio a sí mismo. Bob ya había leído las investigaciones y estaba listo para participar.

—Dime qué debo hacer.

—Primero me gustaría conocer tu historia —respondió Jo—. Cuéntame de ti.

—¿Por dónde comienzo?

—Por donde prefieras.

Bob contó algunas historias significativas de su niñez. Dejó el pequeño pueblo sureño donde creció con la determinación de tener éxito y superar la pobreza pese a que su padre no creía en él y le decía cosas como «Deberías ser un plomero o un reparador de aires acondicionados, no un médico». Básicamente, el mensaje era «¿Quién crees que eres, niño?».

Ya siendo un adulto exitoso, Bob llevaba una voz en su interior que se burlaba de él, como lo hacía su padre: «¿Crees que eres mejor que el resto de nosotros? Pues para que lo sepas, ¡no lo eres!». Bob dijo que estaba listo para dejar ir esa historia, no solo por él, sino por las personas que más amaba en la vida: su esposa y sus dos hijos adolescentes. Quería pasar tiempo con ellos y moverse con libertad sin tener que cargar el peso físico y mental del pasado.

—Ya no quiero ser así —le dijo a Jo.

—¿Así cómo?

—Poco saludable, incapaz de caminar por mucho tiempo, sintiendo dolor y que me falta el aliento. Tengo planeado un viaje a Europa este verano con Meg y los niños, y quiero caminar con ellos, explorar nuevas ciudades y ser una familia. Es uno de los últimos viajes que podremos hacer antes de que Max vaya a la universidad.

—¿Qué le dirías a alguno de tus pacientes si estuviera en tu lugar?

—Que puede lograrlo. Lo ayudaría a tener un plan.

—Eres muy bondadoso al decir eso. Tus pacientes tienen suerte de contar contigo.

—Gracias.

A continuación, Jo condujo a Bob hacia su visualización.

> Imagina que puedes viajar en el tiempo hasta tu siguiente cumpleaños. Quisiste alcanzar tu meta de tener buena condición, pero la vida se interpuso y cediste a la voz en tu cabeza que te dice que no lo mereces, así que nada cambió. Haz una pausa. Te levantas de la cama la mañana de tu cumpleaños. Observa los colores del cuarto, los sonidos y la luz. Inhala profundamente. ¿Qué hueles y saboreas? Usa todos tus sentidos; siente la textura del piso. ¿Cómo te sientes? ¿Cómo afecta eso la manera en la que llevas a cabo tu día y pasas el tiempo con tus seres queridos?

—Me siento triste. Apesadumbrado. Eso fue horrible —respondió Bob.

—Vamos a intentar otra cosa. Te prometo que la siguiente experiencia de visualización será diferente. Lamento haberte llevado a un lugar horrible, pero hay un motivo y te lo explicaré en unos minutos.

Jo volvió a guiarlo a través de la visualización de la mañana de su siguiente cumpleaños, solo que esta vez sus palabras fueron:

—Comes más sano y te tomas el tiempo de alcanzar tu meta personal. Enfrentaste retos, pero te mantuviste firme. Interioriza esa sensación de logro. Disfrútala. En cuanto sales de la cama, tus pies tocan el piso. Observa cómo se siente ponerte de pie y caminar. Percibe los colores, sonidos, sabores y pensamientos que se presentan. Usa todos tus sentidos para estar en ese lugar.

Pasaron algunos minutos, y el rostro de Bob se relajó.

—Muy bien. Vuelve al presente —le indicó Jo—. Puedes abrir los ojos. ¿Cómo te sentiste?

—Alegre y ligero.

—Recuerda ese sentimiento: la diferencia entre tristeza y pesadez y ligereza y alegría. Vuelve a ella siempre que puedas. Tú tienes el poder de decidir a qué visualización aferrarte. La que elijas dará forma a tu conducta. Esta es la visualización que debes evocar al enfrentar un punto decisivo.

Regresaremos a la historia de Bob más adelante.

Cuarto ingrediente: confianza

Un aspecto único del FIT es que no te decimos qué hacer, sino que confiamos en que ya lo sabes. Nosotros no somos los expertos en tu vida, tú lo eres. Este es el salto de fe más grande para nuestros pacientes. Los ayudamos a entender que encontrar su conjunto de imágenes es un viaje hacia el interior, no hacia el exterior. Hace falta que dejes de compararte con los demás y de buscar soluciones fuera de ti. La confianza interna que necesitarás se construye al estar presente para ti mismo de manera consistente, silenciar la mente y conectar con tus sentidos. Si de verdad quieres cambiar y llevar una vida diferente a la que tienes ahora, debes confiar en ti mismo, pero la confianza no surge de la esperanza. Para construirla, tienes que entender la extensión de tu objetivo y estar preparado para comprometerte. Jo y Jonathan ayudan a sus pacientes a encontrar estas respuestas mediante el siguiente ejercicio.

ENTIENDE LA EXTENSIÓN DE TU OBJETIVO

Responde las siguientes preguntas en tu diario:

- ¿Con qué logro sueñas?
- ¿Qué valor o valores están conectados con ese sueño?
- ¿Cuál es tu Rubicón (tu punto de no retorno)?
- ¿A qué renunciarás si decides cruzarlo?
- ¿Cuáles son los riesgos potenciales?
- ¿En qué momento deja de ser una buena idea?

- Si decides ir en busca de ese logro, ¿qué ganarás?
- ¿Quién estará contigo y qué ganará esa persona?
- ¿Cómo luce tu vida si alcanzas ese logro?

Una vez que entiendas a qué te estás enfrentando, es momento de consultarte a ti mismo para que puedas decidir si estás listo para comprometerte.

DETERMINA CUÁN DISPUESTO ESTÁS A COMPROMETERTE

En tu diario, califica del 1 al 10 tu grado de compromiso con tu meta respondiendo a las siguientes preguntas (1 = no estoy listo; 10 = estoy completamente listo):

1. ¿Qué tan importante es esta meta para ti?
2. ¿Cuán preparado estás para comenzar?
3. ¿Qué tan comprometido estás con alcanzar tu meta?

A continuación, reflexiona sobre por qué estás donde estás en cuanto a comprometerte con tu meta. Mira las calificaciones que anotaste y, por cada uno de los puntos previos, responde las siguientes preguntas.

- ¿Por qué esta calificación?
- ¿Por qué no es más baja?
- ¿Por qué no es más alta?
- ¿Por qué hay diferencias? (Por ejemplo, quizá calificaste con un 10 la importancia, pero clasificaste tu disposición a empezar con un 5).

- ✦ ¿Qué puedes hacer con tal de sentirte más preparado para comenzar?
- ✦ ¿Qué prioridades necesitas cambiar?
- ✦ ¿Cuál sería una fecha realista para comenzar?

Con Bob, ocurrió de la siguiente manera:

Jo: En una escala del 1 al 10, siendo 1 «No mucho» y 10 «Lo deseo con todas mis fuerzas», ¿qué tanto deseas cambiar?
Bob: 10.

Jo: ¿Qué tanto crees poder cambiar?
Bob: 8.

Jo: ¿Por qué no un 6 o 7?
Bob: Porque lo he hecho antes. A estas alturas, ya soy experto en perder peso.

Jo: ¿Puedes hacerlo de manera diferente esta vez?
Bob: Sí, con tu ayuda.

Jo: Cuando cambiamos, siempre debemos renunciar a algo.
Bob: Sí.

Jo: Tendrás que renunciar a esa vieja historia de que no deberías creer en tus habilidades.
Bob: Sí, lo sé. Es mi cumpleaños y estoy listo.

Si calificaste tu disposición (pregunta 2) con un 6 o menos, es señal de que todavía no estás listo para llevar a cabo pasos concretos que te acerquen a tu meta. Está bien. Puede ser una señal de que necesitas pensar más en tu meta y realizar ajustes. Quizá quieras inscribirte a una competencia del deporte que practicas como pasatiempo, ya sea golf, canotaje, atletismo o basquetbol, y establecer una meta que puedas ver, oler y sentir. Pero uno de tus familiares está enfermo y debes dedicar tiempo y energía a su cuidado; tu bienestar mental también requiere de tu tiempo y energía, y esto genera un dilema que te hace sentir conflictuado. Este es el momento en el que puedes revisar tus valores nucleares para recalcular; este proceso te ahorrará tiempo, energía y frustraciones.

En general, antes de decidir comprometerte con tu meta, debes asegurarte de que el resultado de la meta...

- ➜ esté vinculado con tus valores;
- ➜ sea importante para tu propósito;
- ➜ sea un diálogo, no un monólogo (¿hay dos bandos en tu conversación interna o solo uno?).

Vamos a profundizar en este último punto. Tu diálogo interno es la manera en la que discutes una meta contigo mismo y justificas el motivo por el que vale la pena. Por otra parte, los monólogos no agregan claridad respecto a por qué una meta debe lograrse, ni profundidad en cuanto a su importancia. El diálogo interno explora los retos que enfrentarás, examina tu nivel de confianza respecto a la probabilidad de lograr tu meta, e intensifica tu motivación inicial y el compromiso posterior.

En las ocho sesiones que tuvieron juntos, Jo nunca le dijo a Bob cuánto debía comer o ejercitarse. Nunca le preguntó cuánto peso había perdido. Eso era lo último que necesitaba luego de probar tantas dietas restrictivas y soportar tantos cambios extremos de peso. Bob aprendió a evitar usar los kilos como una medida de éxito o fracaso, pero cuatro meses después de su primera sesión del FIT, le contó a Jo que había perdido siete kilos. Lo más importante es que disfrutó el viaje con su familia en el verano. Pasearon por pueblos que no conocían y disfrutaron hacer senderismo juntos. Volvió a casa con la motivación para continuar, y le contó a Jo lo maravilloso que era poder abordar un avión con comodidad.

Aprende cuándo retirarte y cuándo aumentar la apuesta

Llegará el momento en el que dejes de pensar en actuar y comiences a *hacerlo*. Ese momento comienza con el compromiso y con una sola pregunta: «¿Qué puedo hacer ahora?». Debes saber que habrá ocasiones en las que tu motivación se agotará, y cuando eso ocurra, lo que te mantendrá avanzando será el equilibrio y la autocompasión. Practica interrumpir las conductas automáticas prolongando el periodo de toma de decisiones, el punto decisivo, de tal modo que tengas más posibilidades de elegir el camino que te sirva de apoyo a ti y a tu sueño.

Así como el compromiso es fundamental para lograr una meta, es necesario entender por adelantado qué circunstancias harán que subas la apuesta o te retires por tu propio bien.

La decisión de subir la apuesta llega cuando reexaminas tus valores y tu propósito, y te das cuenta de que tu meta significa algo y vale la pena perseguirla. También es vital que determinemos los momentos de fuga. Discutimos este punto por adelantado con nuestros pacientes cuando sus metas son grandes y requieren muchos sacrificios para lograrlas. Les hacemos preguntas como «¿En qué momento determinarás que los costos son mayores que los beneficios?» o «¿En qué momento el precio será demasiado alto para quienes te rodean?». Este tipo de preguntas es fundamental porque es fácil perder la perspectiva al sufrir por el estrés, así que la planeación es clave.

Cuando nuestras mentes son rígidas, podemos separarnos tanto de nuestro sufrimiento que nuestro cuerpo nos envía una señal de alarma, por ejemplo, un ataque de pánico. En todos los años que Jo trabajó como terapeuta especializada en la ansiedad y los ataques de pánico, el peor caso que atendió fue el de una mujer de 26 años a quien llamaremos Shelly.

El momento de fuga de Shelly

Los ataques de pánico de Shelly comenzaron después de aceptar un trabajo como agente de bienes raíces en un lugar que parecía un tanque de tiburones. Ella no se parecía en nada a las personas con las que trabajaba, pero deseaba tener éxito profesional y no se veía a sí misma como alguien que renuncia, así que perseveró a pesar de sentirse miserable y estresada. Ignoró la factura que su trabajo le cobraba física y mentalmente hasta que un día, mientras estaba de compras en un centro comercial, tuvo un ataque de pánico tan severo que sintió que iba a morir; su cuerpo se paralizó temporalmente. Los paramédicos la llevaron en ambulancia a un hospital cercano y los doctores le realizaron una serie de pruebas neurológicas hasta determinar que no tenía ningún problema físico. Le dijeron que lo más probable era que hubiera experimentado un ataque de pánico severo, y la enviaron con Jo. En dos sesiones, Jo fue capaz de entender la causa del problema: Shelly odiaba su trabajo. Se la estaba comiendo viva.

—Entonces, ¿voy a necesitar medicación? —preguntó Shelly.

—No —respondió Jo—, pero necesitas un nuevo trabajo.

Shelly estaba dispuesta a hacer lo que hiciera falta para no tener otro ataque de pánico, así que decidió renunciar por su propio bienestar mental y físico. Presentó su renuncia, le ofrecieron un nuevo trabajo de inmediato en un ambiente más solidario y los ataques de pánico cesaron.

No todos los momentos de fuga son tan dramáticos y, si prestas atención y te consultas a ti mismo de vez en cuando conforme avanzas hacia tu meta, no tienen que ser dramáticos en absoluto. Lo mejor es que no tomes la decisión de retirarte en momentos de presión, cuando hay más probabilidades de que actúes debido al miedo en vez de considerar todo el panorama. El momento de fuga está presente como una opción, pero no es un punto focal como lo es una meta, y no debes imaginarlo de manera regular como parte de tu práctica diaria de visualización. El simple hecho de saber que existe un momento de fuga basta para que puedas anticiparte a las condiciones que tendrían que presentarse para que abandones una situación por tu propio bienestar.

Recuerda que el hecho de que te comprometas con una meta al principio no significa que tu compromiso sea fijo. Eres una persona en constante evolución y crecimiento, y tus valores y tu sentido de significado y propósito cambiarán con el tiempo. Conforme cambien tus valores, puede que necesites volver a visualizar tu futuro y realinear tus metas. La belleza de la visualización está en que es flexible y puedes jugar con ella hasta que te sientas cómodo. Te enseñaremos cómo lograrlo.

SEGUNDA PARTE

REPLANTEA TUS METAS

CAPÍTULO 4

PRÁCTICA PARA LA VISUALIZACIÓN MULTISENSORIAL

El verdadero viaje de descubrimiento
no consiste en buscar nuevas tierras,
sino en ver con nuevos ojos.

MARCEL PROUST

La mayoría de nuestros pacientes, estudiantes e incluso otros *coaches* con los que trabajamos asume al principio que la visualización trata sobre imágenes y lo que «vemos» en nuestra mente, pero no es el caso. La visualización es algo diferente y más poderoso porque involucra *todos* los sentidos.

Este es un ejemplo: imagina una manzana. Observa su forma, color y tamaño. ¿Puedes verla? Eso es una imagen.

Ahora, imagina cómo se siente sujetar esa manzana, su firmeza y su textura. Imagina su olor, cómo suena cuando le das una mordida, cómo sabe y la sensación que te produce comerla. Eso es visualización: imágenes vinculadas con emociones y significados. Cuando involucras todos tus sentidos al imaginar, tu cuerpo reacciona con una respuesta fisiológica cercana a algo real. Esta respuesta es tan cercana a lo real que, de hecho, tu mente puede engañar a tu cuerpo para que actúe.

El hijo de Jo, Wiley, experimentó este fenómeno cuando tenía 12 años. Él es alérgico a los caballos; pero, cuando su familia fue a ver la obra *Caballo de Guerra* en el Lincoln Center, en Nueva York, nadie estaba preocupado por su alergia debido a que Joey, el caballo protagonista, era una marioneta gigante fabricada con materiales simples —nailon, mimbre y cables— tejidos a mano. La obra tenía una producción inmersiva e impresionante: los sonidos, la iluminación y, en especial, los tres marionetistas que movían al caballo como si fuera real, quienes habían estudiado los movimientos de los caballos para desarrollar al personaje, inclinaban su cabeza ligeramente, agitaban la cola y movían las orejas para indicar emociones. Aunque los marionetistas eran visibles, parecían desaparecer en cuanto Joey se convertía en un caballo viviente en la imaginación de la audiencia.

Tan pronto como Wiley creyó que el caballo era real, su cuerpo creó una reacción alérgica. Tuvo un brote de salpullido y, más preocupante aún, tuvo dificultades para respirar. Jo pensó que se estaba ahogando y, cuando intentó ayudarlo, Wiley señaló al caballo.

—No es real, mi amor —le susurró Jo.

Con la misma velocidad que surgió, su reacción alérgica desapareció.

Vuelve a imaginar una manzana. Tómate otra vez el tiempo para enfocarte en todos los aspectos que la conforman. ¿Cómo luce? Siente su peso mientras la arrojas al aire y la atrapas. Cuando la acercas a tu nariz, ¿cómo es su aroma? ¿Cómo se siente en tu mano? ¿Cómo suena cuando le das una mordida?

Quizá ahora tengas antojo de una manzana crujiente y jugosa. Quizá fue algo tan palpable que pausaste tu lectura y en este mismo momento estás masticando una Golden Delicious. Si ese es el caso, entonces imaginar una manzana (el estímulo) creó una respuesta: querer comerla.

Constantemente experimentamos estímulos y respondemos a ellos de forma consciente o inconsciente. Nuestras respuestas pueden ser saludables, como comer una manzana, o dañinas, como ceder ante una adicción.

Originalmente, el equipo de investigación de la Universidad de Plymouth que desarrolló el FIT estaba investigando la ansiedad. Les interesaba saber por qué una persona con el compromiso auténtico de dejar las drogas o el alcohol podría ceder al instante ante la ansiedad. Esta, siempre sensorial, anula la lógica y la fuerza de voluntad de la persona.

¿Alguna vez rompiste tu dieta luego de oler una galleta y un pan recién horneados? Un simple aroma puede llevarte a fantasear sobre una textura suave o crujiente, lo que te lleva a desarrollar en tu mente el sabor. Además, puede detonar los sentimientos cálidos asociados con comer las galletas o el pan de tu abuela. A menudo, los pensamientos iniciales que desarrollas con la visualización multisensorial evocan una sensación placentera. Dependiendo del estímulo, esas sensaciones tienen el potencial de desviarte de tus metas con mucha rapidez.

Visualización cognitiva y visualización motivacional

Cuando establecemos una meta, la mayoría *imaginamos* el resultado de alguna u otra forma, incluyendo la consideración de cuánto debemos esforzarnos para lograrla. Incluso podríamos dividirla en tareas y objetivos más pequeños. Con frecuencia nos preguntamos *si la meta vale la pena* y realizamos nuestro propio análisis de costo/beneficio. Si determinamos que lo vale, nos decidimos, planeamos y nos esforzamos por alcanzar los objetivos.

La visualización funciona al conectar tu presente con tu futuro potencial. Además, puede ser *cognitiva* o *motivacional*.[1] La visualización cognitiva es simplemente pensar en los detalles de una tarea que imaginas, como beber una taza de café o pensar en la mejor ruta para llegar a una reunión, y no involucra tus emociones, significados ni propósitos, solo la tarea presente. La visualización motivacional incluye los significados y propósitos asociados con la tarea, como la razón para tomar café (quizá te ayuda a comenzar el día de un modo específico, como sentirte relajado) o por qué es importante llevar a cabo una junta (quizá es un paso clave hacia una gran oportunidad).

Ya sea que usemos la visualización cognitiva o la motivacional, pensamos en nuestras metas en tres partes: *imaginar el resultado, nuestro desempeño* y *el proceso para llegar al objetivo.*

Visualización cognitiva

La visualización cognitiva es un método bastante útil para mejorar nuestro desempeño en diversas áreas, como en la medicina al prepararnos para una cirugía, en la educación para manejar el estrés durante un examen o en los deportes para mejorar la precisión de un tiro.[2] Es útil porque la práctica del repaso mental aumenta la confianza de las personas ante cualquier conjunto de tareas, en especial cuando esas tareas se combinan con una práctica física.

Vamos a pretender por un minuto que eres un golfista y quieres lograr un puntaje de 75 en un gran juego que se llevará a cabo mañana. Tu meta es realista, y estás preparado para lograrla. Un ejercicio de visualización cognitiva sería considerar el resultado de tu meta (tu necesidad de tener un puntaje de 75). Después debes considerar tu desempeño (cuántos tiros puedes realizar por hoyo para no rebasar el puntaje que quieres) y, por último, debes considerar el proceso (*cómo* vas a golpear la pelota).

Vas a usar el desarrollo para manejar estas tres partes, usando detalles multisensoriales para imaginar el campo de golf: el clima, los sonidos, el paisaje, la sensación del palo de golf en tu mano y todo lo que te ubique en ese momento. Imaginas cómo se siente el *resultado* de lograr el puntaje de 75. Imaginas cada tiro que realizarás a lo largo del juego para poder lograr ese puntaje; quizá piensas en mantener el par en los primeros cuatro hoyos, un *birdie* en el quinto, y así sucesivamente. Luego imaginas tu *desempeño* conforme realizas los tiros, desde la postura, la preparación y el golpe. Es probable que en tu mente veas cómo la pelota cae en el *fairway,* y luego debas superar una trampa de arena usando un hierro cinco para llegar al *green* en tres tiros. Las metas de desempeño son tus estrategias, son la manera en la que *tú* jugarás personalmente de acuerdo con *tus habilidades*.

Por último, imagina el *proceso*. Esto es la secuencia técnica de golpear la pelota, desde que te posicionas hasta la continuación del *swing* tras el golpe. La fase del proceso está enfocada en visualizar la pelota sobre el soporte, la textura del suelo, la posición de tus manos sobre el palo, tu frecuencia respiratoria, la dirección del viento, tus rodillas flexionadas, el movimiento de tu *swing*, el sonido de la pelota cuando la golpeas, su vuelo parabólico en el aire, y otras cosas.

Aunque es maravillosa y efectiva, la visualización cognitiva está basada en tareas y no necesariamente tiene una naturaleza motivacional. Las personas pueden estar a la mitad de una tarea y renunciar. ¿Por qué? Porque no tienen una motivación para seguir. Para que la visualización cognitiva sea efectiva en un punto decisivo —cuando la tarea presente se complica y te dan ganas de abandonarla— debes combinarla con la visualización motivacional.

Visualización motivacional

A menudo la visualización motivacional se divide en dos partes: la específica y la general. La visualización motivacional específica tiene un significado (aborda por qué algo es importante para mí en este momento y para mi progreso futuro), mientras que la visualización motivacional general afecta las emociones y el control personal (de qué manera puedo manejar mi agitación y mi estrés). Volvamos a considerar nuestro reto hipotético de golf. Ahora combinaremos el resultado (el puntaje de 75) y el desempeño (los tiros por hoyo) con un significado, es decir, con tu *motivo*. ¿Por qué es importante para ti obtener ese puntaje y de qué forma le agrega valor a tu aprendizaje? ¿Qué pasa si obtienes 77 o 73 puntos? Conectar tus emociones con lograr una meta puede ayudarte a mejorar tu desempeño.

La investigación original que midió la visualización cognitiva y motivacional de atletas y bailarines mostró que ambos factores son importantes para el desempeño.[3] También demostró que, entre mejor sea la habilidad de visualización de una persona, más probabilidades tiene de alcanzar un estatus elevado dentro de su profesión. *Por esta razón, es tan importante aprender a usar la visualización: porque tiene el potencial de mejorar tus habilidades de preparación, desempeño y perseverancia.*

Gary Player, ganador de nueve torneos de golf importantes, dijo: «Cuanto más practico, más suerte tengo». Parece que lo mismo ocurre con la visualización. Esta es como un músculo, y como cualquier otro músculo, debes ejercitarlo para fortalecerlo. Cuanto mejor domines tus habilidades de visualización, más probabilidades tendrás de controlar tu percepción de las tareas, tu planificación y, en última instancia, tu desempeño.

Visualización activa e inactiva

Imagina por unos segundos que estás a cierta distancia de la costa en un mar cálido. Siente la tranquilidad del agua en tu piel y una sensación de paz mientras flotas suavemente boca arriba, mirando al cielo azul. De pronto, escuchas a alguien gritar y avanzas despacio por el agua, escaneando el área hasta ver la aleta de un tiburón. Analizas la distancia hasta la playa y la posición del tiburón, el cual está nadando hacia ti. ¿Qué haces?

La mayoría de las personas nadaría a toda velocidad, mientras que algunos locos se quedarían donde están para que el tiburón se acerque. Al pensar en este ejemplo, quizá notaste que tus pupilas se dilataron, tu ritmo cardiaco se aceleró y comenzaste a sudar un poco. Estas respuestas son automáticas, y a este tipo de visualización se le llama *activa* porque prepara tu cuerpo para la acción.

Con frecuencia, lo que imaginas influye en tus emociones, lo que a su vez afecta tu fisiología.[4] Las emociones en conjunto con un significado son los ingredientes activos que producen visualizaciones vívidas, las cuales producen reacciones corporales que, en cierta medida, amplifican tu motivación, en especial aquellas que involucran todos los sentidos.

Lo opuesto a la visualización activa es la *visualización inactiva,* que ocurre cuando se remueven las emociones. Imagina que estás acostado en una hermosa playa en un día soleado mientras bebes algo fresco y lees un libro. Es probable que estas imágenes te hagan sentir relajado. No tiene nada de malo sentirte relajado; de hecho, puede ser muy bueno. Sin embargo, la relajación no fortalece tu motivación, porque al estar cómodo no sientes la necesidad de esforzarte por algo.

Para la tarea de imaginar un tiburón, usamos la visualización activa, la cual te motiva a sentirte (y tal vez a actuar) de cierta forma, mientras que imaginar un lindo día en la playa se considera como visualización neutral o inactiva. Es neutral porque no te motiva a actuar. Vamos a asumir que, si bien es probable que no sudaras ni aumentara tu ritmo cardiaco cuando te imaginaste en una playa, tal vez entrecerraste los ojos al imaginarte leyendo en la brillante luz del sol. Esto demuestra el poder que la visualización tiene sobre tu fisiología incluso cuando imaginas algo neutral.

Desde luego, podríamos lograr que tus ojos hagan lo opuesto si te pedimos que imagines que la intensidad de la luz cambia. Quizá estás acostado en la cama, durmiendo y soñando. Despiertas poco a poco y abres un ojo. Miras el cuarto oscuro para saber qué hora es y, como todavía es temprano, giras y te vuelves a tapar con las cobijas. Eso es una visualización neutral, inactiva. Ahora, mientras estás acostado, relajado y cómodo, alguien entra al cuarto y enciende la luz. Desarrolla el significado de esto: alguien entró a tu cuarto y encendió la luz. ¡Cómo se atreve! Es probable que esto genere una respuesta emocional, que tus latidos se aceleren y reacciones gritándole a la persona: «¡¿Cuál es tu problema?!». Y de la nada, acabas de experimentar una visualización activa.

La visualización basada en emociones lo cambia todo respecto a fortalecer tu motivación para alcanzar una meta.

Mide tu habilidad de visualización

Imagina por unos segundos que miras un atardecer. Sigue observando mientras el sol se oculta detrás del horizonte. Conforme se oscurece, el cielo se vuelve nublado y el horizonte es menos claro y adquiere un color más tenue. Ahora que todo está oscuro, levantas la mirada lentamente y a la distancia ves las estrellas y la luna creciente.[5]

En una escala del 0 al 10, donde 0 significa «No ver nada» y 10 significa «Ver una imagen tan vívida que parece real», ¿cómo calificarías tu visualización? Toma nota de esta puntuación. Este número es indicativo de tu actividad neuronal visual. No te preocupes si es un número bajo. Al entrenar tu habilidad de visualización, incrementará tu actividad cerebral y comenzarás a formar nuevas conexiones neuronales.[6] Pero esto solo es un paso para medir tu visualización, y los elementos visuales son solo una capa de todos los tipos de visualización a los que puedes acceder a través de tus sentidos y emociones. Para desarrollar una habilidad de visualización holística —la combinación de visualización cognitiva y motivacional (que exploraremos en el siguiente capítulo)—, tendrás que ser capaz de imaginar de manera multisensorial. Vamos a establecer una medida base del estado actual de tu habilidad de visualización, de modo que podamos refinarla para obtener los mejores resultados.

La habilidad de visualización se mide con dos estándares: *controlabilidad* e *intensidad*. Piensa en la controlabilidad como algo parecido a un control remoto para cambiar los canales de una televisión: se usa para cambiar entre un pensamiento u otro. Empiezas en las noticias, luego pasas a los deportes, después cambias un rato a las caricaturas, y así sucesivamente. También ajusta el volumen de la televisión (tu mente), que está relacionado con tu conversación interna, es decir, el grado al que puedes escuchar tus pensamientos. Esto lo veremos más adelante.

La intensidad es algo parecido a la calidad de imagen de una televisión. En la época de las televisiones análogas, tenías que usar una antena para sintonizar un programa, y algunas imágenes se veían borrosas y deformadas. En la actualidad, las televisiones son digitales: HD, 4K, ultra 4K, OLED, 8K, etc.; con cada nueva tecnología, la calidad de imagen mejora. Desarrollar tu habilidad para producir imágenes vívidas en tu mente es algo similar a estos avances tecnológicos.

Las habilidades de visualización fueron medidas por primera vez en 1880 por Francis Galton (primo de Charles Darwin), quien usó una técnica llamada «cuestionario de la mesa de desayuno».[7] Pongamos a prueba la primera parte. Galton escribió: «Imagina que es temprano por la mañana y te sientas frente a tu mesa de desayuno. Analiza con cuidado la imagen que se presenta en tu mente. ¿Esta imagen es tenue o bastante clara?, ¿su brillo es comparable con el de tu mesa real?».

Ahora, en una escala del 0 («No tengo esa habilidad. Recuerdo la mesa de desayuno, pero no puedo verla») al 10 («Imagen clara, detallada y sin deformaciones»), califica la iluminación, es decir, la intensidad con la que puedes ver la mesa.

Con frecuencia, los métodos modernos para medir las habilidades de visualización ofrecen un esquema detallado del funcionamiento de nuestras mentes. Remplazamos las sensaciones corporales con visualizaciones vestibulares porque estas ayudan a valorar movimientos imaginados, algo vital cuando se trabaja con personas que buscan dominar una habilidad. Vamos a usar partes del Cuestionario de Visualización Sensorial de Plymouth (Psi-Q, por sus siglas en inglés), para comenzar a desarrollar tus habilidades, un sentido a la vez.[8] Es importante medirlas porque la práctica de visualización deliberada debe involucrar tantos sentidos como sea posible. Este cuestionario nos permite detectar tus fortalezas y descubrir las áreas que pueden mejorarse.

En la siguiente tabla, califica cada imagen del 0 («No veo ninguna imagen») al 10 («La imagen es tan vívida que parece real»). Tómate unos segundos para que el sentido perciba algo y anota la calificación en la casilla correspondiente. No hay respuestas correctas o incorrectas.

CUESTIONARIO RESUMIDO DE VISUALIZACIÓN SENSORIAL DE PLYMOUTH		
SENTIDO	**INDICACIÓN**	**CALIFICACIÓN**
Visual	Imagina cómo luce una fogata	
	Cómo luce un atardecer	
	Un gato trepando un árbol	
Auditivo	Imagina el sonido del claxon de un coche	
	Unas manos aplaudiendo	
	La sirena de una ambulancia	
Olfativo	Imagina el olor del pasto recién cortado	
	Madera quemada	
	Una rosa	

Gustativo	Imagina el sabor de la pimienta negra	
	De un limón	
	De la mostaza	
Vestibular	Imagina la sensación de balancearte sobre una pierna	
	De patear una pelota	
	De balancear un bat de beisbol	
Táctil	Imagina que tocas el pelaje de un animal	
	Arena tibia	
	Una toalla suave	
Emocional	Imagina que te sientes emocionado	
	Que te sientes aliviado	
	Que te sientes enamorado	

Ahora vamos a interpretar tus habilidades de visualización por cada sentido. Vamos a enlistar las calificaciones promedio como punto de referencia. La calificación que recibas es la medición base que irás mejorando conforme avances en este libro.

Visuales

Si obtuviste de 9 a 10, tu visualización es muy vívida, algo que se conoce como hiperfantasía. Si obtuviste de 4 a 8, estás dentro del rango normal de habilidades visuales. Si obtuviste de 1 a 3, tienes hipofantasía. Si tu calificación fue de 0, eres una persona no visual, un estado conocido comúnmente como afantasía. Tener afantasía no es algo necesariamente malo. Las personas que obtienen calificaciones altas en tareas de visualización tienen una activación neuronal elevada, pero eso no necesariamente significa que aquellos con calificaciones bajas no puedan usar su imaginación de algún modo para planear metas o percibir resultados. Solo significa que deben hacerlo de forma diferente y tienen que activar otras rutas neuronales (en la sección final de este capítulo se discuten los problemas de visualización).

También hay diferencias entre la visualización basada en el recuerdo de objetos y rostros, y aquella basada en fantasías, como el infame ejercicio mental del «elefante rosa», donde se pide a los participantes que *no* piensen en un elefante rosa y, en consecuencia, es común que comiencen a imaginarlo. A menudo las habilidades visuales reciben las calificaciones más altas entre las personas con las que trabajamos, con un promedio de 8/10, lo que significa que, en general, es la forma de visualización de uso más accesible.

Ya te habíamos pedido que imaginaras una manzana. Vamos a volver a hacer eso, pero esta vez enfócate de verdad en su color, forma y tamaño. Puede ser una sola manzana o, quizás, una de tantas colgando de un árbol. Asegúrate de que la manzana tenga un tallo y una hoja, ya que es muy probable que esto sirva como evocación, es decir, que lo extraes de un recuerdo existente. Ahora intenta imaginar una manzana enorme (del tamaño de una pelota de basquetbol) y plateada en el mismo contexto, en un árbol o sola. Esto es una fantasía, asumiendo que nunca hayas visto algo así en la vida real, pero tal vez nos equivocamos. Califica esta fantasía del 0 al 10. En este momento no importa si no puedes imaginar la enorme manzana plateada, en la siguiente sección aprenderás a entrenar tus habilidades de visualización. Puedes usar el mismo rango para calificar las habilidades de visualización de tus otros sentidos.

Auditivas

Puedes imaginar sonidos de varias formas. Por ejemplo, imaginar una canción es más complejo que imaginar un ruido aislado porque las canciones contienen melodía, armonía, timbre, intensidad y ritmo. Esto significa que es más vívido imaginar una canción que un sonido como una tos. Las canciones también tienen una capacidad repetitiva y algunas tienden a convertirse en gusanos auditivos: se quedan en nuestra mente. En nuestra experiencia, la visualización auditiva rara vez recibe una calificación de 0. Esto se debe a que la charla interna que ocurre en nuestra mente es constante; hay que ser honestos, nos encanta hablar con nosotros mismos. Sin embargo, como muchos de los elementos de prueba, si el estímulo es desconocido (por ejemplo, el chillido de un macaco Rhesus), será más difícil evocar el sonido.

Volvamos con la manzana. ¿Puedes imaginar el sonido que haría una manzana madura si le das una mordida? ¿Es un sonido tenue? ¿Puedes escucharte a ti mismo comiendo la manzana? ¿Puedes imaginar el sonido si la manzana *no* estuviera madura? Vuelve a calificar la claridad con la que escuchas el sonido en tu mente del 0 al 10. Al alterar una parte del sonido (manzana madura o no madura), quizá tu cerebro evocó una respuesta auditiva diferente. Si ese es el caso, significa que tu controlabilidad e intensidad relacionadas con el sonido son altas. Las habilidades auditivas promedian una calificación de 7.2/10, y como están relacionadas con la conversación interna, rara vez reciben menos de 2 puntos.

Olfativas

A menudo las calificaciones de las habilidades olfativas son las más bajas con un promedio de 6.2/10, pero también son las que tienen el rango más amplio de variación entre cada individuo. El motivo de esta variación puede ser la experiencia. Por ejemplo, recordar el olor de una rosa puede ser fácil para un jardinero, pero no para alguien que evita oler flores debido a una alergia al polen. Si tu calificación es de 0 y no puedes imaginar aromas, eso recibe el nombre de anosmia, mientras que una calificación de 1 a 3 recibe el nombre de hiposmia. Se considera que las habilidades olfativas son buenas si tienes un puntaje de 4 a 8, y una calificación más alta indica una alta sensibilidad a los aromas conocida como hiperosmia.

Para todos los sentidos, podemos dividir el estímulo en subcomponentes, y en este caso, entre lo placentero y lo desagradable. A menudo nuestros pacientes reportan que los olores agradables, como el aroma de un pan horneado, evocan respuestas imaginadas lentamente, mientras que la respuesta a imaginar olores desagradables, como leche podrida, es rápida. Como en todos los casos, es más probable que evoques un aroma si has olido el estímulo recientemente.

¿Puedes imaginar que entras a una tienda donde venden frutas y vegetales? Enfócate en el olor de la fruta. ¿Puedes imaginar que hueles una manzana, quizá una orgánica con olor dulce? Tal vez haya alguna otra fruta cuyo aroma es más fuerte que el de la manzana. Tómate algunos segundos para pensar en esa fragancia agradable que se vuelve más intensa conforme te acercas a la fruta. Califica tu habilidad para imaginar el aroma de 0 a 10.

Gustativas

Con frecuencia, el recuerdo de la pasta dental recibe las calificaciones más altas porque la saboreamos dos veces al día. Las habilidades olfativas y gustativas a menudo tienen una relación estrecha, pero el cerebro las procesa de manera diferente. Por ejemplo, es frecuente que las personas reporten la pérdida del sentido del olfato debido al COVID-19, pero su sentido del gusto no se ve afectado, o viceversa. La visualización gustativa está basada en subcomponentes y podemos dividir los sabores en dulce, ácido, amargo, salado o *umami*, pero experimentar o no placer al percibir estos sabores depende de las preferencias personales. La calificación promedio para esta categoría es de 6.5/10. A la puntuación de 0 se le llama ageusia; quienes obtienen calificaciones bajas tienen hipogeusia; una «buena» habilidad gustativa recibe calificaciones promedio, y la hipergeusia se presenta en aquellos con calificaciones de 9 a 10.

¡Ahora podrás comerte una manzana! Esta visualización se enfoca en el gusto, así que imagina el sabor ceroso de la piel de la manzana cuando comience a tocar tus labios. Al masticarla, libera un líquido dulce y —mmm, mmm— tus papilas gustativas quedan satisfechas. Dale otra mordida, pero esta vez ¡el sabor es ácido! Es un gran cambio en comparación con la primera mordida, pero así es la naturaleza. No importa, sigue comiendo la manzana. Califica tu habilidad para imaginar estos sabores del 0 al 10.

Vestibulares

La visualización vestibular, a menudo referida como cinestésica o basada en el movimiento, es el proceso de imaginar un movimiento sin que la parte del cuerpo relacionada se mueva en realidad. Los atletas y bailarines suelen obtener calificaciones altas para este sentido, pero la población general no califica tan alto y obtiene en promedio 7.1/10. Quienes tienen calificaciones bajas (3 o menos) poseen habilidades hipovestibulares, y las de aquellos con calificaciones altas (9 a 10) son hipervestibulares. Este tipo de visualización puede dividirse en movimientos específicos y generales. Los específicos involucran el movimiento de una sola extremidad, como alcanzar un vaso de agua, mientras que los generales son acciones compuestas que involucran diversos patrones de movimiento que ocurren en serie, como un tiro de golf. Cuando trabajamos con atletas con habilidades visuales limitadas, es frecuente que tengan calificaciones altas en la visualización vestibular. Esto podría deberse a la repetición frecuente de movimientos que repasan y refinan para tener éxito en su deporte.

Con el ejemplo de la manzana imaginaria, para activar este sentido debes imaginar cómo se sentiría arrojársela a alguien (*no* arrojarla *contra* alguien). Durante unos segundos, imagina el peso de la manzana en tu mano. Lánzala al aire y atrápala un par de veces para sentir su peso. La otra persona está a unos nueve metros de ti, así que tendrás que lanzarla fuerte. Imagina el proceso de arrojarla. Echas el brazo hacia atrás, luego lo mueves al frente mientras aflojas los dedos y la manzana sale volando. Califica qué tan bien imaginaste el movimiento del 0 al 10.

Táctiles

El tacto tiene el segundo promedio más alto de visualización con 7.4/10. Quienes reciben puntajes bajos (3 o menos) tienen hipoestesia, mientras que aquellos con puntajes altos (9 y 10) tienen hiperestesia. No obstante, es difícil medir la visualización táctil porque separar los sentidos es difícil. Por ejemplo, para imaginar que *tocas* el pelaje de un animal, a menudo debes imaginar que lo *ves*, así como el *movimiento* al tocarlo, por esta razón las habilidades táctiles tienen tres subcomponentes iniciales principales: textura, movimiento y temperatura. Descubrimos que aquellos con calificaciones altas usan los tres subcomponentes. A veces esta visualización también evoca elementos visuales. Si imaginas arena y dejas que tu mente la desarrolle, puede que recrees los tres componentes: quizá la arena se sienta suave (textura) y caliente (temperatura) bajo tus pies mientras caminas sobre ella lentamente (movimiento), y puede que después veas su color (visual).

Nuestra manzana imaginaria está madura, es lisa y cálida. Tócala con los dedos y apriétala para sentir su firmeza. Califica esta sensación del 0 al 10.

Emocionales

El sentido que es más importante imaginar es el de las emociones, porque es lo que motiva la mayor parte de nuestra conducta. El sentido emocional tiene un puntaje promedio de 6.9/10. Aquellos que obtienen calificaciones bajas (2 o menos) reciben el nombre de hipoconectados, y quienes logran puntajes altos (8 o más), el de hiperconectados. Experimentar una emoción mientras ocurre y recordarla tiempo después activa las mismas respuestas neuronales, por ejemplo, la liberación de hormonas como la serotonina. Las emociones tienen significados y son multisensoriales, por lo que no pueden existir de manera aislada. Anteriormente te pedimos que «imaginaras estar enamorado» para luego calificar esa visualización. ¿Cómo ocurrió esa visualización emocional? ¿Te sentiste enamorado o pensaste en un momento, un rostro, un sonido, un beso o una caricia? Las emociones cruzan la mayoría de las divisiones multisensoriales porque están supercargadas. Cuando aprendas a cargar este sentido, comenzarás a desbloquear su potencial para guiarte y mejorar tu conducta y desempeño.

Ya que las emociones están conectadas con los significados, al imaginar una manzana, también puedes imaginar lo que representa y cómo te hace sentir. ¿Por qué comerla para empezar? Quizá una manzana es una opción saludable o quizá te recuerda algo específico y personal. Califica tu visualización emocional respecto a cómo te hace sentir comer una manzana del 0 al 10.

Visualización multisensorial

Ya calificaste una por una tus habilidades de visualización cognitiva de acuerdo con cada sentido. Eso no fue visualización motivacional porque es poco probable que salieras a comprar una bolsa de manzanas (pero si eso ocurrió, bueno, entonces *sí* fue visualización motivacional). Ahora vamos a combinar la experiencia completa de la manzana al presentar cada parte como una capa.

Visualiza una manzana e imagina su color. ¿El color es uniforme? ¿Tiene un tallo con una hoja? ¿Dónde se encuentra la manzana? Tómala y presta atención a cómo se siente en tu mano. ¿Es lisa o rugosa?

¿Es pesada o ligera? Si la lanzas al aire y la atrapas, ¿puedes escuchar el sonido que hace al caer en tu mano? Tómate el tiempo para acercarla a tu nariz y percibir su aroma. Tal vez puedas sentir que toca tu nariz mientras la hueles. Si le das una mordida, ¿puedes escuchar el sonido? ¿Puedes percibir los sabores que libera en tu boca? ¿Te sientes sano comiendo esa manzana?

Ahora bien, luego de morderla, volteas a ver la manzana en tu mano y notas... ¡un gusano a medio comer! Haz una pausa e imagina lo que pasaría después. Califica la experiencia general que visualizaste del 0 al 10.

Cuando combinas todos tus sentidos y agregas una experiencia hipotética, es probable que tu puntaje general sea más alto que los puntajes individuales. Esto se debe a que estás usando una mayor proporción de tu cerebro para crear conexiones entre la recuperación de recuerdos (sujetar y comer una manzana) y la fantasía (lo que pasa después de darte cuenta de que te comiste un gusano). Así, al usar la visualización multisensorial, la experiencia hipotética se vuelve más realista.

Si le prestas mucha atención a la idea de comerte un gusano y la desarrollas, es probable que el resultado sea una respuesta emocional (por ejemplo, miedo o disgusto), lo que podría detonar una reacción física, como sentir náuseas. Si repasas el desarrollo, el resultado puede ser que te sientas menos motivado a comer manzanas o, más probablemente, que la próxima vez que muerdas una, revises si no tiene un gusano.

Mejora tus habilidades de visualización

Ahora sabes dónde se ubica cada uno de tus sentidos en la escala de habilidades de visualización. No tienes que preocuparte si descubriste carencias en algunas áreas, es normal visualizar mejor con algunos sentidos que con otros; es parte de lo que nos hace humanos. La parte divertida de lo que nos hace ser humanos es que puedes trabajar para mejorar tus habilidades de visualización en cualquiera de las áreas que lo necesiten. Intenta realizar las tareas descritas a continuación para cada uno de tus sentidos con el fin de refinar tus habilidades de visualización. Luego de trabajar en estos ejercicios por al menos una semana, vuelve a calificar tus habilidades. En lo referente al uso de la visualización, tú eres el investigador, así que tendrás que tomar notas en tu diario al experimentar y aprender lo que te sirve y lo que no. Sé reflexivo y apropiate de tu viaje. Se necesita tiempo y una práctica deliberada para volverte bueno en algo, por lo que debes ser paciente mientras te esfuerzas por dominar tus habilidades de visualización.

Mejora tus habilidades visuales

Lisa, una joven de 24 años, nos contactó luego de leer un artículo sobre el *coaching* de visualización. Comenzamos valorando sus habilidades de visualización. Sus puntajes revelaron que era hiperósmica e hipergeúsica (sensible a los olores y sabores, respectivamente), pero también era hipofantásica, ya que obtuvo una calificación de 2/10 para las habilidades visuales. Conocimos mejor a Lisa a lo largo de varias semanas y volvimos a valorarla pidiéndole que imaginara una manzana, pero en esta ocasión calificó la imagen con una escala adaptada: de 0 («Puedo pensar en una manzana, pero no la veo como una imagen») a 6 («La imagen es tan vívida como una manzana real»), usando como referencia la figura de la página 106. Tener una representación visual como guía para la puntuación nos permitió ser más precisos respecto a la calificación de Lisa y, más importante aún, entablar un debate sobre sus habilidades de visualización. Además, cambiar la escala de 0-10 a 0-6 nos ayudó a entender mejor la enorme variación entre individuos. Lisa dio una calificación de 1 y dijo:

—Es un círculo, no una imagen clara. Sé lo que es una manzana, pero no puedo verla.

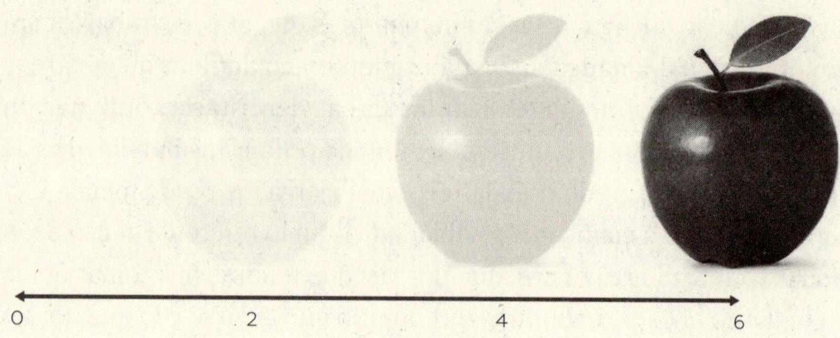

También le pedimos imaginar los rostros y rasgos de personas que conocía bien, y pudo hacerlo estupendamente, pero no pudo imaginar nada que entrara en el terreno de la fantasía, como la apariencia que tendrían si llevaran un sombrero de copa.

Para mejorar sus habilidades visuales, desarrollamos un ejercicio con imágenes llamado El elemento extraño, en el cual debía mirar dos fotografías tomadas en el mismo lugar, por lo general un restaurante, un club nocturno o una cafetería. La primera imagen contenía una escena común con personas realizando actividades típicas. La segunda incluía algo que estaba fuera de lugar. Por ejemplo, la primera imagen mostraba un club nocturno con personas conviviendo; la segunda imagen era del mismo club, pero incluía a una persona disfrazada de zanahoria: el elemento extraño.

El objetivo de El elemento extraño era que Lisa buscara activamente lo inusual en lo usual, y luego recordara la imagen inusual mientras conversábamos. A Lisa le pareció una actividad divertida mientras pasamos del recuerdo (¿Puedes recordar a la persona disfrazada de zanahoria?) a la fantasía (¿Puedes imaginarla disfrazada de jitomate?). Finalmente, pudo crear fantasías visuales durante sus actividades diarias. Lisa comenzaba buscando algo extraño en su trabajo y, a partir de ello, agregaba un elemento de fantasía a la realidad. Incluso comenzó a llevar cosas inusuales con ella para dejarlas en ciertos lugares y así divertir a otras personas. En una ocasión, dejó un Chewbacca de Lego enfrente de un espejo en el baño de mujeres de un restaurante elegante. Era algo divertido, pero el punto de hacerlo iba más allá de causar risas. Para colocar la figurita, Lisa tuvo que usar la planeación cognitiva: imaginó activamente cómo se vería la figura de Chewbacca, así como la perspectiva de otra persona y su reacción, que usualmente involucraba risas y curiosidad. Unas semanas después, volvimos a calificar las habilidades visuales de Lisa y obtuvo un puntaje de 5/6 en la prueba de la manzana.

Todos tomamos fotografías mentales. Lo hacemos para recordar el pasado, cómo nos sentimos, con quién estuvimos y qué significaron esos momentos. Las fotografías tangibles que toman otros, como postales de playas o paisajes, nos permiten ampliar nuestra imaginación. Podemos imaginar cómo sería estar dentro de esa imagen. Ese salto al interior de la foto dura apenas unos segundos, pero tiene implicaciones duraderas respecto a la forma en que usamos nuestra imaginación visual mientras comenzamos a crear fantasías.

Inténtalo. Busca una foto de algún lugar que quieras visitar y pasa unos segundos desarrollando la imagen y experimentando con el significado. ¿Por qué es importante para ti visitar ese lugar? ¿Significa algo? ¿Tiene un propósito? ¿Visitarías ese lugar con alguien más?

Las fotos —o la visualización observacional fantasiosa (es decir, ver fotos)— son una buena forma de comenzar a mejorar las habilidades visuales. Observa una imagen y mentalmente describe cómo piensas que sería estar ahí. Luego cierra tus ojos e imagina estar dentro de la imagen como si estuvieras mirando al fotógrafo —la persona que tomó la foto— y explora lo que hay detrás de ti. Insértate en la experiencia antes de pasar a la siguiente imagen. Una vez que te sea fácil observar una foto y transportarte a esa escena, deja de usarla y solo recuérdala usando tu memoria. Trae a tu memoria un lugar, entra en ese recuerdo y ponlo en movimiento como si se tratara de una película multisensorial.

Vamos a usar de ejemplo alguna celebración como navidad o cualquier otra. Comienza imaginando una foto de ese día, como una postal. Colócate en ese espacio, imagina la decoración, los aromas, el ruido, la época del año, las texturas, e incluso la sensación de la alfombra al sentarte frente a una chimenea. Observa tus pies y vuélvete consciente de la posición de tu cuerpo en ese lugar. Ahora mira a tu alrededor. Imagina que estás caminando. Quizá ves a alguien con quien comienzas a platicar. Imagina el tema de conversación y lo que esa persona viste. Quizá lleva puesto un sombrero de copa o el disfraz de zanahoria.

Mejora tus habilidades auditivas

A David, un contador joven, le generaba problemas «sobrepensar» —en sus propias palabras— y creía que no podía «controlar sus pensamientos». Cuando medimos sus habilidades de visualización, le costó imaginar sonidos específicos como «manos aplaudiendo», pero podía oír su propia charla interna y cantaba canciones en su mente una y otra vez. Decidimos valorar sus habilidades auditivas a través de la música pidiéndole que tarareara el tema de *La guerra de las galaxias*, lo cual le resultó fácil. Al terminar nuestra valoración, David nos explicó su rutina:

> Justo antes de salir de casa, me pongo los audífonos y comienzo a escuchar música, aunque los viernes pongo un pódcast. Siempre escucho algo desde que salgo de casa hasta llegar a la oficina. Mi tiempo de traslado entre estos dos lugares es de una hora con 14 minutos, de los cuales paso 32 minutos en un tren. Generalmente, mientras estoy en el tren, juego algunos videojuegos en mi celular, o reviso Facebook o Instagram. Eso me permite no pensar en el trabajo. El problema es que, al llegar a casa, mi mente se desborda y no puedo dejar de pensar. Soy demasiado sensible a mis propios pensamientos, pero no tienen ningún orden, solo escucho cosas al azar. Eso es lo normal para mí. El proceso se repite de camino a casa: en cuanto dejo la oficina, me pongo los audífonos y escucho música hasta llegar a casa.

Para ayudarlo a controlar su visualización auditiva, usamos el ejercicio Volumen variado. David aceptó experimentar con la manera y los momentos en los que escucharía música. El ejercicio era simple: reproduciría su música de manera normal al salir de casa o de la oficina y, en algún punto de su traslado (generalmente en el tren), bajaría el volumen hasta quedar en silencio. Desde luego, no habría silencio real debido a la implacable conversación en su mente, pero para el ejercicio, mantendría el volumen silenciado durante cinco minutos, tiempo durante el cual se concentraría en ser consciente de su entorno: prestaría atención a las conversaciones a su alrededor; al ruido del tren al avanzar sobre las vías, frenar y permitir que los pasajeros subieran o bajaran; al sonido de la bocina del tren; al crujir de algún periódico. Para cada nuevo sonido, David se tomaría unos segundos para prestarle atención antes de pasar al siguiente y, luego de unos minutos, podría volver a subir el volumen de sus audífonos.

Cuando volvimos a valorarlo, no nos sorprendió que sus habilidades auditivas obtuvieran una mayor calificación. Comenzó con 2.8/10 y terminó con 6.4, pero ese era solo un objetivo secundario. La meta real era ayudarlo a tener más control de su conversación interna. David nos explicó:

—Lo que me resultó más extraño al realizar el ejercicio del volumen fue ser consciente de que siempre estoy hablando conmigo mismo, solo que al escuchar música el volumen de esa conversación es muy bajo. Al silenciar la música, me volví hipersensible a mí mismo y también a los sonidos externos. Pocas veces me enfocaba en escuchar los sonidos externos y, para mí, esa es la parte importante: ser capaz de cambiar de lo interno a lo externo. Poder realizar ese cambio me ha ayudado mucho a regular mis pensamientos.

Para que mejores tu visualización auditiva, comienza con un pequeño ejercicio de atención mientras realizas alguna de tus rutinas, como el traslado al trabajo, estando en clase o en el gimnasio o cualquier otra. Durante la rutina, comienza a escuchar. Lo primero es reproducir música o encender el radio, para luego bajar poco a poco el volumen hasta que deje de sonar. Ahora, escucha. Es probable que te sientas extraño al principio, mientras entras en sintonía con tus sentidos auditivos y permites que tu escucha pase del interior al exterior. Es frecuente que nuestros pacientes digan que pueden escuchar sus pensamientos más vívidamente luego de completar este ejercicio, lo cual es normal. Comprométete a practicarlo durante una semana y después aumenta el tiempo de escucha para ver qué sucede.

Mejora tus habilidades olfativas

Joel, un ciclista profesional, no creía que la visualización a través del olor fuera posible. Al discutir el tema en una reunión grupal quedó perplejo y dijo:

—Entiendo lo visual, pero me parece ridículo que se puedan ver imágenes a través de los olores.

El resto del grupo evocó imágenes a partir de olores con facilidad, pero el escepticismo de Joel crecía cuanto más hablaban del tema:

—Muy bien —concluyó Joel—, les doy una semana para convencerme.

Tras una reunión breve en la que medimos sus habilidades de visualización y examinamos su rutina, quedó claro que uno de los elementos más importantes de esta era el café, pero no su aroma (Joel obtuvo 0/10 en habilidades olfativas). Su día iniciaba con una taza de café y, luego de entrenar, tomaba otra. Era su forma «tanto para despertar como para apagarse» (y sí, también él podía ver la ironía en eso).

El ejercicio del Café de la calma es un método jerárquico para asociar olores con otros sentidos y puede dominarse con cierta rapidez. Se llama así porque Joel sentía calma justo antes de dar el primer sorbo. El café le resultaba relajante y, como todos sus días eran muy atareados, «le daba calma beberlo antes y después de sus entrenamientos y competencias».

Para el ejercicio, Joel debía poner granos de café en un contenedor y dejarlos ahí hasta la mañana siguiente, momento en el que abriría el contenedor, olería los granos, examinaría su apariencia con detalle, y luego anclaría ese recuerdo a su memoria prestando atención a la sensación del piso en sus pies, la temperatura de la habitación y su estado emocional. Después de treinta segundos, cerraría el contenedor para mantener el aroma de los granos.

Tras esto, colocó el contenedor en su maleta, lo llevó al velódromo donde entrenaba y después se encontró con Jonathan para darle el contenedor. Antes de abrirlo, Jonathan le pidió visualizar la escena de la mañana.

—Antes de empezar —aseguró Joel— No puedo imaginar olores. No es algo que suceda.

Sin ir en contra de la resistencia de Joel, Jonathan respondió:

—Puede que no te sea posible usar los olores para imaginar algo. Lo que estamos haciendo es averiguar si esto te funciona, y de ser así, de qué forma.

Joel repasó su rutina matutina.

—Abrí el contenedor y olí los granos.

—¿Cómo era el aroma? —preguntó Jonathan.

—Fuerte, bastante penetrante, pero no puedo imaginarlo.

—No buscamos que el olor sea del todo real, solo que haya un pequeño cambio mientras buscas el aroma en tu mente. El olor puede activar otros sentidos.

—En ese caso... —Joel hizo una pausa—. Déjame pensar. Es un olor amargo. Bastante sutil.

Jonathan abrió el contenedor y le preguntó a Joel:

—¿El olor que imaginas es parecido a esto?

A la mañana siguiente, Joel repitió el ejercicio; pero, antes de abrir el contenedor, intentó imaginar el aroma. Por la tarde, los dos se volvieron a encontrar, aunque en esta ocasión Jonathan le pidió que visualizara los granos antes de imaginar el aroma. Luego abrió el contenedor, olió su interior y repitió el proceso de anclaje. Al final de la sesión, Jonathan le tomó algunas fotos al contenedor y a los granos. Tenía un plan.

Mejorar las habilidades de visualización olfativa es un proceso gradual. Debe comenzar con el olor para luego agregar una conexión visual y otros anclajes, como el tacto y el gusto. En el cuarto día,

Jonathan le pidió dejar el contenedor en su maleta. Ese día llevaba en su celular una foto del contenedor cerrado.

—Mira esta imagen —le indicó Jonathan—. Ahora imagina el ruido que haría si lo agitas. Imagina su peso y su color. Imagina que abres la tapa y hueles los granos dentro.

Solo hubo silencio.

—¿Percibes algo?

Los ojos de Joel estaban cerrados.

—Granos tostados —respondió al fin—. Me hacen recordar mi cocina. Es un olor poderoso que me hace recordar estar en ella esta mañana.

Estaba convencido.

Ahora es tu turno. Encuentra un olor notorio, poderoso y placentero. Puede ser el del café, puede ser el de las flores, el de un pino o incluso un libro nuevo. Una vez que hayas identificado una fragancia evocadora, sigue los pasos que siguió Joel. Primero, presta atención a tu humor y a tu entorno antes de percibir el aroma. Debes estar relajado y en un entorno familiar. Intenta aislar el aroma para que sea obvio cuando lo percibas manteniéndolo dentro de un contenedor. A continuación, inhala profundamente, como si acabaras de abrir una botella nueva de champú. Deja que la fragancia se extienda y sé consciente de ella por unos segundos. ¿Qué estás mirando? ¿Qué estás haciendo? ¿Hay sonidos? El objetivo es que con el tiempo puedas replicar el olor de la fuente (por ejemplo, champú o café) con una imagen mental que hayas guardado.

Las respuestas físicas a estímulos olfativos están relacionadas con el efecto Proust, propuesto por Marcel Proust en 1913, quien escribió sobre cómo el sabor de un panqué luego de sumergirlo en té lo transportó de vuelta a su niñez. El olor (al igual que el sabor) actúa como un vínculo hacia un recuerdo, lo que crea visualizaciones vívidas que te recordarán un lugar, un momento, una experiencia y una emoción. Tu tarea es encontrar una fragancia significativa que detone emociones fuertes. Como el panqué de Proust, debe ser bastante personal e inusual, así que este ejercicio puede ser más complicado que otros.

Mejora tus habilidades gustativas

El gusto es otro sentido vinculado al efecto Proust, y también puede ser una forma poderosa de evocar recuerdos de experiencias autobiográficas frecuentemente conectadas con las emociones.

Karl, un artista de 38 años, había intentado dejar de fumar muchas veces. Nada parecía funcionar hasta que usó la visualización para contrastar la experiencia de comer una fresa con y sin un cigarro. Sin él, podía percibir el aroma y el sabor dulce de la fresa, lo que le traía gratos recuerdos de su niñez. Con el cigarro, la fresa sabía a ceniza y le dejaba un residuo pastoso en la lengua. Siempre que ansiaba un cigarro, Karl regresaba a esa imagen. Al momento de escribir este libro, lleva cuatro años sin volver a fumar.

Puedes lograr lo mismo imaginando el sabor de algo saludable que ansíes, como el de una fruta madura. Cuando comiences a ansiar algo poco sano, sustitúyelo con la imagen de otra cosa que desees, pero debe ser *algo sano*. Sumérgete en todos tus sentidos, y tómate el tiempo de desarrollar los detalles.

Vas a usar el efecto Proust como lo hiciste al mejorar tu visualización olfativa. Tras elegir el sabor evocador que vas a imaginar, sigue los siguientes pasos. Primero, observa tu humor y tu entorno antes de experimentar el sabor de la opción sana. Presta atención al estímulo, por ejemplo, una uva que tomes con los dedos. Intenta anticipar el sabor antes de meterla a tu boca. Cuando la tengas en la boca, tómate el tiempo de reconocer los sabores antes de que la sensación crezca, alcance su clímax y comience a desvanecerse. Por último, toma otra uva. ¿Puedes imaginar el sabor sin meterla a tu boca? Si vieras la imagen de una uva, ¿podrías tener la misma experiencia gustativa?

Mejora tus habilidades táctiles

Cuanto más peculiar e identificable sea la sensación que imagines, mejor será la puntuación de tu visualización táctil. Por ejemplo, imaginar la textura de la corteza de un árbol puede ser más fácil para alguien que trabaja con árboles porque es una sensación familiar, pero puede resultar difícil para quienes trabajamos en oficinas y no tenemos mucho contacto con la naturaleza. La visualización táctil puede ser individual al percibir superficies lisas o rugosas, pero tiene que ver con algo más que las texturas porque involucra movimiento y temperatura, lo que a su vez activa y agrega otros sentidos, como el olfato.

Al enseñar sobre visualización táctil, con frecuencia usamos visualizaciones guiadas como nadar en una alberca y, siempre que es posible, involucramos otros sentidos. Piensa en alguna ocasión en la que hayas estado al borde de una alberca. Durante unos segundos, enfócate en la textura del piso, la cual podría ser rugosa como una lija. Acerca los dedos de tus pies al borde, sé consciente de la temperatura de la superficie bajo tus pies y también de la temperatura del aire mientras pasa a tu alrededor. Baja la vista al agua cristalina y mira el fondo de la alberca. Intenta sentir la temperatura del agua metiendo uno de tus pies. Está cálida. Te dan ganas de zambullirte. ¿Qué pasa después?

Busca algo que tenga una textura específica y tómate algunos segundos para tocarlo, mientras percibes la sensación que produce en tu cuerpo. Por ejemplo, intenta tocar la corteza de un árbol hasta que se vuelva una sensación familiar. Observa la consistencia de la textura, su temperatura y el flujo del movimiento conforme tu mano hace contacto. Presta atención a las sensaciones durante unos segundos, y luego retira la mano. A continuación, repasa la experiencia mientras sigue fresca en tu mente e *imagínala* ocurriendo a la misma velocidad que en la vida real. Más tarde, repite la experiencia en tu imaginación como ocurriría al día siguiente. Esto te permitirá activar tu fantasía táctil a partir de la realidad.

Mejora tus habilidades vestibulares

Algunas de las tareas anteriores abarcan visualizaciones vestibulares, como imaginar que colocas los pies en el borde de una alberca, que pones un Chewbacca de Lego enfrente de un espejo o que extiendes la mano para tocar un árbol. Al entrenar las habilidades vestibulares, se tiende hacia lo visual (por ejemplo, la forma en que una extremidad se mueve), pero si la calificación de tus habilidades visuales es baja, tal vez necesites otra opción.

Ellie, una estudiante de Medicina de 19 años, obtuvo calificaciones bajas tanto en habilidades visuales como vestibulares. Ella quería enfocarse en la visualización vestibular, así que comenzamos el ejercicio normal de movimiento; en este caso, le pedimos que se imaginara sujetando una pelota de tenis, que la arrojara al aire y que la atrapara. Al principio no pudo imaginar la actividad, así que le dimos una pelota de tenis color amarillo brillante con la que podría practicar arrojándola, atrapándola en el aire y sintiéndola aterrizar en su mano. Después, Ellie haría un lanzamiento real y después otro imaginario para pulir su visualización luego de cada uno.

Aunque es un ejercicio simple, los deportistas profesionales usan un formato similar. El objetivo es entrenar los ojos y las manos de Ellie para que experimenten la colocación de un objeto en relación con su cuerpo. Existen muchos programas computacionales maravillosos que rastrean el movimiento ocular para entrenar el sistema vestibular (por ejemplo, NeuroTracker), así como máquinas basadas en plataformas, por ejemplo, una tabla de surf portátil que entrena la propiocepción (como Huber 360). Estos métodos de entrenamiento incrementan tu consciencia respecto de tu cuerpo, pero puedes comenzar a obtener resultados similares sin tener que invertir tanto en equipo con el sencillo ejercicio de la pelota de tenis.

No obstante, el siguiente ejercicio es un poco más difícil de dominar.

Ya que trabajamos mayoritariamente en el área del desempeño aplicado, entrenamos la visualización vestibular a través de ejercicios de percepción. El ejercicio de la pelota de tenis establece las bases para preparar los ojos y el cuerpo. Le pedimos a Ellie que mantuviera los ojos abiertos, pero que no viera la pelota en ningún momento. También le pedimos que la tratara como si fuera transparente. Con su mirada fija en la distancia, comenzó el ejercicio, lanzando y atrapando la pelota sin mirarla directamente. Esto le permitió practicar su percepción del vuelo de la pelota (Nota: hacemos que nuestros pacientes mantengan los ojos abiertos porque cerrarlos es contraproducente).

Tanto si tienes habilidades visuales y vestibulares bajas como si no, el ejercicio de la pelota de tenis es uno de los mejores para desarrollar tus habilidades de percepción para ubicar objetos y mejorar la capacidad de tu cuerpo para reaccionar ante lo que ven tus ojos. Comienza imaginando algún movimiento (como contraer el brazo antes de lanzar la pelota hacia arriba) y luego visualiza la totalidad del lanzamiento. Desde luego, practicar en conjunto lanzamientos reales e imaginarios aumenta los beneficios de manera significativa, así que, cuando sea posible, realiza el movimiento antes y después de visualizarlo.

Mejora tus habilidades emocionales

El CEO Jamie Rosenberg, uno de nuestros pacientes, nos dio una clase magistral sobre visualización emocional. Jamie obtuvo una calificación arriba del promedio para las habilidades visuales y emocionales, y para el resto de los sentidos, su puntaje fue promedio. Cuando le preguntamos qué había hecho para tener calificaciones tan altas, esta fue su respuesta:

> Medito de manera regular. Me enfoco en mí mismo y en controlar mi mente. También pienso mucho en los demás. Estoy muy agradecido por las oportunidades que he tenido y con las personas que confían en mí para ganarse la vida. Gracias a la confianza, he logrado hacer crecer mi negocio; es algo que trabaja en

> ambos sentidos. Algo que me ha funcionado muy bien es realizar una llamada semanal de gratitud con el equipo. Nos reunimos por Zoom y uno por uno decimos algo por lo que estemos agradecidos. Puede ser cualquier cosa, como que alguien se sienta agradecido por compartir un recurso que sirvió de apoyo a un proyecto, o por ver a su familia o a sus amigos el fin de semana, o quizá por estar en la videollamada con las personas con las que comparte algo. La llamada semanal de gratitud es un evento permanente con los empleados que quieren compartir lo que piensan y desean sentirse escuchados. Todos los que participamos, yo incluido, compartimos algo. No es una tarea obligatoria, es la manera en que fortalecemos nuestra cultura. Es algo que de verdad nos entusiasma porque hace que las personas sientan curiosidad y se involucren al pensar en lo que quieren compartir con el grupo.

Sería maravilloso que todos realizáramos una llamada semanal de gratitud como Jamie y su equipo (y es algo posible). Si pudieras realizar una reunión así en este momento (o en algún otro momento de la semana), ¿a quién invitarías y dónde la llevarías a cabo? ¿Qué te haría sentir gratitud? ¿Qué dirías? ¿Cómo te hace sentir el expresarlo? ¿Cómo podría reaccionar el destinatario? ¿Cómo sería que alguien te diera las gracias por tu apoyo?

Para la mayoría, la visualización emocional activa otros sentidos. Por ejemplo, puede ser difícil sentir «exaltación» de forma aislada, pero se vuelve más real al combinarse con la idea de recoger a alguien a quien extrañas en el aeropuerto e imaginar los abrazos, las sonrisas y las conversaciones que podrían tener. Como siempre, cuanto más vívida sea la visualización que utilices en el ejercicio, mejor será el resultado.

Aunque valoramos la visualización emocional mediante una serie de preguntas sencillas, es algo que debemos experimentar y desarrollar porque este tipo de visualización tiene propósito y significado. Esto se debe a que cierra la brecha entre las tareas cognitivas, como ver objetos u oler granos de café, y la visualización motivacional, que te inspira a esforzarte por las metas que deseas alcanzar.

Dificultades para visualizar

Desde que Galton realizó las primeras investigaciones de visualización, existe evidencia de una condición llamada afantasía, que es la imposibilidad de imaginar visualmente. Más de cien años después, este fenómeno se está investigando mediante el uso de escaneos cerebrales realizados a personas que solían tener la habilidad de «ver» con su mente, pero que por alguna razón la perdieron.[9] Para una minoría extremadamente pequeña, el entrenamiento de habilidades visuales puede no funcionar. Sin embargo, no todo está perdido para esta minoría, porque es posible que ya hayan encontrado otras formas de ser creativos a través de la experimentación.

En una ocasión, atendimos a un visualizador de datos (una persona que produce infografías y gráficas para representar grandes conjuntos de datos de forma visual), quien no podía ver con su mente. En vez de planear por adelantado con una imagen en su mente, representaba los datos mediante prueba y error. Probaba colores diferentes, tipos de gráficas y fuentes hasta encontrar el estilo que deseaba para los datos. Del mismo modo, algunos de los mejores científicos, líderes mundiales, artistas, músicos, abogados, doctores y psicólogos (por ejemplo, Oliver Sacks, quien escribió varios libros sobre la imaginación) tienen o tenían afantasía. Cuando se pierde la habilidad de ver con la mente, otros sentidos tienden a encontrar el modo de compensar esa pérdida. Por ejemplo, cuando a una niña a la que atendimos le pedíamos visualizar una playa, «saboreaba» un helado de vainilla, pero no podía «ver» la playa. Algunas personas, como Lady Gaga, Kanye West y Pharrell Williams, poseen esta mezcla de sentidos, llamada *sinestesia* y, al ver colores (y percibir sabores), pueden escuchar notas musicales.

Todos somos diferentes y por esta razón siempre es mejor adoptar un enfoque personalizado.

Hay algunos factores que limitan las habilidades generales de visualización, como los trastornos de la atención. En particular, el 50% de las personas diagnosticadas con trastorno de déficit de atención con hiperactividad (TDAH) tienen habilidades de visualización deficientes.[10] Esto no necesariamente se debe a la «falta de atención», sino a la manera en que las personas con estos trastornos procesan la información.

Además de la atención y el procesamiento, la calidad del sueño también está relacionada con las habilidades de visualización. Si duermes bien (y tomas siestas), podrás crear imágenes más detalladas porque tu capacidad de recuperación de recuerdos será mejor que si te hace falta sueño.[11]

El daño neurológico afecta la habilidad de crear nuevas imágenes en la mente y extraerlas de la memoria.[12] ¿Pueden mejorarse las habilidades de visualización después de sufrir daño cerebral? Sí, pero es un proceso lento, aunque en algunos casos, por desgracia, no es posible.

El cuarto factor es el abuso del alcohol, que también puede dañar las habilidades de visualización. Beber en exceso reduce la activación de la corteza prefrontal, lo que dificulta la recuperación de información y la producción de imágenes.[13] La moderación (como siempre) es importante.

Ahí lo tienes: una caja de herramientas a la que puedes recurrir para mejorar la visualización con todos tus sentidos. Antes de refinarla de forma activa y basándote en las emociones, te recomendamos comenzar entrenando la visualización cognitiva con una o dos de las actividades descritas anteriormente, de acuerdo con las calificaciones que obtuviste.

La mejor forma de practicar es llevar un diario para documentar y registrar tu progreso. Experimenta con los ejercicios y averigua qué funciona mejor para ti mientras desarrollas detalles específicos de manera deliberada en tu imaginación. Mejorar tus habilidades de visualización cognitiva te permitirá estar preparado para desarrollar detalles multisensoriales cuando profundicemos en la visualización motivacional, es decir, cuando enlacemos la visualización con tu propósito y significado. Esto maximizará tus oportunidades de tomar las decisiones correctas en los puntos decisivos y de lograr lo que hasta ahora era solo un sueño.

CAPÍTULO 5

VISUALIZACIÓN HOLÍSTICA

Si no le apuntas a nada,
siempre acertarás a la nada.

Zig Ziglar

PRIMER ESCENARIO: imagina que estás solo en la oscuridad en los páramos desolados de Inglaterra. La temperatura está bajo cero. No tienes lámparas o linternas porque están prohibidas. Piensas que vas a medio camino de una carrera cuesta arriba de 13 kilómetros; es una pesadilla. Tienes hambre y estás adolorido. Te preocupa pisar alguna víbora dormida en alguna de los miles de hendiduras en el terreno, que los lugareños llaman «cabezas de bebé» debido a su tamaño. Incluso si no hay ninguna serpiente, alguna de las cabezas de bebé podría destrozarte un tobillo si se te atora el pie.

Una voz grita: «¡Nunca serás nada! Acéptalo, eres un perdedor y los perdedores deben irse a casa ahora». Podría ser una voz imaginaria, pero también es una voz real que proviene con claridad de algún lugar en la oscuridad. «Hay una minivan cerca», te recuerda la voz. «Deja de correr y ve a la van, ahí estarás seguro y tibio». Te duele todo el cuerpo. «Esto es una locura», piensas. «Voy a morir aquí solo o herido de por vida». El dolor en tus piernas es abrumador, pero sigues por pura voluntad y obstinación. ¡Lo lograste! Estás en el kilómetro

13 y por fin terminaste. Te dejas caer y bebes un poco de agua mientras contienes las lágrimas. Entonces, la misma voz desde la oscuridad te dice: «Ahora corre de regreso».

«¿Qué? ¿Otros 13 kilómetros? No, no, ¡dijiste que eran 13, no 26!».

Ya no puedes más. Caminas hacia la minivan como un muerto viviente mientras miras a los demás dar la vuelta y comenzar a correr de regreso. Te dejas caer en el asiento acojinado de la van y alguien te da una humeante taza de café. Huele bien y el calor de la taza te reconforta. Le das un sorbo y el líquido caliente baja por tu garganta, calentándote por dentro. Disfrutas la sensación hasta que te das cuenta de lo que hiciste.

Te rendiste.

Te sientes mal cuando encienden el motor de la minivan. El vehículo viaja apenas un kilómetro hasta un pequeño puesto de control mal iluminado. Resulta que esa es la verdadera meta de la carrera. Solo era una prueba, y fracasaste. Los demás llegan y se dan cuenta de que no tienen que correr de regreso por toda la ruta. Un tipo vomita y comienza a llorar, pero se limpia las lágrimas casi de inmediato para chocar puños con su amigo, quien sonríe ampliamente. Uno a uno, todos suben a la minivan mientras les entregan tazas de café caliente y te dan palmadas en el hombro. Es el fin de la prueba de selección de comandos. En 48 horas serás enviado a otra unidad. La sorpresa y la vergüenza te dejan impactado... si tan solo hubieras continuado.

SEGUNDO ESCENARIO: imagina que estás solo en la oscuridad de los páramos desolados de Inglaterra. La temperatura está bajo cero. No tienes lámparas o linternas porque están prohibidas. Piensas que vas a medio camino de una carrera cuesta arriba de 13 kilómetros; es una pesadilla. Tienes hambre y estás adolorido. Pero en vez de enfocarte en el dolor y el miedo, piensas en tu familia. Piensas en tu tío John, tu modelo a seguir. Ves su cara y recuerdas su canción favorita. Comienzas a tararearla. Prestas atención a tus pasos porque eres consciente de que podrías pisar una víbora dormida en una de las miles de hendiduras del terreno, conocidas como «cabezas de bebé» debido a su tamaño.

Una voz grita: «¡Nunca serás nada! Acéptalo, eres un perdedor y los perdedores deben irse a casa ahora». No le prestas atención y comienzas a tararear más fuerte. Te enfocas en lo bien que te sentirás cuando te conviertas en un comando y puedas decirle a tu familia «¡Lo logré!», y veas a tus seres queridos a tu alrededor, aplaudiendo y sonriendo orgullosos de ti y de tu logro.

«Hay una minivan cerca», te recuerda la voz. «Deja de correr y ve a la van, ahí estarás seguro y tibio». Te duele todo el cuerpo. El dolor te envuelve las piernas, pero te recuerdas a ti mismo que es algo temporal. Va y viene. Y de la nada comienzas a pensar en tu playa favorita para veranear: el brillo del sol, la arena blanca y cálida debajo de tu cuerpo.

¡Lo lograste! Estás en el kilómetro 13 y por fin terminaste. Te dejas caer y bebes un poco de agua mientras contienes las lágrimas. Entonces, la misma voz desde la oscuridad te dice: «Ahora corre de regreso».

«¿Qué? ¿Otros 13 kilómetros? Te ríes. Sabía que harían una locura como esa». Sonríes y te dices a ti mismo «Hay una razón por la que esa situación no es para cualquier soldado». Ves a otro cadete caminando hacia la minivan como un muerto viviente.

Piensas: «No lo estoy haciendo tan mal. Las personas superan cosas peores que esto. Estoy bien». Sigues luchando hasta dar el último paso como lo hizo tu tío John. Algún día le contarás a tus hijos su historia y la tuya. Miras las estrellas; son hermosas. Piensas en la razón por la que ese entrenamiento es importante para ti y en la visión que tienes de tu futuro.

Ves un pequeño puesto de control pobremente iluminado a la distancia. Ahí está la minivan. El sargento te dice que esa es la meta verdadera. ¡Lo lograste! El tipo a tu lado vomita y se limpia las lágrimas, o quizá solo sea sudor. Ambos chocan los puños. Aunque están a cientos de kilómetros de distancia, ves los rostros de tu familia en tu mente.

Ellos te ayudaron a continuar. Estás cansado, muy cansado, demasiado como para moverte. Te entregan una taza de café caliente. La acercas a tu rostro y percibes su olor. La taza te calienta las manos y le das un sorbo. El café nunca te había sabido tan bien. Disfrutas la sensación cálida, te subes a la van dando una palmada amistosa al tipo que se rindió hace un rato y piensas: «Si tan solo hubiera aguantado unos minutos más».

Supera el momento en el que quieres rendirte

Estos dos escenarios están basados en experiencias reales de cadetes que participaron en el programa de entrenamiento para precomandos del Ejército Británico.[1] Sí, son experiencias extremas. Lo más probable es que nunca te encuentres bajo tal presión y estrés físico mientras alguien te grita que te rindas. Dicho eso, ¿qué tan seguido preferimos la calidez de la minivan? ¿Con qué frecuencia nos rendimos cuando encontramos dificultades o pasa algo inesperado? ¿Escuchas a la voz que se burla de ti? ¿O llevas tu mente hacia las imágenes de tus seres queridos, o cualquiera que sea tu motivación, para poder superar el dolor?

Ya hablamos sobre el funcionamiento de la visualización, ya evaluaste tus propias habilidades y —esperamos— ya refinaste las áreas que necesitaban fortalecimiento. Ahora vas a aplicar tus poderes de visualización. Vas a aprender cómo usar la visualización para mantenerte motivado y superar el punto donde quieres rendirte, de modo que puedas seguir avanzando hacia tu meta deseada.

El soldado del primer escenario que terminó rindiéndose no recibió preparación FIT. Jonathan lo entrevistó más tarde para saber sobre este punto decisivo específico. El soldado reportó que no usaba técnicas formales de control del pensamiento para manejar su rebelión mental, y dijo que, si pudiera volver en el tiempo, «cambiaría ese pensamiento fugaz que me llevó a retirarme». El soldado en el segundo escenario llegó a ser un comando y comentó: «El FIT formalizó mi pensamiento deliberado gracias al grado de atención que le di a los pensamientos relacionados con mi *motivo*, y me ayudó a sortear las olas de dolor». En este momento está desplegado en Noruega.

Como ya debes saber, el propósito, el significado y las acciones encausan las metas. La visualización holística, es decir, la combinación de la visualización cognitiva y la motivacional, mejorará tu habilidad de apegarte a tus metas. Gracias al uso del FIT (y de la Visualización para Equipos, que explicaremos en la tercera parte), el Ejército Británico incrementó el éxito en el alcance de metas de sus soldados en un 44%. En las muestras de civiles, observamos que el número de personas que alcanzan sus metas es cinco veces mayor cuando implementan la visualización.

Cuando trabajamos con militares, atletas olímpicos, ejecutivos, personas que quieren perder peso y, en general, con quienes desean lograr una meta, seguimos el mismo proceso de explorar primero los valores, luego las creencias, las actitudes, las cogniciones y, por último, las conductas. Esta secuencia es importante. En la primera parte del libro, nos enfocamos principalmente en tus valores, creencias, actitudes y metas. En la segunda parte, exploraremos tus habilidades cognitivas mediante la visualización. Tus habilidades cognitivas son la manera en la que interpretas el mundo a tu alrededor con base en tus recuerdos, la retroalimentación inmediata respecto a lo que haces en un momento dado y tus planes y percepciones futuras. La manera en que usas tus habilidades cognitivas es importante porque es la clave para ser consciente, compasivo y estar orientado a conseguir tus metas.

En 2011, Jonathan se reunió con tres atletas de 12 años. Todas asistían a la misma escuela, participaban en los mismos clubes deportivos y las entrenaba la misma persona. En ese entonces, Jonathan trabajaba como *coach* de rendimiento para atletas que aspiraban a participar en las Olimpiadas y, entre cada sesión con adultos, brindaba apoyo a la división juvenil. Las tres jóvenes atletas eran muy similares en cuanto a habilidades, físico, inteligencia y motivación. Estudiaban juntas, entrenaban juntas, a menudo comían juntas y competían juntas. Las chicas no solo eran buenas para la esgrima, el deporte que practicaban, sino que eran excelentes. Durante cuatro años, cada una ganó su respectivo torneo infantil, hasta que, de repente, cuando cumplieron 16 años, una de ellas comenzó a superar significativamente a las otras dos. Jonathan quería descubrir la razón.

En 2015, entrevistó a las tres para determinar cuál era la diferencia entre ellas, en especial, si se consideraba que las tres compartían valores, creencias y actitudes similares. Lo que las chicas le dijeron influyó en su investigación sobre la visualización durante los años siguientes y, desde entonces, ha trabajado con 329 atletas de nueve deportes, incluidos 11 medallistas olímpicos.[2] También ha trabajado con cientos de soldados y varios CEO, gracias a lo cual desarrolló el formato FIT que usarás como modelo.

La secuencia de visualización

El modelo FIT que usamos enseña y explica el proceso de combinar metas con una práctica de visualización formal y funciona de la siguiente manera. Los círculos en el siguiente diagrama se dividen en cuatro fases de visualización (A-D), que están vinculadas con tu propósito, significado y acciones (1-3). Cuando avances por las fases de visualización A-D por primera vez, asegúrate de tomarte el tiempo para desarrollar detalles y reflexionar sobre tu propósito, significado y acciones. Si bien el modelo de visualización es descendente, las flechas dentro de los círculos indican que es posible ascender mientras usas la visualización. La flecha que va hacia abajo desde el círculo 3, Acciones, resulta en lo que llamamos *señal conductual*, que es una acción o palabra, similar a un tic, que desarrollarás según tus preferencias personales. La meta es prolongar el punto decisivo e intervenir en los pensamientos intrusivos antes de que se asienten y afecten tus acciones. La señal reforzará el proceso de visualización que te llevará a una nueva secuencia llamada LAP (línea punteada). LAP son las siglas para *Localizar tu señal, Activar tu visualización, Perseverar con una tarea*. Esta es la manera en que usarás la visualización para activar tu determinación y motivarte a seguir adelante cuando encuentres dificultades. Explicaremos el funcionamiento de cada parte en las cuatro fases.

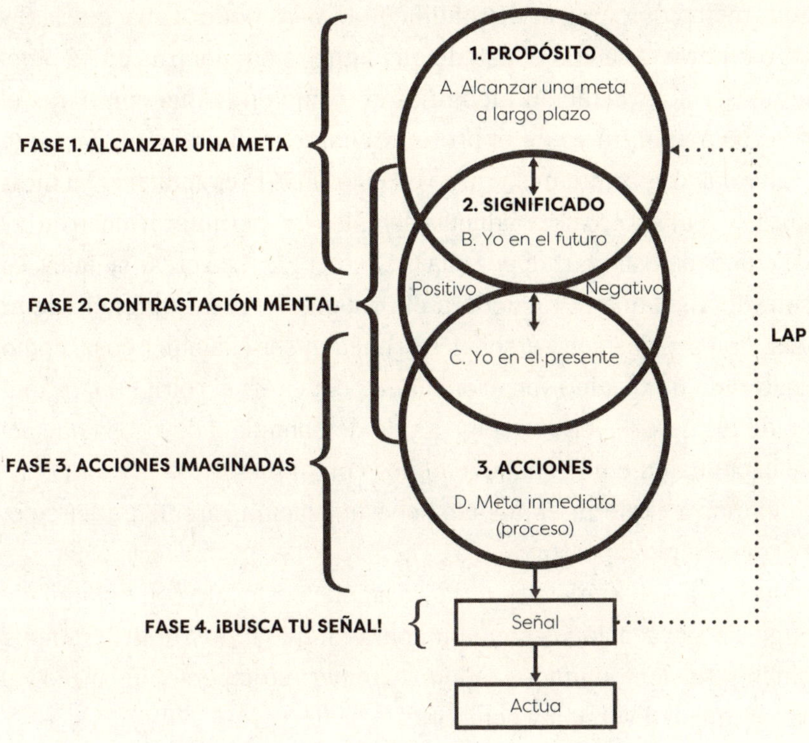

Durante las entrevistas con las tres esgrimistas, Jonathan aprendió que la diferencia entre ellas no se encontraba en la forma en que planteaban sus metas. Todas querían ser atletas olímpicas y sabían que al lograrlo inspirarían a otros; todas estaban al tanto del esfuerzo requerido y de la importancia personal que tenía para ellas; todas conocían los detalles y los objetivos en los que debían trabajar en cada momento. En realidad, las diferencias entre las chicas —y los factores que, según determinamos, afectan el nivel de éxito al perseguir metas difíciles— se dividían en tres aspectos.

Primero, es importante el grado de detalle que aplicas a la visualización multisensorial cuando piensas en tu meta. Cuantos más detalles desarrolles, mayor será tu motivación inicial para buscar esa meta y llegarás más rápido al Rubicón. Segundo, si tienes una meta grande, debes dividirla en objetivos más pequeños pero retadores (es decir, metas que tengan cierta dificultad para poder conseguirlas) y luego contrastarla con el estado en el que te encuentras en ese momento. La contrastación mental es la forma en la que comparas el esfuerzo actual (tu yo en el presente) con el esfuerzo que darás en el futuro al alcanzar tu meta (tu yo en el futuro). Pregúntate: «¿Mi meta futura es realista? ¿Mis conductas actuales me permitirán alcanzarla? ¿Vale la pena esforzarme por ella?». Tercero, debes crear señales, es decir, detalles que te recuerden el propósito y la importancia de tu meta. Las señales son personales, y pueden ser cualquier cosa, como el cartel de un destino vacacional que pegues en el refrigerador, una foto de tus seres queridos como fondo de pantalla u otra cosa que active la conexión emocional que tienes con tu meta.

Vamos a explorar el modelo de visualización, círculo por círculo, con un ejemplo hipotético.

Imagina que tu meta es ir de vacaciones este año con tu familia y amigos. Las vacaciones son la manera en que todos se divierten, se relajan y se sienten unidos. Además, te permiten personificar tus valores: familia, diversión y equilibrio.

Usar la visualización en el círculo 1, Propósito, te permitirá explorar preguntas generales como:

- ¿Adónde iremos?
- ¿Qué tipo de clima habrá?
- ¿Quién irá al viaje?

También podrás analizar preguntas más específicas como:

- ¿Qué actividades realizaremos?
- ¿Puedo imaginarnos a todos realizándolas? ¿Puedo imaginar los sonidos, los sabores, las sensaciones, los aromas, etcétera?
- ¿Por qué son importantes estas vacaciones para mis familiares y amigos?
- ¿De qué manera los hará felices?, ¿cómo se sentirán?
- ¿De qué manera dará balance a mis familiares y amigos?

El primer círculo es donde comienzas a usar la visualización para experimentar tu meta porque conectas con varios sentidos y agregas un propósito. Tu propósito detona emociones alrededor de la meta y activa tu motivación. Si tu meta te motiva, es probable que compartas la idea con los demás: «Oigan, ¿les gustaría ir conmigo de vacaciones a Fiji?». Sin embargo, antes de compartir tu meta con alguien más, te recomendamos realizar primero un repaso a través de la visualización, imaginando cómo podría ocurrir esa conversación.

El círculo 2, Significado, son tus motivos personales, es decir, por qué esta meta es importante para ti. La visualización basada en el significado te permite comparar y contrastar tu presente y tu futuro, así como explorar lo que sucedería tanto si logras alcanzar tu meta como si no lo haces.

El primer paso que realizan la mayoría de las personas cuando comienzan a planear unas vacaciones es resolver los preparativos de viaje e imaginar el itinerario. En este caso, comenzarías a planear lo que será necesario para llegar a Fiji: buscar vuelos, fechas, costos, hospedaje, excursiones y opiniones. Esta fase de exploración no solo es emocionante y está llena de anticipación, también te ayuda a establecer objetivos. Va a costar tanto, salimos tal día, nos quedaremos en tal hotel, y todo eso.

Sin embargo, en términos de la visualización, siempre nos enfocamos *primero* en las posibilidades negativas porque «deberían terminar» con una sensación de decepción.

Quizá te preguntes: ¿qué pasaría si no ahorramos lo suficiente?

¿Qué pasaría si no podemos salir tal día, si no podemos quedarnos en tal hotel o si tal excursión no está disponible? ¿Cómo resultaría eso? ¿Cómo me haría sentir?

¿Cómo impactará a tu bienestar y a la diversión que esperabas experimentar el hecho de *no* irte de vacaciones?

¿Te sientes decepcionado?

Después debes contrastar el resultado negativo con uno positivo. Comenzar por el resultado negativo amplifica tu motivación y aumenta las probabilidades de que logres tu meta porque nadie quiere terminar sintiéndose decepcionado, de modo que te enfocarás en lo que debes hacer para llegar desde donde estás hasta tu meta deseada. Así, será más realista que tengas éxito. Tal vez digas:

Debo ahorrar X cantidad de dinero, y lo lograré si hago ________________________.

Debo reservar tal vuelo, tal hotel y la excursión para bucear con tiburones.

Puedo imaginar que salgo en la fecha que quiero, me quedo en el hotel que más me gustó y que buceo con tiburones.

Puedo imaginar que paseo por la playa al atardecer, que tengo conversaciones significativas alrededor de una hoguera y que nutro mi bienestar al estar presente con mis familiares y amigos.

Es probable que llegues a un punto en este proceso en el que pienses: «¿Valen la pena el esfuerzo y los sacrificios que debo realizar para alcanzar esta meta?». Esta conversación contigo mismo, tu diálogo interno, es la manera en que refinas tus metas y estableces objetivos desafiantes pero realistas. También es el momento en el que haces concesiones (quizá resulta que el buceo con tiburones es demasiado caro, pero tú aún así quieres experimentarlo). Este refinamiento te permite ajustar tu motivación hasta llegar al compromiso. En otras palabras, estableces metas y comienzas a esforzarte para conseguirlas, o no lo haces si es que un elemento de la meta que parecía emocionante (motivación) no vale el esfuerzo adicional (compromiso). Quienes se apegan a sus metas trabajan de manera sistemática para alcanzar los objetivos pequeños y están plenamente decididos a hacer que cada día cuente.

En el círculo final, Acciones, te vales de tu imaginación para planear cómo es que tu yo en el presente puede tomar acciones inmediatas que te permitan alcanzar la meta. Por ejemplo, puedes decidir llevar tu almuerzo en un recipiente al trabajo para no comer en un restaurante y, de esta manera, ahorrar, o programar un calendario que te recuerde transferir dinero a una cuenta de ahorro cada día de pago con el fin de reunir dinero para el viaje a Fiji.

Es crucial que *imagines* las acciones inmediatas antes de llevarlas a cabo. Imagina que tomas tu celular (percibe su color, peso, textura, temperatura), desbloqueas la pantalla (siente la superficie y el sonido), programas un recordatorio (presta atención a la sensación de tus dedos tecleando «Viaje a Fiji») y lo bloqueas después de teclear. ¿Cuál es tu emoción, significado y propósito en ese momento?

Para que cada día cuente, debes establecer las señales que sirvan como detonantes que te recuerden tu propósito y la importancia de tu meta. Si la meta es viajar a Fiji, puedes imprimir una foto y pegarla en tu refrigerador (una señal) para recordar tu meta, o poner una imagen de una familia sonriente como fondo de pantalla en tu celular (otra señal) para recordar la importancia de tu meta. Cada señal sirve como una espiral que lleva tu atención de vuelta a los círculos y activa tu visualización al conectar tu propósito, significado y acciones. Todo esto te ayuda a ser perseverante porque te permite recordar una y otra vez tu compromiso.

Es tu turno

Fase 1. Alcanzar una meta

Para experimentar el funcionamiento de la visualización, comienza por prestar atención a tu meta a largo plazo.

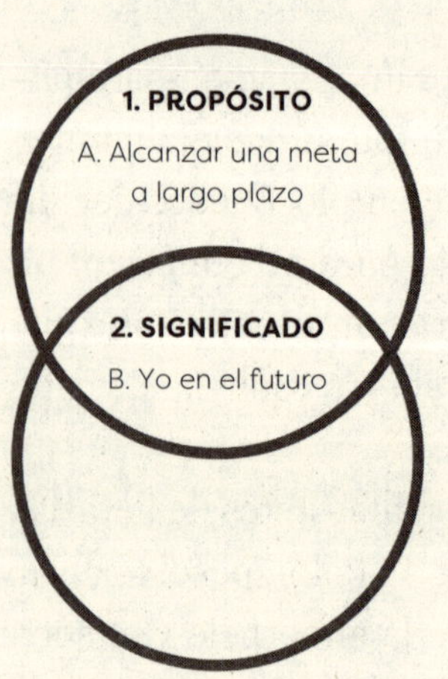

La fase 1 es lo que se conoce como enfoque positivista: vamos a conectar tu meta imaginada con una realidad más cercana y reconocible. Al final de esta sección, te sentirás como si hubieras tocado tu meta porque activarás áreas de tu cerebro similares a las que se activan cuando la logras en realidad. Esto te motivará y te dará energía si lo haces diario (o cada tercer día). Sin embargo, si activas el modo de visualización con demasiada frecuencia en esta fase (es decir, varias veces al día), el proceso te dejará cansado. Entonces, aunque al principio pasaremos más tiempo en la fase 1, conforme avancemos por la secuencia de visualización, reduciremos el tiempo que pasamos en la fase 1 para que dure solo unos segundos.

Si tu meta es escribir un libro o producir un guion, debes comenzar con un propósito y un significado antes de meterte de lleno a un escenario imaginado donde ya hayas concluido tu labor. Al imaginar el escenario, debes ser consciente de que el momento en el que cumples tu meta y los detalles multisensoriales de dicha situación serán diferentes en cada escenario individual. Para un guion, el momento en el que alcanzas la meta puede ser cuando una compañía solicita comprar tu material, o puede ser cuando el equipo de escritores te indica que ya no hacen falta más cambios y está listo para ser producido. O quizá sea cuando estés mirando la primera presentación. Debes realizar un desarrollo multisensorial en cualquiera de los puntos de este escenario.

A lo largo de las siguientes páginas, usaremos la visualización multisensorial para darle atención a dos cosas: a tu propósito (y al impacto que lograr tu meta tendrá en ti y en otros) y a tu significado (para descubrir por qué la meta es importante para ti). Al comenzar el proceso de visualización, es importante que te sientas cómodo, por lo que recomendamos que estés sentado en un lugar donde no haya muchas distracciones. Esto significa apagar cualquier música u otros sonidos que puedan distraer tu mente. Siéntate con los pies rectos sobre el piso y comienza llevando tu atención al punto donde estos lo tocan. Enfócate por completo en los pulgares de tus pies; no esperes que suceda nada, solo presta atención.

Ahora enfócate en *dónde* estarás cuando logres tu meta a largo plazo. En el capítulo anterior, averiguaste cuál de tus sentidos es más habilidoso para la visualización (visual, auditivo, emocional, etcétera). Usa ese sentido para empezar a agregar capas a tu experiencia. Esto es lo que llamamos activar el modo de visualización. Es tu momento para desarrollar y reflexionar. Toma el tiempo que necesites para sumergirte por completo en el proceso. Lee despacio la siguiente sección:

Ahora vas a activar el modo de visualización.

Comienza por llevar tu atención a tu meta y a la razón por la que esta le agrega propósito a tu vida. Imagina la meta. ¿Dónde estás cuando la logras?

Sé específico y crea la escena, incluyendo colores, texturas y contornos.

¿Cómo es la temperatura?

¿Qué escuchas?

¿Cómo es tu respiración?

¿Tus manos están sujetando o tocando algo?

¿Te estás moviendo?

¿Hay algún sabor o aroma? Deja que tu mente divague...

¿De qué forma tu meta impacta a los demás? ¿Qué hacen, dicen y sienten?

¿Cómo se siente estar conectado con otros?

¿Por qué esta meta es importante para ti?

¿Por qué esta meta y por qué ahora?

¿Cómo luce en tu imaginación tu mejor versión futura?

Ahora que has alcanzado tu meta, ¿qué sigue?

En una escala de importancia del 0 («Sin importancia») al 10 («Extremadamente importante»), califica cuán importante es para ti lograr esta meta.

Desactiva el modo de visualización. Ahora revisaremos el proceso.

Usa tu diario para reflexionar respecto al funcionamiento de la visualización en este escenario. ¿Fue fácil o difícil visualizar? ¿Por qué? ¿Qué funcionó bien y qué necesita refinamiento? ¿Te distrajiste? De ser así, ¿cómo podrías mantenerte enfocado la próxima vez? (No te preocupes si ocurrió; es normal distraerse las primeras veces). ¿Cómo puedes volver más placentera la visualización? ¿Puedes ver de qué manera te beneficia este proceso? En este punto, la calificación que le diste a la importancia de tu meta debería ser alta (mayor a 5). De no ser así, es señal de que por ahora estás enfocado en la meta equivocada y debes explorar la manera en la que tus valores se ajustan a tu propósito antes de avanzar a la siguiente fase.

Fase 2. Contrastación mental

En la fase 2 de la secuencia de visualización, te alentamos a explorar los posibles resultados positivos *y* negativos de lograr tu meta —con base en tus ambiciones y acciones probables— realizando un desarrollo con detalle.

En la fase 1, usamos el ejemplo de escribir un guion para imaginar el cumplimiento de una meta a través del propósito. Si usamos el mismo ejemplo para la fase 2, debemos examinar el significado (la importancia personal o los motivos para hacerlo) y la *brecha* entre el momento en el que estás ahora y la obtención exitosa de la meta. Esta brecha está repleta de desafíos fundamentales, obstáculos potenciales y objetivos previsibles que indicarán tu progreso. Al dividir las metas a largo plazo en objetivos más pequeños, es crucial realizar revisiones a tu progreso e imaginar el objetivo intermedio, es decir, el punto medio entre el inicio y la meta. Imagina que la meta intermedia te ofrece un objetivo provisional al que puedes dirigirte, lo que incrementa la urgencia de comenzar y comprometerte con la meta, y hace más tangible el objetivo pequeño.

Para explorar la brecha en su totalidad, comenzamos por visualizar lo negativo (el fracaso) y examinamos el motivo por el que no superamos los retos. ¿Y si tu estilo particular de escritura tuviera algún problema? ¿Qué pasaría si no tuvieras tiempo para escribir tu guion porque debes cuidar a tus hijos o a algún otro familiar? ¿Y si no pudieras encontrar a un agente con experiencia? ¿O si no puedes cumplir los objetivos más pequeños? Debes imaginar estos momentos del tipo «qué pasaría si...» porque podrían volverse realidad. Una vez que los hayas explorado, podrás imaginar y planear soluciones antes de que los obstáculos se presenten. Por ejemplo, una forma de mejorar tu estilo de escritura sería tomar alguna clase o contratar un *coach*. Imagina que estás sentado frente a tu computadora con unos audífonos, bebiendo una tasa de chocolate caliente, aprendiendo poco a poco, mejorando y esforzándote por dominar la escritura. Al contrastar las dos partes —la visualización *negativa* y la *positiva basada en soluciones*—, aumentas tus posibilidades de superar la fase 2 con mucha motivación y listo para actuar en la fase 3.

Vamos a intentar la primera parte, la visualización negativa. Inhala profundamente, préstale atención a tu respiración inhalando durante cuatro segundos, aguantando la respiración un segundo, y luego exhala durante cuatro segundos. Como hiciste antes, lee despacio:

Ahora vas a activar el modo de visualización. Comienza por enfocarte en tu meta.

¿Dónde estás cuando te das cuenta de que no alcanzaste el objetivo intermedio? Presta atención a los colores, la temperatura y los sonidos.

¿Con quién estás o a quién piensas contárselo?

¿Qué sientes en el pecho y los hombros?

¿Qué obstáculos se interpusieron en tu camino?

¿Por qué no pudiste superar esos obstáculos?

¿Qué harás a continuación? ¿Plantearás una nueva meta o todo se acabó?

¿Cómo se verá afectada tu meta a largo plazo?

¿Qué aprendiste sobre ti mismo?

¿Qué cambiarías si pudieras?

Mantente en el modo de visualización por un momento y presta mucha atención a cómo se siente el fracaso antes de seguir leyendo.

La palabra «fracaso» está cargada de muchas connotaciones negativas; sin embargo, nosotros creemos que el fracaso no es algo malo. Claro, es desagradable, pero no es inherentemente malo. Todos fracasamos, pero casi nunca discutimos nuestros fracasos porque hacerlo no es «padre». Si nos presentamos como fracasados, no conseguimos parejas ni ganamos amistades, pero tal vez deberíamos hacerlo porque la manera en que respondemos al fracaso revela nuestro carácter. Fracasar y experimentar dificultades demuestra que hay algo que nos importa y que estamos en busca de lo que valoramos. Si quieres lograr una meta, tendrás que enfrentar dificultades, y al imaginar la lucha inevitable, estarás preparado para los puntos decisivos, en lo que experimentarás pensamientos intrusivos que podrían hacerte querer rendirte.

Ahora vamos a cambiar de pista para poner a prueba la segunda parte, donde exploraremos tu meta considerando la sensación que te produce llegar al objetivo intermedio. En esta ocasión nos enfocaremos en cómo se siente alcanzar el objetivo intermedio de camino hacia la meta a largo plazo. Inhala lenta y profundamente mientras cuentas hasta cuatro, prestando atención al aire que entra en tus pulmones. Retén la respiración por un segundo, y luego exhala contando hasta cuatro.

Ahora vas a activar el modo de visualización. Comienza por enfocarte en el lugar donde te encuentras cuando te das cuenta de que has llegado al objetivo intermedio.

¿Estás dentro de algún espacio o en el exterior?

¿Qué escuchas? ¿Qué olor percibes?

¿Cómo se sienten tu pecho y tus hombros?

¿Qué obstáculos has superado y cuáles fueron las soluciones?

¿Qué fortalezas personales te ayudaron a superar esos obstáculos?

¿Qué harás a continuación? ¿Cuál es el siguiente objetivo?

¿Cómo afecta a tu meta a largo plazo el haber alcanzado el objetivo intermedio?

¿Qué has aprendido sobre ti mismo? ¿Qué significa para ti darte cuenta de que tu esfuerzo está rindiendo frutos?

¿Cómo piensas superar los contratiempos y las dificultades en el futuro? ¿Cuál es tu siguiente paso?

En una escala de confianza del 0 («Nada confiado») al 10 («Extremadamente confiado»), califica lo confiado que te sientes ahora que alcanzaste el objetivo intermedio.

Mantente en el modo de visualización algunos segundos más.

Ahora sal del modo de visualización y tómate el tiempo para reflexionar respondiendo las siguientes preguntas en tu diario antes de continuar.

¿Tu uso de la visualización ha mejorado?

¿Qué funciona bien cuando usas la visualización y qué necesita refinamiento?

¿Tuviste algún pensamiento que no abordamos en las preguntas?

¿Qué sucedió?

¿Por qué calificaste tu confianza de la manera en que lo hiciste?

La contrastación mental entre los resultados positivos y negativos potenciales cierra la brecha entre tu presente y tu futuro.[3] La fase 2 crea una sensación de desequilibrio entre los dos resultados imaginados: el fracaso y el éxito. Este desequilibrio crea el deseo de esforzarnos por conseguir la meta deseada y no fracasar, y nos ayuda a convertirnos en una mejor versión de nosotros mismos porque estamos programados para buscar el equilibrio o balance.

¿Qué te pareció la experiencia de imaginar el resultado negativo en comparación con el resultado positivo? Cuando les hacemos esta pregunta, la mayoría de nuestros pacientes responde que renovó su intención de trabajar duro para asegurarse de no experimentar fracasos y decepciones. Los puntajes de confianza tienden a servir como un golpe de realidad porque los resultados bajos (menores a 6) indican que el objetivo intermedio podría ser demasiado complicado, lo que significa que debe revisarse.

Este acto de contrastar resultados negativos y positivos es donde la motivación se amplifica y se transforma en compromiso. Nadie quiere sentir que se pudo haber esforzado más y que es el único responsable de su fracaso. Al resaltar este sentimiento potencial, se fortalece la motivación y el compromiso. En este punto, nuestros pacientes suelen decir: «Depende de mí. Tengo que hacer sacrificios y dedicarme a trabajar duro», a sabiendas de que, si mantienen su plan de manera consistente, serán recompensados con la dulce sensación de éxito que ya experimentaron mediante su imaginación.

Fase 3. Imagina acciones

Hasta aquí, hemos creado tus metas, percibido los resultados y contemplado tus planes, pero aún no hemos implementado cambios de conducta. Estos cambios son el primer paso que debes planear con tu habilidad y disponibilidad actuales. Si tienes planeado solicitar un nuevo empleo, pero no tienes acceso a una computadora, o si estás comprometido a comer más sano, pero hace falta que vayas de compras, esta es la fase en la que pasas de la planeación a la acción.

En la fase 3, debes usar la visualización para planear una meta realista que vaya de lo inmediato al corto plazo (menos de dos semanas) con base en tus circunstancias actuales. Esta meta a corto plazo se conoce como meta de proceso porque puede dividirse en partes, como lo haría un corredor de cuatrocientos metros planos al dividir una carrera en elementos técnicos (por ejemplo, el contacto de sus pies con la pista), tácticos (el ritmo), psicológicos (la confianza) y fisiológicos (el entrenamiento de tolerancia al ácido láctico). Este ejemplo funciona con facilidad para los atletas; las ideas generales pueden aplicarse en muchos ámbitos.

Si seguimos usando la escritura de un guion como meta, los elementos se mantienen en cierto nivel, pero los detalles son diferentes: técnicos (por ejemplo, desarrollar la estructura o determinar áreas de estudio), tácticos (en qué momentos y por cuánto tiempo escribirás), psicológicos (cómo lidiarás con el estrés) y fisiológicos (qué harás para mantenerte sano, hidratado y en forma). Todos los componentes son vitales para el proceso de escribir un guion, y en esta etapa deben imaginarse con detalle para sumergir al escritor en la experiencia. Trabajar en los detalles pequeños no solo lleva al atleta/escritor a la línea de salida, sino que también lo ayuda a tener un desempeño consistente en los momentos importantes.

En la tercera fase, debes responder dos preguntas principales:

(1) **¿Cuál es la meta de esta semana?**

(2) **¿Qué estoy haciendo hoy para alcanzar esa meta?**

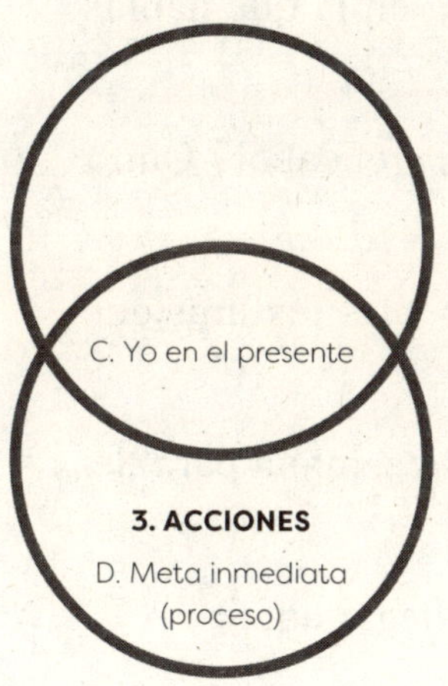

Si tu objetivo esta semana es solicitar un nuevo trabajo, puedes imaginarte sentado en un escritorio con un café y un sándwich de jamón mientras llenas formularios en internet. Como preparación para esta tarea, quizá primero debas conseguir algunos documentos, como certificados, pedir cartas de referencia, y tal vez ir a comprar los ingredientes para el café y el sándwich. Sin embargo, la forma en que imaginas esta labor no tiene que ser exactamente como la experiencia real. Te recomendamos que seas flexible si se presentan cambios. Si imaginaste un sándwich de jamón, pero en la tienda no había jamón, haz un ajuste y compra crema de cacahuate en vez de posponer la tarea por completo hasta que encuentres una tienda que venda jamón.

En un momento, activarás el modo de visualización, pero primero debes recordar tu meta a corto plazo. Vamos a dividir el proceso de alcanzar la meta usando la visualización, y luego desarrollaremos implementos, es decir, pasos iniciales pequeños con los que iniciarás tu trayectoria. Cuando trabajamos con personas que quieren ejercitarse para ser más sanos, a menudo el primer paso es dejar sus tenis junto a la entrada de la casa, escribir una lista de compras o llenar su botella de agua para mantenerse hidratados. Sea cual sea tu primer paso, debe ser personal y específico para tu meta.

Bienvenido otra vez al modo de visualización. Coloca tus pies rectos en el piso, inhala lento y profundo, y mientras exhalas, siente cómo tus hombros se relajan. Cuando estés listo, presta atención a tu meta a corto plazo. Piensa específicamente en dónde estarás cuando la logres.

Percibe los sonidos, o tal vez la manera en la que hablas contigo mismo.

¿Cuáles son la temperatura, los aromas y el sabor? Quizá te sientes de cierta manera.

Sé consciente de tu entorno, los colores y las texturas que te rodean.

¿Qué obstáculos tuviste que superar esta semana para llegar hasta este punto?

¿Qué pasos pequeños completaste para llegar aquí?

¿Dónde empezaste?

Ahora vamos a pensar en implementar esa meta. ¿Qué elemento puedes implementar de inmediato?

¿Puedes imaginar con detalle que realizas esa acción?

Tómate el tiempo de involucrar todos tus sentidos en este primer paso. Cuando estés listo, sal del modo de visualización.

Tu primer paso es la parte más importante de la fase 3 porque le agrega acción a la intención. Incluso las acciones más pequeñas tienen importancia cuando decides implementarlas. Tu primer paso demuestra intención, incluso si es la creación de una lista de pendientes o un plan de alimentación, porque transforma tu identidad mediante la intención conforme adoptas una actitud flexible y enfocada.

No obstante, es cierto que incluso con una actitud flexible hay ocasiones en que las prioridades cambian y puede que este no sea el momento adecuado para comenzar a buscar tu meta. Por ejemplo, aunque alguien quiera limitar el tiempo que pasa en YouTube, si trabaja mucho tiempo y ver videos le ayuda a liberar el estrés, relajarse y desconectarse luego de un día ocupado, quizá no sea el mejor momento para cerrar la aplicación. Hay quienes argumentan que el ahora siempre es el mejor momento para comenzar, pero la realidad es que deben ocurrir ciertos cambios para que el ahora sea el momento adecuado. Para alguien muy ocupado, un pequeño paso es un comienzo notable, mientras que alguien con más tiempo libre podría estar listo para dar grandes saltos.

Planear tu primer paso es el punto en el que te encuentras con tu Rubicón y debes comprometerte con una meta para comenzar tu viaje. En una escala del 0 («No estoy preparado») al 10 («Estoy completamente preparado»), ¿qué tan preparado estás para comenzar de inmediato? No mañana, sino *ahora*. Si tu puntuación es menor a 7, tal vez debas cambiar tu prioridad o planear la forma de superar obstáculos como el cuidado de los hijos, la carga de trabajo o plazos de entrega, en especial si la meta es muy importante para ti.

Estás en tu propio viaje, avanzando a tu propio ritmo, destinado a encontrar tus propios retos y a tomar las decisiones que darán forma a tu significado, propósito y futuro. Lo que decidas hacer hoy potenciará tu consciencia y te llevará a lograr las metas que de verdad te importan. El siguiente paso es crear una rutina consistente que te ayude a mantener el curso.

Fase 4. ¡Busca tu señal!

El trabajo duro y el trabajo inteligente deberían ser lo mismo; sin embargo, el trabajo duro con las intenciones adecuadas no siempre lleva al resultado deseado. Debes actuar y debes *mantenerte* en acción. Por lo tanto, la creación de señales —detonadores que te recuerden pensar o actuar de cierto modo— es el paso final en la fase de preparación. Las señales te ponen en movimiento (y te ayudan a mantenerte en movimiento) para encontrar tu verdadero camino y minimizan la probabilidad de que te desvíes debido a factores externos, como un calendario ocupado o una mente olvidadiza.

En este punto, el objetivo es encontrar una señal que te recuerde practicar la visualización multisensorial todos los días. Es importante hacerlo diario porque es la base estructural de la que dependes para superar los momentos en los que podrías querer renunciar.

Jacqueline, una profesora experta en canotaje, quería romper con el hábito de tensar sus hombros al remar porque era señal de que estaba usando en exceso los hombros en vez de activar su torso, lo que la forzaba a usar demasiada energía. Su entrenador le indicó que lo hacía durante los «movimientos de aceleración», cuando se esforzaba demasiado o cuando su mente divagaba durante las sesiones de entrenamiento largas, y en esos momentos le gritaba «¡Relájate, Jackie!» con un tono objetivamente relajado. Jacqueline intentaba relajarse repitiendo en su mente «No tenses los hombros», y le funcionaba por un momento, pero luego sus hombros se volvían a tensar. Luego de recibir *coaching* de visualización, desarrolló un plan vinculado con sus valores —sentirse conectada con sus compañeros de equipo— y encontró una señal.

Su señal fue ajustar la horquilla del remo antes de subir a la canoa. Al atornillarla, imaginó que relajaba sus músculos. Sintió la fuerza de sus piernas empujando contra el bote, escuchó el sonido del agua al deslizarse la canoa y el ritmo de su respiración, y sintió la mano reconfortante de uno de sus compañeros en el hombro. La señal y la visualización le permitieron prepararse por adelantado y conectar con sus fortalezas y sus valores nucleares. En vez de solo pensar «No te tenses» al entrenar, estableció la intención de lo que quería e hizo que sucediera.

Como sabes, los sentimientos son espontáneos; van y vienen. Aunque algunos pensamientos parecen involuntarios y aleatorios, buena parte de tus pensamientos son voluntarios y se activan cuando hay una señal. Las señales son muy importantes porque pueden usarse de forma positiva para detonar pensamientos deseados que generan reacciones en cadena mientras se aceleran y crecen.

El desarrollo es la clave para que un pensamiento crezca y acelere su velocidad, y para que alcance una mayor magnitud, la clave es la frecuencia con la que observas tu señal. Si activas frecuentemente los pensamientos relacionados con tu meta, que son creados mediante señales, ocurrirá un cambio en cómo las sinapsis de tu cerebro se conectan entre sí. A esto se le llama plasticidad hebbiana y es un proceso donde se conectan sinapsis similares al ser estimuladas de forma paralela.[4] Si estas conexiones se crean de manera consistente, se forma un hábito que tiene el potencial de romper los hábitos viejos.

Las señales —al igual que los valores, la mentalidad, el propósito, el significado, las actitudes y las cogniciones— son personales y son recordatorios que representan un pensamiento específico que puede motivarte, asustarte o hacerte sentir algo intermedio entre una y otra opción.

Volvamos al escenario hipotético de escribir un guion. La señal que te recuerda tu meta puede ser algo personal que te conecte con tu motivo. Al trabajar con escritores, descubrimos que a menudo sus señales tienen que ver con sus rutinas matutinas, como preparar café, y antes de darle el primer sorbo, se recuerdan a sí mismos *por qué* la meta proporciona *propósito* y *significado* a sus vidas. Luego consideran los *retos* próximos, como encontrar el balance entre la vida familiar y los plazos de escritura. A continuación, planean su *día* con detalles multisensoriales y todo este proceso crea un sentido de urgencia y alinea sus pensamientos centrados en metas. Otras personas con las que trabajamos utilizan fotos donde aparecen con un ser querido y las colocan estratégicamente en casa para activar un pensamiento deseado. En este escenario, la foto es una señal que activa las emociones conectadas con su motivo personal, lo que agrega propósito y significado a su meta, y la secuencia de visualización se repite (conectar con el propósito y el significado, considerar los retos y planear el día).

En el capítulo 1, Iris, la clavadista, tenía de fondo de pantalla una foto suya en la cima de un risco que activaba sus recuerdos traumáticos, por lo que cambió la señal a una imagen neutral y luego a una imagen significativa de su familia. En vez de establecer una nueva conducta como señal (por ejemplo, chasquear los dedos), lo mejor es adaptar una existente (como tomar tu celular) y combinar esa conducta existente con una nueva señal, por ejemplo, elegir un fondo de pantalla significativo. Las señales también pueden ser una conversación interna deliberada que te recuerde mantener la motivación. Los boxeadores del presente (Tyson Fury) y el pasado (Muhammad Ali) dicen lo mismo todo el tiempo: «Soy el mejor», lo que los motiva y los prepara para la acción.

Las señales pueden activarse rápidamente y durar desde unos segundos hasta el tiempo que te toma bañarte. Sea cual sea la señal, debe ser personal, deliberada y significativa para ti. Por ejemplo, si disfrutas un café o un té por la mañana, tu señal puede ser llenar la taza, lo que te servirá para activar tu visualización. El aroma del café y el sonido al verterlo en la taza activará la imagen de estar sentado para escribir durante dos horas al día y la emoción de lo bien que se siente progresar, aunque sea un poco. Puedes tener más de una señal.

Puedes darte un baño por la mañana, así planeas qué ponerte y consideras las tareas del día y los correos que necesitas enviar. Cada señal es un detonante, una oportunidad para imaginar, y una vez que completes tu preparación, puedes llevar tu visualización a la acción con la secuencia LAP.

¿Por qué debo usar LAP?

Gracias a nuestra investigación y a nuestro trabajo con atletas de clase mundial, directores ejecutivos y miembros de las fuerzas armadas, descubrimos diferencias psicológicas clave entre aquellos que se desempeñan en el más alto nivel y quienes no lo hacen. En primer lugar, muchas de las personas con desempeños de alto nivel son buenos para la visualización multisensorial debido a su habilidad para producir imágenes vívidas y controlar sus pensamientos, planear de manera efectiva y reflexionar con mucho detalle, lo que mejora su aprendizaje. La autorreflexión permite a las personas repasar experiencias y formular planes para superar contratiempos y acelerar el aprendizaje. En segundo lugar, las personas exitosas toman mejores decisiones en los puntos decisivos porque ven el valor a largo plazo de las pequeñas mejoras y no temen enfrentar las adversidades. En general, cuando las personas usan la secuencia LAP, se vuelven más resilientes, perseveran a pesar de los retos, son más concienzudas debido a la autorreflexión y planeación profunda, y también aseguran tener mayor control y consciencia de sí mismos. ¿Quién no querría todo esto?

Práctica de visualización: LAP (Localizar, Activar, Perseverar)

El tenista español Rafael Nadal lo resumió bastante bien cuando dijo: «Mi batalla más grande es contra las voces en mi mente». Las señales ofrecen un modo de activar la visualización y bajar el volumen de tu conversación cognitiva, lo que te permite enfocarte en la labor presente. Si miras a Nadal y a otros grandes jugadores, puedes observar directamente sus señales. Dar un golpe a la parte posterior de sus tenis, ajustar su ropa o el número de veces que rebotan una pelota antes de un saque; todo eso son señales. Estos movimientos rítmicos se convierten en rituales que mantienen a los atletas relajados e, idealmente, desarrollan un desempeño consistente. Al usar señales, los atletas activan la visualización multisensorial, y entonces pueden planear el proceso para ejecutar una tarea. Informalmente llamamos a esto *proceso de visualización aplicada* LAP —localizar la señal, activar la visualización y perseverar con el plan— y lo usamos en todos los niveles, tanto con atletas de clase mundial como con personas que quieren correr sus primeros cinco kilómetros.[5]

Al insertar señales en nuestras rutinas, podemos generar pensamientos específicos. El primer paso es enseñar a los individuos a localizar señales que detonen una pausa en el comportamiento. Esta pausa prolonga la «reacción instantánea» y amplía la duración del punto decisivo a cinco segundos en vez de los dos segundos iniciales. Con solo integrar una señal, puedes desviar el pensamiento de renunciar porque este entra en conflicto con el nuevo pensamiento integrado. Por ejemplo, si tienes un pensamiento negativo durante una competencia, una señal interrumpirá este ciclo.

Jo trabajó con una practicante de equitación cuya señal física era sentir las riendas entre sus dedos. Cuando tenía dudas respecto a la distancia de una valla, se enfocaba en la sensación de las riendas, lo que activaba el recuerdo específico de la vez que midió con maestría las distancias en una pista complicada.

Jonathan trabaja con futbolistas profesionales para formar conexiones entre señales y pensamientos.[6] La señal suele ser acomodarse las calcetas, a veces quitarse el lodo de los tacos o, en raras ocasiones, acomodarse el peinado. Esta señal activa la visualización para ayudar a los jugadores a recuperar o mantener su enfoque si los rivales llegan a anotar o si alguna jugada no resultó como debía. Es una forma de desviar las emociones y pensamientos negativos que surgen espontáneamente y convertirlos en metas de proceso técnico o táctico, como mantener la formación con los otros jugadores o tener un buen control del balón antes de pasarlo. La señal interrumpe los pensamientos negativos para que no causen una caída del desempeño.

Luego de encontrar tu señal, puedes activar la visualización multisensorial positiva e imaginar todas las sensaciones que tendrás cuando logres tu meta a corto o largo plazo. Tras experimentar esta visualización, puedes planear el siguiente paso inmediato y entrar en acción.

Andy, un jugador de tenis, usa exitosamente la secuencia LAP como rutina previa a la acción. Comienza por localizar su señal (girar su raqueta), lo que activa su visualización: recuerda brevemente su propósito (inspirar a los demás) y mira a su alrededor. Andy piensa en la importancia de esa competencia en particular y desarrolla los resultados positivos para luego ver la meta del proceso: un saque amplio seguido por un golpe de revés del oponente, la velocidad del movimiento, la sensación de impacto con el piso y la visión de la pelota al hacer contacto con la raqueta. Después, la pelota golpeando la red... y la emoción de ganar el punto. Andy repasa este proceso en su mente alrededor de cinco segundos antes de su saque y, en ese punto, se compromete con su plan. En los cinco segundos finales, lleva su atención a la acción inmediata flexionando las rodillas para relajar su cuerpo, se compromete con la acción (el proceso) y realiza el saque. Esta secuencia de eventos le permite mantenerse enfocado en el posible intercambio de tiros y comprometerse con las acciones que decidió durante la etapa de visualización, lo que le permite perseverar con el plan.

Andy usa la secuencia LAP, desde la señal, pasando por la visualización multisensorial, hasta llegar a la aceptación del plan, para maximizar un desempeño consistente y controlar su pensamiento. Desde luego, durante el intercambio de tiros, adapta su plan con base en las reacciones de su oponente; no obstante, la rutina de acción es importante porque controla tantas variantes como sea posible, incluyendo la confianza, los instintos y las reacciones potenciales. A partir de ahí, el flujo toma el control y el juego sigue su marcha.

Puedes usar la secuencia LAP varias veces al día para controlar tus pensamientos. La secuencia es específica para cada persona y cada tarea, de la misma manera que las señales personales, la visualización y los planes se refinan constantemente según las circunstancias.

Cuando usamos esta secuencia con ejecutivos de empresas, les pedimos que identifiquen las circunstancias específicas en las que necesitan enfocar su atención para completar una tarea, que a menudo tienen que ver con terminar una presentación para una próxima reunión. Después les enseñamos a elegir una señal, como sujetar una pluma o darle un trago a una bebida, a utilizar la visualización para repasar mentalmente la reunión mientras planifican los posibles retos y oportunidades, y a enfocarse en la experiencia multisensorial de una reunión exitosa. Por último, les pedimos realizar una acción que los ayude a perseverar con la tarea, como terminar una gráfica o incluso tomar un descanso breve. Los ejecutivos usan la secuencia LAP de la misma manera que los atletas, es decir, para relajarse y enfocar su atención en terminar una labor; aquellos que la utilizan reportan incrementos en su confianza y concentración, así como retroalimentaciones positivas por parte de sus equipos.

Tómate el tiempo para reflexionar, aprender sobre tus puntos decisivos y pensar respecto al uso personal que le puedes dar a la visualización. Escribe tus reflexiones en tu diario, prestando atención a las señales deliberadas y a la activación de la visualización. Procura tener el tiempo suficiente para considerar cómo aplicar la secuencia LAP y cómo agregar un significado a tu práctica de visualización. Te recomendamos incubar estas nuevas ideas, refinar tus habilidades de visualización y desarrollar los métodos que mejor te sirvan. Normalmente, la duración de esta fase de incubación con nuestros pacientes es de una semana, pero a veces puede durar más. Estamos seguros de que quieres seguir leyendo; pero, a largo plazo, te será útil hacer una pausa para reflexionar sobre las ideas relacionadas con valores, creencias, actitudes, cogniciones y la manera en que perseverarás. Intenta implementar la visualización y desarrollarla mediante el uso de señales. Créenos, valdrá la pena.

CAPÍTULO 6

REINICIO

Realmente creo que a un campeón no lo definen sus victorias, sino la manera en que se recupera cuando cae.

SERENA WILLIAMS

No se supone que debamos vivir en un estado de supervivencia. El sistema nervioso simpático rige el mecanismo de «lucha o huida» y, si no se controla, entrar en ese estado puede convertirse en una reacción habitual, lo que produce estrés crónico e hiperreactividad. Esto no solo afecta nuestro desempeño, también reduce la calidad de nuestras relaciones y nos impide tener una vida prolongada con salud óptima, buena calidad de sueño y alegría.

Por este motivo, es crucial que tengas las herramientas para reiniciar tu pensamiento. Una actividad de reinicio puede ser una caminata por la playa o en otro espacio natural donde puedas respirar aire fresco, escuchar a las aves, ver el cielo y relajarte. También puedes pasear en bicicleta como lo hacía Einstein, o llamar a un amigo, navegar en un bote, montar a caballo, leer un poema, cantar, bailar, manejar por una carretera bella, hacer yoga, escribir en un diario, meditar, etcétera.

Por desgracia, muchas personas esperan demasiado antes de llevar a cabo un reinicio. Trabajan hasta el punto de quiebre y después se toman un descanso o se van de vacaciones. Puedes darte cuenta de que ya esperaste demasiado cuando tienes dificultades para «apagar» tu interruptor interno, o peor, cuando te sientes mal justo al comenzar a relajarte y pasas los primeros días de tus vacaciones en cama.

Las vacaciones son importantes para nuestro bienestar, pero es todavía más esencial desarrollar una práctica diaria para reiniciar tu mente y reajustar la flexibilidad de tu actitud (estar abierto a nuevas posibilidades con un espíritu positivo y una actitud optimista). Cuanto más practiques los reinicios, mayor será tu habilidad para superar los pensamientos negativos y evitar el agotamiento.

Las prácticas de visualización diarias, como la secuencia LAP que tratamos en el capítulo 5, te mantienen enfocado y preparado para enfrentar esos momentos llenos de presión que ves a la distancia. Los descansos breves para reiniciar tu mente a lo largo del día también contribuyen a ello. Pero a veces nada de esto es suficiente, por ejemplo, cuando estás bajo presión, te sientes cansado y los pensamientos negativos comienzan a acumularse. Por lo tanto, podrías no ser capaz de activar tu visualización o localizar la señal que mantenga a raya las dudas y los pensamientos negativos. En esos momentos, necesitas algo más fuerte; necesitas SLAPP.

SLAPP para reiniciarte

Cuando estás atrapado en un bucle de pensamientos negativos, o la fatiga y la frustración comienzan a abrumarte, quizá la secuencia LAP no sea suficiente, así que debes agregar dos pasos adicionales importantes para reiniciarte, evitar que te enfoques en los pensamientos destructivos y así puedas actuar de manera constructiva. SLAPP es como una cachetada que te despierta o te saca de una espiral descendente. Pero no se trata de una cachetada* real, sino que simplemente

* El acrónimo SLAPP forma un juego de palabras con *slap*, que en inglés significa *cachetada*; la idea de los autores es que esta secuencia mental funciona como un golpe físico que te distrae de una cadena de pensamientos negativos. *(N. del t.).*

agregamos dos pasos a la secuencia LAP. En la secuencia SLAPP, antes de **L**ocalizar tu señal, tienes que **S**oltar lo que estés haciendo y respirar. En algunos casos, como al correr un maratón o apresurarte para cumplir una fecha de entrega próxima, no es posible «soltar», así que, en ocasiones parecidas, en vez de eso puedes «sosegarte» temporalmente.

Una vez que pares o bajes la velocidad, puedes **L**ocalizar tu señal y **A**ctivar la visualización, pero antes de **P**erseverar con el plan, insertas otro paso: **P**ostergar los pensamientos no deseados como «No puedo hacer esto», «No vale la pena» o «Debería renunciar ahora». Las emociones negativas que infestan el sistema límbico del cerebro son las causantes de los pensamientos que ponen en riesgo tu éxito. Para retomar el control de la parte lógica de tu cerebro (la corteza prefrontal), debes realizar una estrategia de represión temporal y aislar los pensamientos no deseados. Observa que no dijimos que frenes los pensamientos no deseados. Lo explicaremos en breve.

Con SLAPP, podrás manejar tus emociones y reiniciar tu estado mental *en el momento,* ya que te ayuda a recuperar el control de tus pensamientos y a redirigir tu atención hacia tu labor presente, lo que a su vez te ayuda a tomar decisiones con base en la lógica y mejora tu habilidad para cambiar los pensamientos negativos por otros positivos. El resultado es un rendimiento constante bajo presión.

Para poder usar SLAPP, primero debes darte cuenta del momento en el que un pensamiento intrusivo no deseado comienza a tomar el control. Por ejemplo, si tu motivación cae debido a una tarea complicada, tal vez quieras rendirte y, en consecuencia, le das atención a cómo luciría renunciar. Cuando este pensamiento entra en tu consciencia, te encuentras al borde del precipicio de tu punto decisivo: puedes renunciar o puedes continuar.

Si eliges continuar, es probable que de inmediato experimentes otro punto decisivo, a menos que atravieses el ciclo SLAPP y llegues a la última *P*, donde volverás a conectar con tu propósito y perseverarás.

Vamos a profundizar en estos pasos adicionales: soltar tus pensamientos y respirar (o al menos suspenderlos temporalmente y escuchar tu respiración), y postergar los pensamientos no deseados.

Soltar y respirar

En la etapa soltar (o suspender temporalmente) y respirar del ciclo SLAPP, tomas la decisión consciente de interrumpir tu patrón de pensamiento, inhalando para centrarte y siguiendo mentalmente el flujo de aire mientras llena tus pulmones y deja tu cuerpo. A menudo nuestros pacientes nos preguntan por el ritmo de la respiración. La frecuencia de tu respiración consciente en realidad es una preferencia personal y no una técnica específica probada de forma empírica, pero cuando hay necesidad, recomendamos inhalar durante cuatro segundos, mantener la respiración durante uno y exhalar por otros cuatro segundos. Aunque las investigaciones demuestran que este método es benéfico para el desempeño, el propósito principal de la respiración es pasar el centro de tu atención de los eventos externos al control interno, lo que da inicio al proceso de reinicio mental.

Luego de respirar, localiza la señal conductual que ya debería ser parte de tu rutina LAP (como girar una raqueta al jugar tenis). A continuación, activa tu visualización. Mientras aprendes a dominar esta fase del reinicio, es esencial crear un ancla emocional deliberada que produzca una visualización *motivacional* y un resultado conductual deseado: la continuación del esfuerzo. Conforme refines y adaptes tu forma de usar la visualización el proceso de activarla será más rápido y se te facilitará mantener el rumbo al sortear el punto decisivo.

Postergar pensamientos no deseados

En el *coaching* de visualización, decimos «postergar» un pensamiento en vez de «frenarlo». ¿Por qué importa? Para mostrártelo, realicemos un experimento rápido.

Piensa en un elefante rosa. Ahora deja de pensar en él. En serio. No pienses para nada en un elefante rosa. Solo para. Detente. Deja de hacerlo.

¿Dejaste de pensar en el elefante rosa cuando te lo pedimos o sucedió lo contrario?

A nuestras mentes les gusta oponerse y ser retadoras. Cuando te ordenas a ti mismo *no* pensar en algo, tu mente va a querer pensar muchísimo en eso. Pedirle a tu mente que «pare» solo va a causar una rebelión. Una de las amigas de Jo le contó sobre su disgusto por las personas derrochadoras.

—Voy a dejar de gastar dinero en cosas que no necesito —le dijo.

A Jo le pareció una idea poco realista porque su amiga ya vivía de forma austera como para proponerse un plan financiero más estricto. Al siguiente lunes, volvió a ver a su amiga, quien le contó que fue de compras al día siguiente de su conversación y gastó dinero en cosas que no necesitaba. Hizo exactamente lo que dijo que no haría.

—¿Puedes creerlo?

—Sí.

Jo sonrió al responder y ambas se rieron.

La mayoría de los «no», «nunca» y «detente» nos ponen en el camino de la resistencia. Para ser claros, la resistencia no es libertad personal, solo es hacer lo opuesto de lo que se nos dijo (nos disculpamos con cualquier adolescente que esté leyendo este libro). Romper la respuesta natural de la mente cuando se le pide algo es difícil. Para algunos (entre los cuales se encuentra uno de los autores de este libro, a quien no nombraremos), la simple idea de comenzar una dieta detona un miedo a la «carencia» y el resultado es que comen más. Para romper esos pensamientos circulares hace falta una estrategia, y nosotros recomendamos la de postergar los pensamientos (la P adicional en SLAPP).

En vez de decir solamente «¡Detente, no pienses en eso!» —que, como sabes, genera la respuesta contraria—, podemos «postergar» un pensamiento no deseado; en otras palabras, al igual que un libro, podemos dejarlo en el librero para después. No está prohibido volver a leerlo; solo lo dejamos para otro momento, de modo que no interrumpa la tarea presente. Intentar parar un pensamiento te quita energía, pero postergarlo *te da energía* para estar presente con todo tu potencial, ya sea que te encuentres a la mitad de un partido de tenis, en una presentación con la junta directiva o simplemente recuperando la concentración para leer este libro. Para ser claros, no estás diciendo que *no puedes* tener un pensamiento, solo lo estás guardando para *después*, cuando sea más conveniente tenerlo.

Postergar un pensamiento en un momento complicado te permite enfocarte en algo que puedas controlar de inmediato: tu comportamiento.

Will, un talentoso velerista de 1.93 metros de altura, experimentaba con frecuencia episodios de dolor físico al girar por mucho tiempo un cabestrante para ajustar las velas de su barco, lo cual se siente como mezclar concreto mientras este se endurece lentamente. El dolor se debía al ácido láctico acumulado en sus brazos, que luego se trasladaba a sus hombros, torso, caderas y piernas. Su objetivo era tolerar el dolor y, en sus propias palabras, «Aprender a disfrutar de vivir en el infierno». Quería navegar profesionalmente, y necesitaba controlar los pensamientos intrusivos que a menudo le decían que redujera la intensidad o, peor, que renunciara. Durante las competencias, Will no puede simplemente dejar de girar el cabestrante —eso sería lo opuesto a lo que quiere lograr—, así que, en lugar de eso, practica la «ralentización». Primero reduce el ritmo de su respiración, ajusta su postura (su señal) y luego activa su visualización, posterga cualquier pensamiento no deseado, y persevera con su plan. Avanza, aunque haya dolor, y posiciona la vela de su barco donde debe estar.

Regresa a los pensamientos que te distraen antes de la siguiente pelea

Es importante que sepas que más tarde tendrás que regresar para pensar en esa idea que suspendiste. Siempre deberías volver a los pensamientos negativos cuando sea oportuno, de lo contrario es probable que surjan espontáneamente y sin aviso mientras conduces o cocinas, y también es probable que obstaculicen los pensamientos constructivos antes de que vuelvas a intentar la misma tarea. Ya sea en los vestidores, en las regaderas o en tu oficina, repasar el motivo por el que surgió un pensamiento que pudo haberte distraído, y cómo superarlo si vuelve a aparecer, siempre será útil para prevenirlo en el futuro.

A continuación, te presentamos una recapitulación que puedes consultar rápidamente:

PRÁCTICA DIARIA: LAP

- ➜ **L**ocaliza tu señal.
- ➜ **A**ctiva tu visualización.
- ➜ **P**ersevera con el plan.

EN UN MOMENTO DE DIFICULTAD: SLAPP

- ➜ **S**uelta (o suspende temporalmente).
- ➜ **L**ocaliza tu señal.
- ➜ **A**ctiva la visualización.
- ➜ **P**osterga los pensamientos que te distraen.
- ➜ **P**ersevera con el plan.

SLAPP en acción

Para determinar la eficacia del reinicio mental FIT al trabajar con equipos, Jonathan realizó una investigación con miembros del ejército británico. Primero, los reclutas fueron sometidos a algo llamado la trituradora, una intensa prueba de resistencia física de cuatro semanas de duración que consistía en disparar tiros de precisión, trepar por cuerdas de nueve metros, atravesar un campo de asalto contra reloj y completar un ejercicio de navegación y supervivencia de varios días.

A los reclutas que superaron la trituradora se les permitió ingresar al Royal Marines Commando Course, que constaba de actividades similares, pero la prueba final era una marcha de 48 kilómetros portando equipo con un peso de 25 kilos, que debía ser completada en menos de ocho horas. A escala global, este curso se considera uno de los programas de entrenamiento militar más desafiantes, y las recompensas que los participantes obtienen al completarlo son extraordinarias: muchas opciones para avanzar en su carrera (dentro y fuera de las fuerzas armadas) y la codiciada boina verde, un símbolo internacional de excelencia. Todos los reclutas se someten al curso voluntariamente, y pueden abandonarlo en cualquier momento.

En un momento de reflexión, James, uno de los reclutas que entrenó con SLAPP, relató la forma en que aplicó la técnica.

> Al principio, dudaba del aspecto psicológico porque se trataba de una prueba física. Recuerdo que la primera vez que intenté la técnica SLAPP fue durante una carrera. Estaba a medio camino de la ruta, completamente fatigado. Mis compañeros y los oficiales habían hablado de comenzar el reinicio usando una sola respiración para centrarnos y, en mi caso, inhalé durante cuatro segundos y, con una suave transición, exhalé durante cuatro segundos. Esto me hizo recordar darle un trago a mi botella de agua, y luego imaginé el motivo por el que estaba ahí y lo que signifi-

caría para mi vida y mi familia el conseguir la boina verde. Le presté atención a ese pensamiento durante unos segundos. Me imaginé cinco años en el futuro: dónde estaría, los sonidos, los aromas, cómo me sentía. Luego postergué los pensamientos no deseados —como rendirme, el dolor leve en mi espinilla que me hacía pensar en renunciar—, y después planeé el presente: me paré derecho y me enfoqué en el largo de mis pasos. Más tarde, ese mismo día, revisé mis pensamientos negativos y fui capaz de explicarme a mí mismo que tengo la pasión y la habilidad para convertirme en un comando.

Descubrimos que los soldados entrenados con el FIT fueron capaces de esforzarse más y manejar su conversación cognitiva, lo que aumentó su tasa de éxito en 44%, en comparación con los reclutas de los dos años previos, quienes no recibieron preparación FIT. Sin embargo, usar el reinicio tiene un lado negativo, por lo que siempre informamos a nuestros pacientes que deben usarlo estratégicamente. Al entrevistar a los soldados que abandonaron el curso, algunos dijeron que, luego de usar SLAPP, fueron demasiado duros consigo mismos al esforzarse y lo hicieron con mucha rapidez, por lo que intentaron ir más allá de sus capacidades físicas actuales y esto les causó lesiones que afectaron su progreso (ahondaremos más adelante sobre el «lado oscuro» de SLAPP).

Quienes se convirtieron en comandos reportaron haber usado SLAPP con una frecuencia alta (alrededor de diez veces al día) al inicio del curso. Los oficiales nos reportaron que los soldados decían en voz alta «SLAPP» (generalmente gritándolo) al enfrentar tareas desafiantes, lo que se volvió una señal grupal para (en palabras de uno de los capitanes) «reiniciar el pensamiento, revisar, repasar y volver a comenzar». Pero el número de veces que usaron SLAPP cerca del final del curso cayó drásticamente (alrededor de una vez por día), lo que demuestra que los pensamientos intrusivos fueron menos frecuentes o al menos no requirieron un reinicio.

De forma similar, las herramientas de gestión mental SLAPP sirven para la pérdida de peso, los negocios, los deportes y la educación, lo que permite que las personas controlen sus pensamientos al alcanzar sus puntos decisivos durante una tarea. SLAPP se puede ajustar para adaptarse a tus necesidades individuales y al tiempo del que dispones, desde un reinicio rápido que cambie tu foco de atención hasta un reinicio profundo mediante un desarrollo extenso en el que imagines tu propósito, significado y acciones con detalle.

Los ejecutivos a quienes enseñamos cómo usar la técnica SLAPP para manejar sus nervios antes o durante una reunión reportaron que la usaban todos los días porque veían los beneficios inmediatos y podían transferir el uso del procedimiento para aplicarlo al manejar, durante conversaciones difíciles o en el campo de golf cuando su juego no iba como lo planearon. En todas estas situaciones, los ejecutivos aplicaron SLAPP usando la señal correcta, desarrollando siempre respecto al futuro, postergando pensamientos negativos y luego comprometiéndose con una acción planeada con anticipación, ya sea conducir de forma sensata, comunicarse con empatía o controlar sus emociones al golpear una pelota de golf. Este proceso de reinicio promueve el pensamiento lógico y las acciones proactivas en lugar de las respuestas emocionales y las conductas poco constructivas.

María, una asistente ejecutiva (AE), recibía y debía responder alrededor de ochenta correos por día, muchos de ellos eran groseros. Ella nos contó lo siguiente:

> Al ser AE, recibo muchos correos; es parte de mi trabajo. Si yo puedo responder, lo hago de inmediato, pero si necesito la respuesta de alguien más, como un intermediario, entonces por lo general envío un correo de aviso que diga algo como «Lo consultaré y le tendré una respuesta tan pronto como sea posible». Lo molesto es que a menudo termino entre dos personas: una que quiere una respuesta inmediata y otra que no sabe lo que es la prisa. Esto significa que a mí me toca cargar con la molestia

de las personas que deben esperar por una respuesta y de aquellas a las que debo insistir por una respuesta

Maria usaba la técnica de reinicio SLAPP cuando recibía «correos ofensivos». Comenzaba por *soltar* sus pensamientos para tomar un respiro que la ayudara a centrarse, colocando sus manos sobre la mesa con calma, que era su forma de *localizar* su señal al enfocar su atención en sus manos. Luego *activaba* la visualización positiva, generalmente imaginando que está acostada sobre una suave toalla blanca en una playa mientras leía un libro, así *postergaba* los pensamientos negativos y los calificaba como «emociones no deseadas a causa de un correo». Por último, se comprometía de nuevo con brindar un servicio amistoso —ella *perseveraba*— y planeaba cómo responder con profesionalismo.

Diversos ejecutivos, como directores generales o vicepresidentes, reportan que el proceso mejoró su consciencia personal y autocontrol y, con ello, su confianza y la consistencia de su desempeño. El director general de una organización multimillonaria dijo que SLAPP le dio «una mayor claridad respecto a mí y mi equipo [...] al usar esta técnica en el momento exacto, reconozco los pensamientos negativos y eso de verdad ayuda a mi bienestar y, como suele decirse, a "controlar lo que depende de mí"». Cuando la visualización se convierte en un hábito, surgen otros beneficios emocionantes. Nuestros pacientes reportan que la calidad de su sueño mejora, se reduce su estrés y tanto las relaciones personales como profesionales se ven beneficiadas.

En el ámbito educativo, trabajamos con estudiantes de entre 15 y 18 años a punto de realizar exámenes. El uso de la visualización con jóvenes puede ser complicado si no tienen metas específicas, por lo que comenzamos —como de costumbre— examinando sus metas, valores, mentalidad y actitudes. Algunos estudiantes percibían que sus metas profesionales estaban fuera de su alcance, y esto reducía su motivación. Por ejemplo, un estudiante quería ser abogado, pero obtuvo calificaciones bajas en su examen de prueba más reciente y, como resultado, dejó de perseguir su sueño. Es común ver este comportamiento de «abandono inmediato» en el ámbito educativo. Tan solo un par de malas calificaciones bastan para que la motivación de un estudiante pase de estar bien enfocada a estar totalmente perdida. Si bien algunos profesores ayudan a los estudiantes a enfrentar las creencias negativas que surgen tras un mal desempeño, otros no actúan de ese modo. Por esta razón, comenzamos nuestro trabajo con el FIT en el ámbito educativo, explorando las metas y motivaciones de los estudiantes con el fin de asegurar que todos tuvieran una meta conectada con un sentido claro de significado y propósito. Los estudiantes practicaron la secuencia LAP durante una semana antes de refinar sus habilidades de visualización con SLAPP. Para adaptarla a la situación de sentarse a responder un examen, modificamos la última *P* de «perseverar» a «participar».

Con SLAPP, les enseñamos a los estudiantes a reiniciarse durante un examen de la siguiente manera:

- **Suelta tu pensamiento y respira.** Siente cómo el aire entra y sale de tu cuerpo.
- **Localiza tu señal.** Pon tu pluma en la mesa unos segundos.
- **Activa tu visualización.** Piensa en una ocasión en la que respondiste una pregunta similar. ¿Dónde estabas? ¿Puedes recordar algún sonido o sensación? ¿Qué puedes ver? Intenta recrear lo que ocurrió y cómo te sentiste. Traza lo que puedas e imagina lo que puedes hacer ahora para responder la pregunta.
- **Postergar pensamientos indeseables.** Ponlos en el librero y revísalos hasta después de terminar el examen.
- **Participa.** Toma tu pluma y comienza a responder.

Aprendimos mucho de los estudiantes. Annie tenía muchos problemas para responder preguntas en forma de ensayo durante su examen de prueba de inglés, así que refino la técnica SLAPP y desarrolló su propia versión. Notó rápidamente su detonante: leía una pregunta y su mente se quedaba en blanco, su ritmo cardiaco aumentaba, sus palmas sudaban y de inmediato se sentía fuera de control. Intentó la indicación de «soltar y respirar», pero se dio cuenta de que en vez de eso prefería hacer una revisión corporal llevando su atención hacia sus pies, colocándolos rectos sobre el piso para luego sentarse derecha en su silla. Esta era su señal para activar la visualización. Annie se imaginaba sentada en el salón donde originalmente había aprendido el contenido del examen. En su mente, trazaba el salón, incluyendo los carteles y frases de genios literarios que cubrían las paredes. Pensaba en alguna ocasión en la que había respondido una pregunta similar, y este proceso le permitía planear de manera más efectiva y dejar de sentir emociones como estrés y miedo en esa situación que, a fin de cuentas, solo era un día más en la escuela. Annie se recordaba a sí misma postergar cualquier pensamiento indeseable y enfocarse en estar presente. Luego planeaba la pregunta anotando lo que iba a responder. Tú, como Annie, también puedes crear tu propia versión del proceso SLAPP refinando y desarrollando lo que mejor funcione para ti.

De hecho, ella no fue la única que modificó la secuencia para ajustarla a sus necesidades, sino que cada estudiante usó el proceso de manera diferente. Mientras unos, como Annie, recrearon mentalmente el salón donde originalmente habían aprendido la información, otros reproducían mentalmente una película en la que se veían a sí mismos respondiendo la pregunta en su propio cuarto, o imaginaban que platicaban sobre el examen con su familia o sus amigos más tarde. La mayoría de los estudiantes pudo activar la visualización rápidamente durante unos segundos, pero eso les permitió recalibrar, prevenir pensamientos catastróficos, disminuir su ansiedad y aumentar su desempeño durante un examen.

Nuestra investigación incluyó una muestra de 122 participantes distribuidos en tres escuelas y concluyó que era probable que los estudiantes que recibieron entrenamiento de visualización obtuvieran calificaciones en promedio 0.4 puntos por encima de los estudiantes de otros grupos.[1] Aunque parece poco, esta diferencia en las calificaciones es importante para los estudiantes porque significa que quienes antes apenas alcanzaban una calificación inferior a 8 ahora podrían obtenerla.

SLAPP es un complemento para LAP. Primero debes usar LAP diariamente para obtener los beneficios del reinicio. Por lo general, enseñamos el proceso SLAPP al menos dos semanas después de enseñar LAP; para ese momento, la retroalimentación de nuestros pacientes indica que su práctica de visualización se ha vuelto un hábito diario. El proceso LAP es donde se lleva a cabo la planeación de manera formal, y SLAPP es cuando te apropias del proceso y ajustas el método de reinicio hasta que sea apropiado para ti.

El lado oscuro de SLAPP

Nuestros datos en los ámbitos deportivo, empresarial y militar indican que quienes utilizan SLAPP incrementan su nivel de resiliencia y determinación, alcanzan sus metas y luego establecen nuevas. Sin embargo, su uso no siempre es la mejor elección para toda situación.

La determinación, la perseverancia y el trabajo duro son cualidades admirables, pero también tienen un lado oscuro. Ser demasiado resiliente, demasiado determinado y estar demasiado enfocado en una meta puede ser perjudicial, por lo que es importante saber cuándo parar. Por ejemplo, es normal que el malestar aparezca y desaparezca al correr distancias largas, pero cuando el dolor se vuelve persistente, podría ser mala idea pasar la atención del dolor a la señal para activar la visualización, postergar los pensamientos y seguir corriendo, en especial si estás a punto de sufrir una lesión o ya estás lesionado. En momentos como estos, debes «escuchar» a tu cuerpo y reconocer sus límites.

Para que se protejan contra conductas potencialmente autodestructivas al perseguir una meta, recomendamos que las personas solo usen la técnica SLAPP cuando tengan una gran necesidad de reiniciar su pensamiento. Gracias a nuestra investigación con corredores de ultramaratón, descubrimos que no requieren un reinicio hasta después de algunas horas y, al necesitar un impulso final para llegar a la línea de meta, usaron el método frecuentemente de forma exitosa.

Realineación

Cuando te sientes fuera de balance —debido a molestias, estrés, ansiedad o frustraciones—, sabemos que es una señal de que al menos deberías tomarte un respiro. También podría ser indicativo de que deberías renunciar, por lo cual es vital que entiendas la diferencia. Para determinar tu rumbo, tómate un momento para realinearte, es decir, revaluar tu meta en relación con tu propósito y tus valores. Si decides que la meta no está alineada con quién eres, entonces puedes rendirte bajo tus propios términos. La decisión de realinearte no se toma en un punto decisivo, sino que es más bien un momento de análisis del propósito: un proceso interior lento de afirmación lógica. Algunas personas renuncian porque ya no le ven valor a la búsqueda de una meta. Quizá comenzaron completamente comprometidos, pero con el paso del tiempo sus prioridades, sus valores y su sentido de propósito cambiaron.

Para evitar el agotamiento por avanzar accidentalmente hacia metas obsoletas, puedes agregar a tu calendario recalibraciones regulares (por ejemplo, una vez al mes) y usar ese tiempo para revaluar tus valores y tu propósito. Observa si tu meta original sigue siendo relevante para ti. No es necesario programar estas revisiones, pero sí debes ser consciente de las reacciones internas ante tus respuestas. Si notas detonantes como ansiedad constante, enfermedades continuas o una falta de compromiso y motivación, puede ser señal de que hace falta una realineación. En momentos así, reflexiona sobre tus valores, tu propósito y el significado de tu meta, y restablece tu nivel de compromiso.

Linda, de 36 años, había trabajado casi toda su vida para llegar a donde estaba: era la jefa del departamento de matemáticas en una gran escuela estatal. Tenía seguridad laboral, un ingreso estable, una familia feliz, un equipo proactivo y la autonomía que anhelaba. Se había embarcado en el viaje hacia su meta a los 16 cuando su asesor de carrera le sugirió los cursos que debía tomar, y trabajó muy duro para que su sueño se volviera realidad. En la universidad, disfrutó el camino que había comenzado y formó amistades duraderas con quienes todavía tiene contacto hoy en día.

No obstante, luego de alcanzar su sueño, Linda decidió que ya no quería seguir enseñando.

—No tomé la decisión de la noche a la mañana —nos dijo—. Fue un sentimiento que se fue desarrollando con el tiempo. Dentro de mí había una idea diferente de quién soy, una forma diferente de vivir mi vida. Pensaba que lo que soy ahora es diferente a lo que era en la adolescencia. Ya no es como en los viejos tiempos cuando las personas tenían un trabajo para toda la vida. Mi mamá trabajó en finanzas. Comenzó en finanzas y ahí terminó. Pero los tiempos cambian; puedo tener varias carreras y reinventarme para ajustarme a mis metas actuales.

Linda sabía que debía tomar una decisión importante. ¿Cruzaría el Rubicón del momento de fuga? Hizo lo que cualquier profesor experimentado haría: desarrolló una lista de pros y contras en su pizarrón, luego habló con su familia y se comprometió con su plan. Comenzó por solo dar clases medio tiempo para poder obtener algo de experiencia. Su nueva meta era volverse instructora de ejercicios, por lo que comenzó a ser compañera de su amiga Debbie, y un año después obtuvo su certificación. Dos años más tarde, ya como instructora de ejercicios, Linda dijo:

Fue completamente la decisión correcta. La tomé de manera lógica y estaba al tanto de los beneficios y contratiempos. Sabía que era muy raro que las condiciones sean mejores en otro lugar, por lo que planeé de tal forma que mis expectativas fueran moderadas, como hacerlo por etapas —primero trabajé para alguien más antes de volverme independiente porque hay una curva de aprendizaje— para crear una marca, un sitio web, encontrar un espacio para trabajar y luego contratar a otros. Pero vale la pena porque cuido mi salud y la de otras personas, y quiero mantenerme en forma. Es algo que me apasiona. A cualquiera que se sienta así le diría: si conoces esa sensación de parar y redirigir tu atención, hazlo, pero asegúrate de que sea lo correcto para la persona que eres en el presente y la que quieres ser en el futuro.

El siguiente nivel

Ahora que has tenido la oportunidad de practicar sorteando los puntos decisivos y realizando reinicios por cuenta propia, vamos a mostrarte cómo puedes usar esta habilidad para colaborar con otros y alcanzar metas compartidas.

Sabemos que, cuando dos o más personas imaginan juntas, trabajan en conjunto para conseguir una meta y usan LAP y SLAPP. Además, la creatividad surge, se detona la pasión y ocurren cambios con propósito y significado. Por este motivo, desarrollamos un modelo que lleve el entrenamiento de visualización, y toda la magia que libera, más allá de lo individual, hacia lo colectivo. En los primeros seis capítulos, nos enfocamos en la voz dentro de tu mente. Ahora es momento de enfocarnos en las voces fuera de tu mente: las de tus equipos y tu comunidad. Es hora de amplificar no solo tu persona, sino también tu impacto en el mundo.

TERCERA PARTE

VE MÁS ALLÁ

CAPÍTULO 7

ENTRENAMIENTO DE VISUALIZACIÓN APLICADA GRUPAL

Los buenos equipos se vuelven grandes equipos cuando sus miembros confían en que todos abandonarán la individualidad en favor de la comunidad.

PHIL JACKSON

Aunque la era digital ha producido una mayor conexión, nos sentimos más desconectados que nunca. En el mundo moderno, fomentar la conexión humana en todos los niveles es más que esencial, resulta urgente si queremos resolver los retos globales que enfrentamos. Más allá del desempeño personal, podemos usar el FIT para cultivar la conexión, colaboración e innovación en grupos. Es más difícil aplicar la visualización dentro de los grupos porque hace falta que estos desarrollen sincronicidad y claridad, y rindan cuentas. Para llegar a ese punto, los grupos necesitan definir su *identidad de equipo* —lo que los hace únicos al trabajar para alcanzar una meta compartida— y pulir esta definición mientras desarrollan procesos de visualización deliberados para crear planes e intenciones que culminen en acciones.

Al igual que con tu viaje personal de visualización, el trabajo de visualización en equipo debe superar el *statu quo* automático de la mente humana, y tiene que ir más allá de los métodos ya conocidos para establecer metas, valores y propósitos compartidos, además de descubrir cómo influirán estos en la manera en que cada persona funciona como individuo en una cultura colectiva.

Originalmente, el FIT fue diseñado para que un profesional trabajara con un paciente. Si eres un *coach* o un terapeuta que trabaja en un consultorio privado (o lo hiciste alguna vez), puedes entender lo diferente que es trabajar con grupos, en comparación con el trabajo que se realiza con un solo paciente. Cuando Jonathan comenzó a adaptar el FIT para equipos, no lo hizo con un grupo de universitarios graduados o que aún estudiaran, como es la norma en las investigaciones académicas, sino que hizo la transición al trabajo grupal con un equipo de futbol de Reino Unido que llevaba una larga racha perdedora, liderado por un terco entrenador llamado Bryan, quien solo prestaba atención a estadísticas.

Cuando Bryan llamó a Jonathan, su equipo ya había perdido siete partidos consecutivos. El ánimo estaba por los suelos y el entrenador había agotado todas las estrategias tradicionales para que sus jugadores superaran el obstáculo mental de lidiar con la derrota y poder romper la racha perdedora. El problema parecía surgir del terreno mental/emocional, porque el equipo era técnica y tácticamente excelente; tenían las habilidades para ganar partidos, pero no estaban en sincronía.

Bryan eligió el lugar donde se encontraría con Jonathan: una cafetería poco iluminada, muy diferente al estilo bullicioso de moda; un lugar más bien sensato y a la antigua, con un fuerte olor a granos de café tostados. Esa mañana, Jonathan buscó información de Bryan en Google, y apenas lo reconoció en la cafetería cuando por fin lo vio sentado en una de las esquinas al fondo. Bryan vestía una camisa tipo polo de Hugo Boss, jeans y una gorra inclinada para ocultar parcialmente su cara, como si fuera un agente encubierto.

Durante la conversación, su tono fue contundente, y el mensaje, claro y directo:

—No te voy a pagar nada a menos que cumplas —dijo—. Tienes hasta el final de la temporada, y si nos ayudas a subir de división, haré que valga la pena.

La mayoría de los jóvenes estudiantes universitarios atrapados bajo el peso de una tesis dirían «Gracias, pero no, gracias». Pero todos los que conocen a Jonathan saben que él ama los retos.

Jonathan le dio un trago a su café e hizo una larga pausa para controlar su ritmo cardiaco.

—Claro, suena bien. Podría ser un capítulo de mi tesis. ¿Cuándo comenzamos?

El trabajo comenzó al día siguiente.

Esa temporada, Jonathan realizó 19 sesiones personalizadas para cubrir las necesidades del equipo, enfocadas en sus valores, su visión y en encontrar el modo de manejar el estrés y las emociones, y ayudó a cada jugador a desarrollar una identidad individual junto con un sentido de pertenencia más sólido dentro del equipo. Estas sesiones formaron parte de un programa más amplio que tenía por objetivo mejorar la comunicación y formar un legado del que los jugadores pudieran estar orgullosos. Además, trabajó 82 horas más con los jugadores de forma individual o en pequeños grupos (no más de cuatro jugadores) para enseñarles visualización y a desarrollar señales compartidas que activaran la comunicación y mejoraran el esfuerzo en momentos complicados.

Luego de la primera sesión grupal, que duró casi dos horas, el equipo consiguió mantener una racha ganadora de 14 juegos que los colocó entre los tres mejores equipos de la división. En consecuencia, el equipo ascendió y Jonathan se convirtió en su director de investigación.

Jonathan no siente que merezca el crédito por el éxito del equipo. Él no eligió al equipo, no estuvo involucrado en los planes de juego ni dio un solo paso en la banca. Los jugadores y entrenadores trabajaron duro, y Bryan fue el líder que se abrió a una nueva forma de imaginar los puestos, la comunicación, las estrategias y el trabajo en conjunto.

El equipo cambió su cultura. Pese a su malestar, crearon una actitud ganadora que los contagió, desafiaron sus creencias y actuaron con base en lo que aprendieron. Al enfrentar los obstáculos, usaron la visualización para encontrar juntos una solución: imaginaron lo que harían sus oponentes, cómo podrían beneficiarse de sus fortalezas, desarrollar un plan de juego y establecer formas de reagruparse y reiniciarse bajo presión. Por medio de la experimentación, encontraron nuevas formas de comunicarse y apreciarse mutuamente. Fueron creativos y se sintieron empoderados y conectados. Su ventaja como equipo fue tener una meta compartida y trabajar juntos usando la visualización.

Desde el trabajo realizado con ese equipo de futbol, adaptamos el FIT para usarlo con otros equipos deportivos, fuerzas armadas, estudiantes, maestros y grupos corporativos, algo que no siempre ha sido sencillo. Al usar el FIT con individuos, formar una buena relación entre el profesional y el paciente es una tarea simple. Podemos sentarnos con una persona cara a cara y tener muchas conversaciones significativas en las que podemos examinar sus valores, mentalidad y actitudes para luego ayudarla a enfocarse en una meta personal específica como requisito previo antes de comenzar el entrenamiento de visualización. Este proceso se complica cuando un profesional trabaja simultáneamente con cinco personas, o cien o más. No solo hay más limitaciones de tiempo para hablar con cada individuo, sino que cada participante tiene su propia personalidad y sus propias habilidades de visualización, y todos se esfuerzan de forma diferente para refinar esas habilidades. Por esta razón, la estructura básica del FIT para equipos es la misma que la del FIT para individuos, pero el proceso de alcanzar un reinicio grupal y de superar un punto decisivo en conjunto es diferente.

Adaptamos el enfoque del FIT personal (entrevistas motivacionales con visualización) —donde los individuos calibran sus valores nucleares y los usan para crear metas específicas— en una versión para equipos que llamamos Visualización Aplicada para la Motivación (AIM, por sus siglas en inglés).[1]

Mientras que LAP y SLAPP son técnicas individuales cuyo resultado es el remplazo de un pensamiento intrusivo por uno que lleve a alcanzar una meta, el objetivo general de AIM es llegar al lado correcto de un punto decisivo *antes de comenzar* una labor. Para lograrlo, usamos la visualización grupal para planear con detalle.

Hemos tenido el mismo nivel de éxito con el AIM para equipos que con el FIT para individuos. Al comparar el modelo AIM para usar solo las entrevistas motivacionales en equipos, descubrimos que el modelo es entre cuatro y cinco veces más efectivo para promover cambios conductuales duraderos en resultados de desempeño y salud, tales como el apego al ejercicio.[2] Al ser los únicos practicantes de este enfoque, lo refinamos para que funcione con equipos en diversos sectores, desde las fuerzas armadas hasta la educación. Independientemente de la forma en que lo presentemos, las bases y los procesos son los mismos.

Al trabajar con equipos, la meta conjunta siempre es el objetivo central, y la visualización es el medio por el cual se genera motivación y compromiso. El AIM se divide en cinco segmentos: calibración del equipo, definición de una meta conjunta, visualización en equipo, acción y revisión del proceso.

El siguiente diagrama ilustra estas etapas. Una vez que un equipo completa todo el ciclo, es necesario realizar un ciclo adicional debido a cambios de personal o de metas. Las repeticiones del ciclo deben seguir hasta que el equipo obtenga uno de dos resultados: o redefinen una meta en común porque reconocen que la meta inicial no se puede lograr, o alcanzan dicha meta.

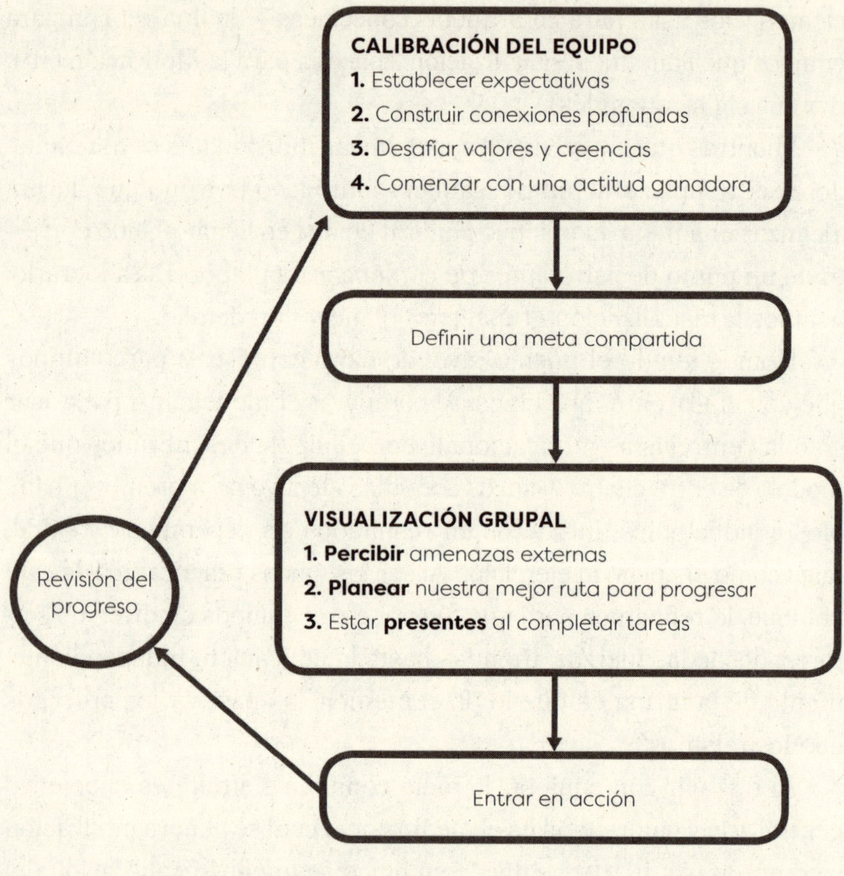

Segmento 1. Calibración del equipo

La formación de una meta compartida nunca debe apresurarse. Primero debemos construir cimientos fuertes y realizar una exploración de las motivaciones. A esto le llamamos calibración del equipo. Es un proceso intenso, sobre todo con metas organizacionales grandes y a largo plazo, y saltarlo equivaldría a intentar construir un rascacielos usando millones de naipes.

Antes de ayudar a un equipo a crear una meta conjunta, trabajamos con ellos en cuatro talleres diferentes para desarrollar cuatro elementos fundamentales. *Establecemos las expectativas* para crear el entorno y definir los requisitos del equipo. Con el fin de mejorar la comunicación y el sentido de pertenencia, *construimos conexiones profundas.* Por otro lado, *desafiar los valores y las creencias* permite que los equipos profundicen sus lazos al definir una personalidad única, y *comenzar con una actitud ganadora* incrementa la consciencia personal y la motivación.

Primer elemento fundamental: establecer expectativas

Los humanos son criaturas sociales que buscan entender el mundo a su alrededor y adaptarse a él. Las expectativas claras crean normas sociales, estas son los componentes importantes de un grupo altamente funcional porque crean la sensación de seguridad. Los profesores de los cursos universitarios de Trabajo Social, como los de la Universidad de Nueva York, donde estudió Jo, enseñan a los estudiantes desde el primer día a comunicar las reglas por adelantado cuando trabajan con grupos, ya que esto deja listo el escenario para todo lo que vendrá después. El siguiente ejemplo presenta las cinco reglas básicas que se pueden usar con prácticamente cualquier grupo o equipo: (1) El trabajo comienza puntualmente a la hora acordada. (2) Todo lo que se diga en el grupo se queda en el grupo. (3) Solo una persona habla a la vez. (4) Todas las opiniones merecen respeto. (5) Todos somos responsables de asegurarnos de que el grupo funcione bien.

En todo ámbito, desde matrimonios hasta emprendimientos comerciales, deben establecerse expectativas claras al comienzo, de lo contrario es más probable que la comunicación y el conflicto se compliquen. Si estás en la misma reunión que tus compañeros, pero tus expectativas son más altas o bajas que las de los demás, te sentirás frustrado. Nunca *asumas* que todos piensan lo mismo que tú y sé consciente de que la manera en la que te muestras determina lo que los demás esperarán de ti. Los pequeños detalles importan; todo, desde la ropa que vistes hasta los chistes que cuentas, crea expectativas.

Sé muy cuidadoso con la primera impresión que das. Las primeras impresiones son duraderas porque es lo primero que se registra en el banco de la visualización y, por ende, definen lo que se esperará en reuniones futuras.

Segundo elemento fundamental: formar conexiones profundas

¿Alguna vez has participado en una actividad de formación de equipos? Ya sabes, donde se rompe el hielo, se forman pequeños grupos y hay un moderador que te guía por algunos ejercicios con la intención de formar lazos con tus colegas. Cuando comenzamos a aplicar el modelo FIT con grupos, nosotros éramos los moderadores que llegaban con tareas sobre valores, ejercicios de formación de equipos y juegos para generar conexión. Pero descubrimos que esas estrategias no eran tan efectivas como conectar con los individuos a través de conversaciones significativas a través del modelo FIT original. Varios de los ejercicios que realizamos, especialmente en ámbitos corporativos y educativos, no tuvieron éxito para formar conexiones duraderas.

Por ejemplo, realizamos ejercicios donde los grupos debían cruzar un río imaginario con objetos específicos, construir la torre de espagueti más alta con un bombón en la cima y guiar por un laberinto a compañeros que tenían los ojos vendados. Estos ejercicios mejoraron la comunicación entre los grupos durante la tarea en cuestión, pero no mejoraron las relaciones. Lo único que lograron formar fue lo que llamamos una conexión superficial.

Luego realizamos otro ejercicio donde los participantes debían formar parejas con el fin de profundizar el nivel de conexión, pasando de lo superficial a lo significativo mediante el intercambio. Le pedimos a cada par conversar sobre algo que tuvieran en común (por ejemplo, tener un perro); pero, extrañamente, la tarea redujo las probabilidades de que las personas compartieran sus creencias, y como el proceso de visualización compartida solo funciona cuando hay conexiones significativas, decidimos cambiar nuestro enfoque.

Daniel Coyle, escritor y consultor de rendimiento para organizaciones deportivas y comerciales, nombró bucle de vulnerabilidad al proceso de crear conexiones significativas. Todos los involucrados en el proceso (incluido el profesional que lo aplica) deben compartir algo que revele cierto nivel de vulnerabilidad. El bucle de vulnerabilidad crea apertura, la cual da forma a las conexiones profundas.

Cuando Jo se ofreció a dar una charla en la Central High School de Miami, descubrió una nueva comprensión del poder de la vulnerabilidad para crear confianza dentro de los grupos. Lo que originalmente sería un acontecimiento puntual terminó por convertirse en un viaje de cuatro años.

En 2008, la Central High School era una de las peores escuelas de Miami. El estado de Florida le había dado calificaciones reprobatorias de manera consistente, lo que significaba la posibilidad de que la escuela cerrara permanentemente. Los estudiantes se sentían abandonados y creían que tendrían que aplazar sus sueños. Con base en lo que veían a su alrededor, pensaban que la única manera de salir de la pobreza era convertirse en estrellas de futbol americano.

En cuanto se acercó a la escuela, Jo se sintió tensa. Rodeada por una cerca metálica con alambre de púas, el recinto parecía más una prisión que una preparatoria. Había llegado ahí a petición de Switchboard of Miami (una organización sin fines de lucro que ofrece asesorías y otros servicios para adolescentes en condiciones de vulnerabilidad), donde era voluntaria. Visitó la preparatoria como oradora invitada para un grupo de estudiantes LGBTQ. Jody Dempsey, coordinadora de proyectos de Switchboard, recibió a Jo en la estación de los guardias de seguridad y la guio por los sombríos pasillos color azul industrial. Cuando sonó la campana, un torrente de estudiantes salió al pasillo gritando entre sí mientras los guardias de seguridad ordenaban guardar silencio.

Era algo muy distinto a lo que Jo había vivido en su preparatoria católica privada. Dudaba que tuviera algo en común con los chicos a los que daría la conferencia, además de ser gay, y suponía que eso no bastaría para trascender las barreras de raza y clase social.

Estaba ansiosa por salir del ruidoso pasillo y se sintió aliviada cuando por fin llegó a un salón de clases; pero, en cuanto abrió la puerta, su esperanza de encontrar un refugio se desvaneció. El frío y oscuro salón era demasiado grande como para que los estudiantes tuvieran una reunión íntima donde pudieran compartir historias personales. Olía a moho y parecía que el techo se derrumbaría en cualquier momento tras años de daños causados por fugas nunca reparadas.

Mientras Jody repartía algunos formularios, Jo se enfocó en su respiración para no salir corriendo hacia su coche. Jody la presentó como su nueva líder de grupo y el estómago se le revolvió todavía más porque le había dicho a Jody que consideraría dirigir al grupo, pero todavía no se había comprometido. Hasta donde sabía, no iba a dirigir todo el taller, solo iba a dar una charla. Jo estaba aterrada. Lo único que evitó que demostrara su malestar fue el miedo: pensó que, si los estudiantes percibían alguna vulnerabilidad, se la comerían viva.

Jo se forzó a hablar. Les contó que era lesbiana y que tenía una pareja y dos hijos. Les habló de lo difícil que fue para sí misma, para sus amigos y para su familia aceptar su sexualidad. En vez de sentirse segura ocultándose, Jo se permitió ser honesta y vulnerable con los estudiantes, quienes la escucharon y conectaron con lo que decía. Jody consultó a los estudiantes para saber si tenían preguntas. La primera la hizo una chica en la fila del fondo.

—¿Eres gay pura o eres bilesbiana?

Jo no entendió, así que la estudiante le explicó: gay pura era 100% lesbiana y bilesbiana era bisexual.

—No sé —respondió Jo—, no me he hecho la prueba de sangre.

Todo el salón soltó una carcajada y Jo de inmediato se sintió menos tensa. También usó la pregunta como una oportunidad para hablar sobre etiquetas y cuestionar la necesidad de etiquetar a los demás. Durante las siguientes semanas, Jo continuó visitando la preparatoria y compartiendo sus experiencias con los inspiradores y resilientes estudiantes de su grupo. Juntos derribaron estereotipos y construyeron confianza entre ellos.

La consistencia y la estructura son esenciales para establecer confianza y conexiones profundas. Una de las expectativas que Jo estableció desde el inicio fue que solo el estudiante que tuviera una pelota en las manos podría hablar. Como la veían caminar por la escuela con una pelota de playa, los guardias y maestros pensaron que era profesora de gimnasia y nunca corrigió esa suposición porque así había más seguridad para ella y sus alumnos. Pese al anonimato, algunos de los estudiantes fueron golpeados de camino al salón donde se reunían o al salir de él.

El grupo duplicó su tamaño, pasando de veinte a casi cincuenta estudiantes en dos años, y también cambiaron su nombre de Sexual Minority Group (elegido por Switchboard; en español, Grupo de Minorías Sexuales) a Strong Teens (elegido por los estudiantes; en español, Adolescentes Fuertes). Era un espacio seguro y enriquecedor.

Estrella era una chica retraída y silenciosa que se unió al grupo. Llegó con lentes de sol y una gorra puesta al revés, y durante una semana se sentó lejos de los demás, con su silla en dirección hacia la puerta. Jo la dejó permanecer en silencio y apartada porque creía que un día se sentiría lo bastante segura como para contar su historia y, cuando lo hizo, todos en el salón lloraron. Estrella se volvió una líder admirada por los demás estudiantes. Con el paso del tiempo, reveló su sentido del humor, lo que agregó una sensación de ligereza a todo el grupo, y su vulnerabilidad hizo que otros se permitieran ser vulnerables. Aunque las actividades varían, la meta final es la misma —desarrollar conexiones profundas—, ya sea que trabajemos con estudiantes de preparatoria, fuerzas armadas, equipos deportivos o corporaciones. En todos los contextos, la vulnerabilidad forma conexiones profundas.

Durante el trabajo que Jo realizó con los estudiantes, tuvieron que pasar meses para que esa conexión profunda se desarrollara. Cuando trabajamos con fuerzas armadas, equipos deportivos u empresas, con frecuencia no tenemos el lujo del tiempo. En esos grupos pedimos a los miembros que mencionen su canción de karaoke favorita para que canten un verso frente al grupo (algunos cantan más de uno con mucho entusiasmo). Las canciones que escuchamos con más frecuencia, en orden ascendente son *Wonderwall*, de Oasis; *Livin' on a Prayer*, de Bon Jovi, y *Don't Stop Believin'*; de Journey. Desde luego, algunas personas no tienen una canción de karaoke específica al principio, pero es seguro que al final del ejercicio la tengan. Cantar una línea de tu canción favorita no es lo mismo que describir tus experiencias personales más íntimas y hasta traumáticas, pero te hace sentir vulnerable, y lo que importa es la vulnerabilidad.

Los ejercicios de vulnerabilidad desarrollan conexiones profundas y, cuando estas se establecen entre las personas, es más probable que se pidan ayuda mutuamente. Luego de realizar la actividad de karaoke con soldados, los oficiales instructores reportaron que sus cadetes comenzaron a hacer más preguntas a sus colegas sobre el entrenamiento, cuando antes no se comunicaban respecto a tareas difíciles. Los soldados comenzaron a pedir ayuda con labores complicadas, como aprender a navegar en la oscuridad, a nadar con equipos pesados, a recuperarse luego de una sesión de ejercicio intensa y a manejar el estrés. Estas conversaciones fomentan el ciclo de vulnerabilidad (tú compartes, yo comparto), lo que mejora la comunicación y promueve un desempeño exitoso.

Compartir con las personas a tu alrededor algo que te haga salir de tu zona de confort fomenta la vulnerabilidad, la sensación de exponerte al abrirte y ser honesto. Este «algo» puede ser tan simple como describir alguna ocasión en la que no pudiste lograr una meta importante, como no ser elegido para un puesto laboral. Esta fase inicial hace que las personas se involucren en una conversación general, y más importante aún, establece el tono para que los miembros del grupo se sientan lo bastante *seguros* como para compartir opiniones respecto a metas realistas (e importantes), discutir sobre obstáculos y dificultades, y desarrollar amistades. Los ambientes seguros crean las bases sobre las que se pueden construir culturas de alto rendimiento resilientes.

Si bien las conexiones profundas ayudan a los miembros de un grupo a relacionarse entre sí, definir y seguir los valores del equipo y de la organización fomenta la identidad de grupo y la pertenencia.

Tercer elemento fundamental: desafiar valores y creencias

Una vez que se realiza el trabajo fundamental de formar lazos y establecer expectativas en el grupo, puedes comenzar a explorar y desafiar los valores y las creencias, que se establecen al realizar ejercicios sobre valores, como los diseñados por William Miller (quien desarrolló las entrevistas motivacionales) y sus colegas. Le damos a cada grupo (de cinco a diez personas) la misma lista de 83 valores que aparece en el capítulo 2 de este libro. Cada grupo separa los valores uniformemente en tres columnas con base en sus preferencias: muy importantes para nosotros, algo importantes y no importantes.

En el capítulo 2, identificaste tus valores personales mediante un método similar. Para completar este ejercicio por grupos, los miembros del equipo debaten la importancia de cada valor entre sí hasta que todos deciden el orden de los valores dentro de las columnas. La discusión revela las creencias de los miembros del grupo respecto a los valores que tratan de justificar. Si un miembro cree que un valor es importante, es probable que lo defienda, y si no lo es, no lo hará. Una vez que cada grupo coloca los 83 valores en sus respectivas columnas, la siguiente tarea es acomodar por orden de importancia los diez primeros valores y los diez últimos, y compartir su lista con los otros grupos.

En una ocasión, al trabajar con 47 ejecutivos, dividimos el conjunto en diez subgrupos de alrededor de cinco personas cada uno, les pedimos completar el ejercicio de valores y luego le pedimos a cada subgrupo revelar sus diez valores más altos. Siempre hay similitudes entre los subgrupos, como familia y salud, pero nos interesan más los valores que pueden ponerse en acción como equipo. Si el valor grupal es la salud, les preguntamos a los miembros cómo llevan un estilo de vida saludable al trabajar como equipo, por ejemplo, comer almuerzos nutritivos o ejercitarse antes de trabajar. Al discutir la importancia de poner en práctica los valores dentro de los subgrupos frente a las consecuencias de no actuar en consonancia con los valores declarados del grupo, podemos comenzar a identificar cualquier conflicto en el que sus valores no se expresen como parte de sus acciones diarias.

Una vez que los miembros de los subgrupos son conscientes de estas incongruencias, a menudo comienzan a desarrollar formas de apoyarse entre sí para lograr la consonancia entre valor y conducta. Estos subgrupos desarrollan un lazo grupal cuando comienzan a ubicar las brechas entre valores y acciones, y a discutir los cambios colectivos que se pueden realizar. En este punto, los miembros desarrollan incentivos compartidos que alientan la armonía entre valores y acciones.

Al realizar el ejercicio de valores con diferentes subgrupos dentro de una organización (por ejemplo, *marketing,* operaciones, ventas, etc.), nos enfocamos en dos áreas: *valores comunes* (valores compartidos por los subgrupos) y *valores específicos* (valores menos comunes compartidos por los miembros de un subgrupo). Primero, los hacemos conscientes de los valores comunes y específicos, para después enfocarnos en combinar los valores con acciones. Esto ayuda a toda la organización a crear una personalidad única (es decir, la manera en que todos los empleados convierten los valores en acciones). El primer paso es saber en qué son similares los miembros de un subgrupo; el segundo, determinar en qué es único cada subgrupo, es decir, lo que hace especiales a los miembros de ese equipo.

Al final de cada sesión grupal, compilamos los valores de todos los subgrupos en una lista, lo que resulta en algo que luce como la nube de palabras que se muestra en la página 187. Cuanto más se comparte la importancia de un valor entre los diversos subgrupos, mayor es el tamaño de la tipografía.

En el ejemplo anterior, la salud es el valor común de los equipos combinados y, por lo tanto, es la conexión entre toda la organización. Los valores específicos de equilibrio y aventura, que aparecen en una tipografía pequeña, demuestran cómo los miembros de un equipo en particular están conectados de forma única entre sí.

Cada equipo tiene una personalidad única o, en otras palabras, una forma de emplear sus valores para operar a diario, y eso es importante. Aunque la personalidad única de cada equipo depende de sus miembros, debería nutrirse de los valores organizacionales alineados con la misión de la compañía.

Con frecuencia, la misión de una compañía es vender un servicio o producto, pero una misión también puede tener más matices. La cadena de restaurantes Sweetgreen coloca sus valores nucleares en cada local para que todos los empleados y clientes los puedan ver. El letrero dice: «Ganar, ganar, ganar: crea soluciones con las que ganen los clientes, la comunidad y la compañía; piensa en la sostenibilidad; toma decisiones cuyos efectos duren más de una vida; sé honesto; cultiva alimentos y relaciones auténticas; agrega el dulce toque de crear conexiones significativas todos los días; haz la diferencia; haz que las personas sean mejores tras conocerte; vive una vida dulce y celebra tu pasión y tu propósito». Sus valores reflejan el tipo de alimentos que sirven y el diseño de sus tiendas.

Los individuos y equipos dentro de las organizaciones buscan conectar con la cultura organizacional mientras forman su propia personalidad. Los valores dan forma a la percepción que los individuos tienen de su realidad y a cómo imaginan sus futuros; esto influye en sus conductas. Es decir, los valores dan forma a las creencias. La misión idealista de Sweetgreen es la manera en que la organización quiere que sus empleados piensen (por ejemplo, dar prioridad a la sostenibilidad) y se comporten (que el cliente también gane algo). Los valores y las creencias preparan el escenario para que cuando alguien se una a la empresa, ya sea consciente de su cultura. Combinar las creencias (tus expectativas imaginadas) con la realidad (lo que ocurre desde el primer día) puede resultar en una desconexión si, por ejemplo, la compañía no demuestra ser sostenible.

La mayoría de los equipos dentro de una empresa están al tanto del requerimiento de crear una personalidad única basada en sus valores y combinarla con la misión y las metas de la organización. La parte complicada es dedicar tiempo cada año para completar los ejercicios de valores; tal vez cambien los miembros de un equipo o las metas, o quizá los valores se vuelvan obsoletos. Lo que hace que una compañía pase de ser buena a grandiosa es la flexibilidad y la apertura a valores cambiantes, así como la dedicación constante a los valores presentes.

Uno de nuestros pacientes es Jamie Rosenberg, CEO de ClassWallet, una innovadora plataforma de gestión de gastos para los distritos escolares K-12 en todo Estados Unidos. Su equipo tiene una firme misión: desarrollar tecnologías innovadoras (valor común) y soluciones digitales que permeen en todo nivel para promover la sostenibilidad (valor común). Su valor específico es la gratitud. Como describimos en el capítulo 4, para que la gratitud se convirtiera en una acción que formara parte de la personalidad única de la compañía, se preguntó a todos los colaboradores si querían tener una reunión de gratitud semanal para conversar sobre alguna victoria (por lo general, la manera en que algún individuo superó un desafío) y algo por lo que estuvieran agradecidos (por ejemplo, el apoyo de un compañero). La respuesta fue afirmativa. Esta llamada semanal ocurre todos los viernes (acción consistente) y ha sido central para la cultura de la compañía desde que se implementó. En este caso, los valores organizacionales se combinan con los valores del equipo, lo que crea una expectativa y una creencia sobre la manera y el motivo por el que la compañía se preocupa por la importancia de agradecer. Los valores del individuo, el equipo y la empresa se combinan, lo que da como resultado una cultura organizacional congruente. Las expectativas y las creencias resultan en acciones.

Cuarto elemento fundacional: comenzar con una actitud ganadora

¿Alguna vez trabajaste con un equipo en el que todo funcionaba bien y realmente te sentías valorado? Quizá fue al practicar un deporte en tu juventud, o en una organización donde resolvieron problemas difíciles, o quizá pienses en juegos familiares en los que participaste durante unas vacaciones. Piensa en ese equipo y recuerda cómo te sentiste. ¿Cómo era su cultura? Lo extraño es que, muy probablemente, no se sentaron alrededor de una mesa para realizar una tarea de identificación de valores o para definir sus roles con claridad. Lo más probable es que solo se entendieran mutuamente y, como las piezas de un rompecabezas, todo encajara en su lugar. Piensa en la actitud del grupo (su positividad y energía) hacia la meta y hacia sus miembros. Una actitud positiva es contagiosa y vital porque nos motiva como individuos y como miembros de un equipo.

Ahora vamos a pensar en un equipo diferente, uno en el que no disfrutabas estar, donde nada encajaba y, de hecho, alguien (o varias personas) tenía una actitud abiertamente mala. Quizá su humor era amargado y no quería formar parte de alguna tarea, o siempre veía algún problema a todas las soluciones. ¿Qué impacto tuvo su mala actitud sobre el equipo y sobre ti? ¿Cómo resultaban las labores? De nuevo, una actitud puede ser contagiosa y puede influir en la motivación y el desempeño en ambas direcciones.

Todos llegamos a sucumbir ante una mala actitud de vez en cuando, y todos tenemos periodos en nuestras vidas donde nada sale como lo planeamos. Quizá haya ocasiones en las que veamos un panorama negativo y nuestro ánimo decaiga. Eso está bien y (en ocasiones) es aceptable. Puedes prepararte para estos momentos turbulentos desarrollando un *lenguaje universal* que todos entiendan.

Un lenguaje universal puede ser verbal o no verbal y es una forma en la que todos pueden comunicar su actitud presente hacia una labor complicada. Puede ser una palabra detonante que indique una actitud, una tabla de estados de ánimo que ilustre un sentimiento, o un gesto que implique positividad/negatividad. Un lenguaje universal evita que el equipo se contagie con una mala actitud, incrementa la comprensión y conexión del equipo, y ayuda a que sus miembros encuentren su motivación.

En los deportes es frecuente ver cambios de actitud cuando un equipo comienza a perder, por lo que los entrenadores usan un lenguaje de actitud universal, como decirle a un jugador que «se relaje y reubique», lo que significa «controla tus emociones y revisa tácticamente tu posición en la cancha». Algunas personas usan colores para describir su estado emocional mediante dichos, como «Me siento azul», lo que significa que su ánimo está decaído. Cuando trabajamos con pacientes que quieren perder peso, a veces usan tablas de estados de ánimo e insertan un emoji como este: ☺. El mero acto de discutir las actitudes de los miembros del equipo respecto a una tarea complicada futura puede ser una forma de establecer expectativas colectivas.

Le pedimos a un grupo de liderazgo en una preparatoria que calificara su actitud antes de realizar tareas, como reuniones, en una escala del 1 («La peor actitud») al 10 («La mejor actitud»). Al final de la tarea, calificaron el nivel de esfuerzo requerido, del 1 («Nada de esfuerzo») al 10 («Todo mi esfuerzo»). El equipo descubrió que el simple acto de enfocarse en la actitud —es decir, dar una calificación más alta a la actitud previa a la tarea— los hacía más optimistas. Más aún, el esfuerzo luego de la tarea fue mayor en todos los casos. El equipo de liderazgo descubrió tanto valor en el ejercicio de actitud que desarrollaron un programa de «importancia de la actitud» para toda la escuela, en el que los profesores emplean un lenguaje universal pidiéndoles a sus estudiantes que «analicen su actitud» antes de comenzar una clase.

La actitud correcta te llevará a la línea de salida con energía y entusiasmo. Lo que hagas cuando cruces esa línea dependerá de la importancia de tu objetivo y propósito compartidos. Una vez sentadas estas bases, estamos listos para iniciar el proceso de fijación de objetivos en equipo.

Segmento 2. Definir una meta compartida

A continuación, el equipo trabajará en conjunto para definir una meta compartida de manera general y discutir su propósito y significado, asegurando que esté alineada con los valores del grupo. En este punto, aún no les enseñamos a visualizar, solo les pedimos discutir la meta y justificar por qué es importante. A menudo una meta grupal compartida debe ser a largo plazo (un año en adelante) y su alcance puede variar desde la mejora de capacidades tecnológicas hasta desaparecer su huella de carbono, ganar un campeonato, o encontrar patrocinadores o inversionistas para que la organización crezca o pueda promocionarse.

Muchas organizaciones comparten la misma meta: ganar dinero. La diferencia es la manera en la que cada organización motiva a sus empleados para que mantengan su compromiso y se esfuercen por alcanzar los objetivos de la compañía. Avison Young, una firma de bienes raíces global, tiene la misión clara de desaparecer su huella de carbono para el 2030. Ellos son conscientes de que el éxito depende de su cultura empresarial y del involucramiento de los empleados. Lograr desaparecer su huella de carbono se reduce al nivel del esfuerzo que sus empleados invierten, por ello, la sucursal en Reino Unido de Avison Young desarrolló un curso de información sobre el carbono que se imparte varias veces y es accesible para todos sus empleados. En cada presentación, los empleados que asisten tienen la autonomía de elegir una meta grupal compartida, desde lo general hasta lo específico.

La primera meta grupal compartida fue ser responsables personalmente de la sostenibilidad, lo cual involucró realizar acciones como el reciclaje, reducir el desperdicio de comida y el gasto de energía cuando sus dispositivos no estuvieran en uso. Tras dos semanas, el equipo acordó una nueva meta compartida y un propósito: que cada miembro del equipo buscara a otra persona en la organización que no hubiera recibido la capacitación y la inspirara a comprometerse personalmente a tener una conducta sustentable.

Las metas compartidas autoadministradas se vuelven contagiosas cuando están conectadas culturalmente dentro de una organización que valora la misma meta. Por lo general, el propósito compartido va más allá de la organización y se filtra en la vida personal. Cuando trabajamos con organizaciones, reconocemos que muchas de las lecciones aprendidas en talleres corporativos pueden aplicarse fuera del espacio laboral, pero tratamos de enfocarnos en ese ámbito para desarrollar un entorno que priorice el aprendizaje y a la vez aliente un alto rendimiento.

Segmento 3. Visualización grupal

Enseñamos la visualización grupal para explorar la manera en que se alcanzará una meta compartida. Para ello, desarrollamos el método de las tres P: *percibir* amenazas externas, *planear* la mejor ruta para progresar, y estar *presentes* al completar las tareas. El proceso de las tres P es análogo al uso individual del FIT que describimos en el capítulo 5, cuyo resultado es LAP (localizar las señales, activar la visualización, perseverar con la tarea). La diferencia es que, al trabajar con equipos, se necesita un enfoque colectivo.

Los miembros de un equipo no necesariamente trabajarán con señales individuales para permanecer en el lado productivo de un punto decisivo. En su lugar, para evitar que todos sigan una dirección diferente, enseñamos a los equipos una visualización que puedan usar para guiarse a través de diferentes escenarios de planeación, donde puedan elegir la mejor línea de acción, y en ese plan se encuentra arraigado un reinicio grupal. El resultado de la visualización grupal es que se establecen diferentes objetivos más pequeños que todos los miembros aceptan con el fin de aumentar la claridad de roles. Después, el equipo debe *entrar en acción* (segmento 4). El proceso AIM mejora la comunicación del equipo al usar los puntos decisivos como oportunidades para discutir retos y recibir apoyo. Esto ayuda a que el equipo persevere y, como resultado, existe una mayor probabilidad de éxito.

Para fomentar el ambiente de aprendizaje apropiado cuando guiamos a un equipo por este proceso, comenzamos por establecer tres reglas básicas sobre el uso de la visualización grupal.

Regla 1. Colaboración. Cada miembro del equipo suma a la discusión, y el equipo define en conjunto una meta compartida.

Regla 2. Autonomía. El equipo planea en conjunto y acepta un plan de acción. Todos aceptan su rol por voluntad propia.

Regla 3. Dominio. Cada miembro es responsable de su propio progreso. Si no sabes algo, pregunta. Esa es la forma de aprender.

Una vez que establecemos las reglas básicas, avanzamos a las tres P.

Paso 1. Amenazas externas percibidas

Aquí es donde identificamos las amenazas que provienen de los competidores o de otros factores ambientales, como las condiciones económicas. El guía de este paso, por lo general, es un especialista en el tema, quien prepara el escenario e identifica las amenazas. Los individuos se imaginan a sí mismos como si fueran la competencia e intentan ver el mundo a través de ese punto de vista. El uso de la visualización multisensorial permite que los equipos exploren lo que los competidores podrían hacer con base en los datos y el conocimiento a su disposición. A continuación, cada miembro del equipo describe su percepción respecto a la amenaza externa.

Es probable que, en el mundo empresarial, hayas hecho algo similar: el análisis FODA, que consiste en criticar las **F**ortalezas, **O**portunidades de crecimiento, **D**ebilidades y **A**menazas que enfrentas. La diferencia principal es que la atención se concentra en las amenazas externas, además del uso de la visualización. En este punto, bajamos la velocidad para imaginar las fortalezas, oportunidades, debilidades y amenazas que nuestros *competidores* enfrentan. Guiamos al equipo a través del proceso de evaluación de cada uno de los puntos FODA para que imagine las amenazas provenientes de la competencia, tanto ya existentes como potenciales, y usamos la visualización para enfocarnos en los elementos específicos a detalle: «¿Cuáles son las fortalezas de nuestros competidores? Vamos a imaginarlo».

Por ejemplo, puede que examines las amenazas identificando organizaciones similares que también le venden a tu público meta. En los deportes, las amenazas generalmente son los oponentes. En las fuerzas armadas, podría ser el enfrentamiento con un enemigo. En el ámbito educativo, las amenazas normalmente son escuelas o universidades rivales.

El equipo comienza por escribir cuáles son las amenazas, luego imagina que ocurren, y los miembros se colocan en el lugar de la oposición. Tu habilidad para percibir las amenazas depende de tu habilidad para cambiar de perspectiva, es decir, ver cómo podría ocurrir un evento desde el punto de vista de otro equipo u otra organización.

Tómate unos minutos para pensar en un competidor y ponte en su lugar. Si trabajas para Google, imagina que eres un empleado de Yahoo. Si juegas para un equipo deportivo exitoso, imagina que te contrata el club rival. Y, puedes arriesgarte, si eres demócrata, imagina que ahora eres republicano, o viceversa. Sea cual sea el oponente que elijas, cambia tu perspectiva durante los próximos minutos e intenta hacerlo sin juzgar a nadie.

- ¿Cuáles son sus valores y creencias?
- ¿Cuáles son sus fortalezas y debilidades?
- ¿Cuáles son sus mayores obstáculos y cómo van a superarlos?
- ¿Qué los motiva? ¿Cuáles son sus ambiciones?

Este proceso se conoce como apropiación de perspectiva: entender el punto de vista y el comportamiento de alguien más, incluyendo sus reacciones cognitivas y emocionales. Este es el primer paso para usar la visualización de percepción, *ponerte* los zapatos de otro. A continuación, debes *caminar* en esos zapatos conforme se desarrollan las situaciones. Ahora es tu turno.

Desde la perspectiva de la competencia, intenta imaginar lo siguiente:

- ¿Qué tendría que pasar para que sean líderes o por qué motivo ya son líderes?
- ¿Cómo perciben el progreso y el éxito de otras organizaciones? ¿Cómo podrían reaccionar?
- ¿Cuál sería el mejor y el peor escenario *para ellos*? ¿Qué aspecto tiene, cómo suena, cómo se siente?
- ¿Cómo podría adaptarse este grupo/equipo/negocio en el transcurso del año/la temporada conforme las situaciones (como la economía) cambian?

Desde luego, tu percepción al estar en los zapatos de la competencia depende de la impresión que tienes de ellos actualmente y de ciertas suposiciones que hagas al respecto. No obstante, adoptar este punto de vista te permite formar una hipótesis de lo que crees que podría suceder en cada escenario imaginado y te ayuda a desarrollar la situación y a ajustar la forma en que planeas progresar. Pero usar esta estrategia conlleva un riesgo.

Cuidado con el sesgo de percepción

Todos somos narradores poco fiables de nuestras vidas. La percepción es lo que crees sobre la forma en que las personas o las organizaciones se comportan con base en la información que posees. Esta información puede ser incorrecta, pero aun si es precisa, tu forma de interpretarla podría ser equivocada, y esto podría costarte la habilidad para alcanzar tu meta.

A menudo escuchamos historias del sesgo de percepción o de sobrecarga de información en las fuerzas armadas. Las unidades militares luchan sus batallas con la idea de que es probable que el enemigo haga X (suposición) con base en la inteligencia reunida (información), pero esta estrategia podría ser contraproducente. Un famoso ejemplo ocurrió durante la guerra civil estadounidense. En la batalla de Chancellorsville, en 1863, el general de división Joseph Hooker del Ejército de la Unión poseía información muy superior a la que tenían sus contrapartes en el Ejército Confederado. Tenía más espías, exploradores y emisoras de señales, y poseía la tecnología recientemente desarrollada de los globos de observación.

En este caso, el exceso de información llevó a una suposición sesgada de lo que haría el enemigo y, como resultado, el general Hooker se enfocó más en lo externo que en lo interno. Él percibía que el Ejército Confederado era demasiado pequeño como para dividirse y atacar múltiples objetivos de las fuerzas de la Unión, que tenían casi el doble de tamaño. Sin embargo, el general confederado Robert E. Lee dividió sus fuerzas no solo una, sino dos veces para atacar múltiples objetivos, lo que obligó a las fuerzas de Hooker a retroceder más allá del río Rappahannock. La batalla de Chancellorsville es un ejemplo de cómo el sesgo de percepción y la concentración en lo externo puede combinarse para producir un fracaso.

Para contrarrestar el sesgo de percepción y, por ende, lograr un desempeño óptimo como equipo, debes pedir que varios miembros del equipo te den diversos puntos de vista. Esta variedad de perspectivas confronta al sesgo y permite una mayor objetividad, pero la diversidad es solo una de las partes para contrarrestar el sesgo. También necesitas información confiable y actualizada, y debes abordar cualquier nueva información con una mentalidad de crecimiento. El consumo selectivo de información solo sirve para confirmar tus sesgos. Por esta razón, deberías confrontar tus percepciones constantemente con una actitud ganadora preguntando: «¿Qué pasaría si...?».

Además, la habilidad de reconocer que tu percepción inicial (o hipótesis) podría estar equivocada y debe actualizarse puede hacer toda la diferencia para lograr (y mantener) o no el éxito como equipo. Ser firme en tu percepción es una señal de resiliencia, pero ser obstinado en creer que tu creencia siempre es correcta y no puede estar equivocada también puede ser indicativo de una mentalidad fija.

Si sientes que no puedes ver las cosas desde la perspectiva de otra persona, no temas, es posible desarrollar esa habilidad y, al hacerlo, también fortalecerás tu inteligencia emocional.

Puedes tener una ligera idea de lo que tu oponente sabe cuando te tomas el tiempo de experimentar la amenaza que tú representas a través de la mente de tu competencia. Después puedes generar un sentido más profundo de los «Qué pasaría si...»; por ejemplo, ¿qué pasaría si las fortalezas o debilidades de la amenaza se volvieran realidad?

En este punto, hay que mirar hacia adentro. Un individuo en el equipo, generalmente alguien con autoridad, coordina la sesión detallando la información que se conoce respecto a las amenazas (por ejemplo, individuos, otras organizaciones o equipos, la economía, la tecnología, etc.). Los miembros del equipo examinan sus perspectivas personales, como «Si X ocurre, ¿cuál será nuestra respuesta?». Estos puntos de vista son presentados ante el grupo y cada uno de sus miembros tiene la oportunidad de hablar respecto a cómo y por qué piensa que una amenaza podría ocurrir. A partir de este punto, el equipo crea una lista de posibles amenazas y los fundamentos para cada una. Hacemos hincapié en recordar a los equipos que estas amenazas son una percepción, y la amenaza podría no ocurrir como la imaginamos.

Cuando un equipo entiende la amenaza externa que representa la competencia (X), surgen las oportunidades desde dentro del equipo (Y); por ejemplo, la idea de vender un inventario a menor precio que la competencia para reinvertir las ganancias en un producto que tu compañía desarrolla y que tiene el potencial de volverse líder en el mercado. Estas oportunidades generadas al interior del grupo surgen cuando se entienden los resultados potenciales, como si jugaras una partida de ajedrez. Deberías analizar los mejores y peores resultados que podrían ocurrir luego de cualquier decisión o riesgo que tu equipo tome. Entonces estarás listo para desarrollar planes de acción.

Paso 2. Planea la mejor ruta para progresar

Sea cual sea el plan de acción, antes de siquiera contemplar el camino hacia tu resultado deseado —de hecho, antes de que puedas definir el resultado que deseas—, primero debes imaginar tres escenarios diferentes: el resultado deseado (Plan A), el segundo mejor resultado (Plan B) y el peor escenario (Plan Z).

Para cada escenario imaginado, tu equipo debe explorar el resultado de forma completa con una persona guiando la visualización (en otras palabras, narrando el escenario). Imaginemos que vamos a desarrollar unos audífonos nuevos. Debemos entender cómo funciona el mercado y determinar qué compañías son nuestra mayor competencia. Sabemos lo que hacen bien y lo que no hacen tan bien. Sabemos que no podemos competir con nuestro producto respecto a la claridad del sonido, pero podemos hacerlo con tecnología médica innovadora, ya que tenemos un grupo de diseñadores y desarrolladores técnicos que desean crear un producto que mida con precisión el ritmo cardiaco, la temperatura y la tasa de fatiga mediante los audífonos. Al usarlos frecuentemente, los audífonos también pueden determinar las probabilidades de que te enfermes.

PLAN A (EL RESULTADO DESEADO)

Vendemos nuestros audífonos en el sector de la salud y el bienestar (la calidad de sonido no es tan importante para las personas que corren, es decir, cuando están resollando de forma intensa). Buscamos una distribución a gran escala en Estados Unidos. Imaginamos el resultado: el lanzamiento el 5 de septiembre, la retroalimentación masiva de nuestro público meta, las ventas, etcétera.

PLAN B (EL SEGUNDO MEJOR RESULTADO)

Vendemos al público en general, sin especificar el sector de venta. Hacemos una distribución similar en Estados Unidos, pero la retroalimentación no es buena. Imaginamos el lanzamiento, la variedad en la retroalimentación del producto, las ventas, etcétera.

PLAN Z (EL PEOR ESCENARIO)

No vendemos mucho. Las personas no compran nuestro producto porque, para la fecha de lanzamiento, ya hay una mejor opción en el mercado. Imaginamos el lanzamiento (tal vez lo retrasamos), la retroalimentación (es negativa) y las malas ventas.

Ahora que están armados con toda la información obtenida al imaginar estos tres resultados, pueden comenzar a desarrollar un plan de acción. Descubrimos que la mejor manera para facilitar este proceso es que alguien narre los escenarios básicos al equipo mientras los demás agregan detalles específicos: ¿dónde lanzaremos el producto? ¿Cómo se llevará a cabo el evento? ¿Cómo hablarán las personas al respecto? ¿Habrá revuelo mientras anticipan el lanzamiento? ¿Cómo será el discurso del CEO?

Este desarrollo grupal genera los objetivos secundarios, ya que permite que el equipo imagine no solo la meta principal a largo plazo, sino las metas específicas a corto plazo que deben alcanzarse en el camino, y vuelve la idea de la meta en objetivos alcanzables y tangibles visualizados, como quién reservará el establecimiento para el lanzamiento o si es posible conseguir ciertos materiales para los audífonos en mayor cantidad. Las empresas llaman a estos objetivos alcanzables *indicadores clave de desempeño* (ICD) porque, al alcanzar cada objetivo, el equipo es capaz de determinar su nivel potencial de éxito respecto a la meta. Ya que el término ICD podría revolverte el estómago, como le sucede a muchos empleados corporativos, los llamaremos indicadores de objetivos.

Cada objetivo tiene un plazo para alcanzarlo. Lo más común es que un plan de acción claro requiera al menos cuatro objetivos secundarios, y entre cada uno, por lo general, hay varios objetivos alcanzables (tareas) que cada miembro del equipo es responsable de completar. En este punto, los objetivos secundarios del equipo proporcionan una guía general para todo el grupo, pero se requiere mayor especificidad al terminar la sección sobre visualización grupal mientras los miembros establecen objetivos personales específicos.

El AIM facilita el análisis de las rutas para progresar al proporcionar a los equipos la habilidad de crear un plan realista, el cual es documentado y aceptado de manera colectiva. Mediante este método, los integrantes son capaces de ejecutar tareas a través de sus acciones personales mientras llevan a cabo los planes imaginados por el colectivo.

Paso 3. Estar presente al completar tareas

Una vez que tú y tu equipo tienen un plan y se comprometen a actuar en conjunto, el siguiente paso es estar presentes para la acción y prepararse para cuando surjan las dificultades. Aquí es cuando planeamos para lidiar con los puntos decisivos grupales: rendirse o no rendirse. Los tipos de desafíos que pueden hacer que un equipo renuncie incluyen circunstancias como falta de financiamiento, cambios en el mercado o que algún miembro clave del equipo se enferme.

Las *mesas redondas* y los *puntos de pausa* grupales son un par de métodos que pueden ayudar a que los equipos se reinicien y se sientan presentes.

Ejercicio de la mesa redonda

El ejercicio de la mesa redonda es preventivo. Por lo general, se realiza semanalmente y es una manera en la que los equipos pueden revisar deliberadamente una meta compartida predefinida y reconectar con ella, analizar si se debe tomar una nueva dirección, y acordar los siguientes pasos. Este ejercicio toma un punto decisivo potencial y lo transforma en una evaluación deliberada, convirtiéndolo en un proceso de toma de decisiones basado en metas que evolucionan constantemente.

Comiencen por sincronizar la respiración de todos durante un minuto. Esto permite a los miembros del equipo soltar (o al menos suspender temporalmente) la conversación interna y llevar su atención hacia su respiración. Vivimos en un mundo frenético y esta es la forma en que podemos afianzar a todos en el momento, ya sea en persona o al usar tecnologías remotas.

Otro método es una revisión corporal.

CÓMO REALIZAR UNA REVISIÓN CORPORAL

Inhala lenta y profundamente. Al exhalar, cierra los ojos o permite que se relajen por sí mismos. Respira un poco más despacio. Imagina que puedes respirar desde la cabeza hasta los pies. Respira con todo tu cuerpo. Al hacerlo, nota si hay una parte de tu cuerpo que se sienta tensa. Observa el tamaño y la forma de esa tensión sin juzgarla. ¿Tiene un color? ¿Se mueve hacia arriba o hacia abajo? ¿Cuál es su temperatura? Respira dentro de esta tensión y dale un poco más de espacio. Puedes colocar tu mano sobre ese punto para ver qué necesita. Solo escúchala y presta atención.

Este tipo de ejercicios nos ayuda a soltar, reconectar con nuestros sentidos y estar presentes. Salir de nuestra mente para entrar en nuestro cuerpo es útil en un mundo en el que «Muchos creen que el cuerpo solo existe para llevar la cabeza al trabajo todos los días», como dice David Drake, un colega y amigo.

A continuación, todos deben reflexionar sobre el plan que crearon juntos. Invita a todos a compartir algo que hayan logrado, algo con lo que tengan dificultades y algo por lo que se sientan agradecidos. La última parte puede no estar relacionada con el plan. Compartir de esta forma mejora la relación del grupo y ayuda a construir conexiones profundas. Todos deben participar porque la vulnerabilidad debe ser recíproca. La mayoría de las mesas redondas son oportunidades para compartir el éxito, pero hay ocasiones en las que no se logra progresar.

Si se debe reelaborar el plan acordado porque hay cambios en las metas o se han sumado nuevas variables, como objetivos alcanzables relacionados con los pacientes, tómense el tiempo de discutir la nueva información y de recibir retroalimentación del grupo.

Compartir en grupo de este modo abre la posibilidad para la mejora colectiva sin juicios. Hay ocasiones en las que no estás al tanto de las dificultades que enfrentan tus compañeros o las áreas en las que necesitan apoyo, y esta es una excelente forma de descubrir esas brechas y llenarlas proactivamente.

El punto de pausa

Imagina que está por terminar el último cuarto del partido por el Campeonato de la División I de Futbol Americano de la NCAA. El marcador ha estado bastante parejo durante todo el juego, pero uno de los equipos se está descomponiendo. El entrenador pide un tiempo fuera y reúne a los jugadores. Eso es un punto de pausa.

A diferencia de las mesas redondas, por lo general los puntos de pausa no se planean. Un punto de pausa es como un botón de emergencia que puedes presionar para evitar una catástrofe y cualquiera puede activarlo en cualquier momento (aunque solemos decir a los equipos que solo lo usen como un botón de pánico). Descubrimos que los equipos usan los puntos de pausa para revisar su motivación, su preparación para realizar alguna tarea y su confianza cuando uno o dos compañeros parecen distraídos o desmotivados. Un momento de este tipo puede ser cuando un miembro cuestiona la manera en que sus tareas individuales encajan en la meta grupal, o cuando percibe que su labor no agrega valor.

La activación del punto de pausa depende del sentir de los integrantes, y está vinculada al progreso personal de cada individuo y a la comprensión general del grupo.

Los puntos de pausa permiten al equipo reenfocarse colectivamente en la labor, revisar si ha habido un cambio que podría requerir de ajustes, incrementar la comunicación mutua, y dar apoyo para que todos los miembros estén presentes antes de tomar decisiones críticas, como las que se presentan en los puntos decisivos. Un punto de pausa no solo puede salvar una vida (o al menos un campeonato) en sentido literal, también le devuelve a cada persona el control sobre su conducta en un entorno demandante.

Segmento 4. Entrar en acción

Cumplan con sus tareas. Apéguense al plan. Vivan de acuerdo con sus valores, preséntense con una actitud ganadora y esfuércense por conseguir la meta compartida. Esperen momentos difíciles como individuos y como grupo. Esperen contratiempos y victorias, y no teman levantar la voz en nombre del progreso.

Segmento 5. Revisión del progreso

El progreso se revisa mediante los objetivos secundarios del equipo. Luego de revisar el progreso, a menudo los equipos realizan planeaciones adicionales usando la visualización grupal para establecer nuevos objetivos secundarios. También pueden crear una nueva meta compartida o completar un nuevo ciclo del AIM. O la revisión puede producirse una vez que el equipo ha alcanzado una meta y sea momento de establecer otra todavía más desafiante.

Descubrimos que, cuando los equipos fracasan en su primer intento para alcanzar una meta, definen una nueva que sea más realista, usan la experiencia fallida para mejorar la forma en que establecen metas en el siguiente ciclo y no repiten los mismos errores. Mientras tanto, los equipos que alcanzan su meta no se detienen, sino que pulen cualquier desperfecto que hayan encontrado en el camino y después, al igual que el equipo que falló, definen una nueva meta compartida.

La conclusión con la que deben quedarse en este capítulo es que deben expresar claramente sus metas e intenciones dentro de una organización y sentirse orgullosos de ellas. Exhiban las historias de éxito al alcanzar cada objetivo secundario y presenten abiertamente preguntas desafiantes que generen curiosidad y colaboración cuando no logren alcanzar esos objetivos establecidos en conjunto.

Recuerden que las metas, especialmente si son grandes (incluso cuando las dividen en objetivos secundarios), pueden generar estrés.

El estrés y la ansiedad son inevitables en cualquier equipo y pueden producir discordia. En el siguiente capítulo, vamos a describir algunos de los problemas más comunes al trabajar en equipo, y ofreceremos métodos para abordarlos de tal forma que tú y tu equipo puedan seguir avanzando.

CAPÍTULO 8

PROBLEMAS (Y SOLUCIONES) COMUNES EN EQUIPOS

Lucha por aquello que te importa,
pero hazlo de tal forma que lleve
a otros a unirse a tu causa.

RUTH BADER GINSBURG

Es inevitable que surjan desafíos cuando personalidades diferentes trabajan en equipo. Si estos desafíos no se resuelven, los costos serán muy altos. La productividad sufrirá daños y, más importante aún, la salud también. El conflicto en el trabajo puede producir ansiedad, depresión, mala calidad del sueño, dolores de espalda, migrañas y enfermedades crónicas. La Escuela de Negocios Harvard calculó que, en 2015, la carga financiera de enfermedades causadas por estrés relacionado con el trabajo; es decir, el costo de horas perdidas en el trabajo fue de entre 125 000 millones y 190 000 millones de dólares tan solo en Estados Unidos.[1] Desde luego, los conflictos laborales no son la única causa de estrés en el trabajo; este también puede surgir debido a la falta de apoyo, al aumento en las exigencias o incluso a la falta de sueño.

Cuando Catherine, una alta ejecutiva en una empresa que forma parte de la lista Fortune 100, nos contactó en busca de apoyo, se encontraba en el límite y llevaba semanas sin dormir. La contratación más reciente en su equipo era un amigo suyo, pero el resto de su equipo reaccionó con resistencia a esta llegada. Al comienzo, el grupo era pequeño y sus lazos eran estrechos, pero con el tiempo había comenzado a crecer cada vez más rápido. Cuando comenzamos a trabajar con ese equipo, su tamaño casi se había duplicado. Los miembros más antiguos se sentían afectados por el rápido crecimiento, los correos a veces eran un campo de batalla y los empleados comenzaron a quejarse con Catherine, quien apenas tenía tiempo para hacer bien su trabajo debido a las constantes quejas. Ella valoraba mucho su tiempo y su descanso, y estaba perdiendo ambos debido a los conflictos de su equipo. Su mayor ventaja en la compañía era su habilidad para pensar con detenimiento, y la situación estaba afectando esa habilidad. En resumen, la primera vez que nos llamó nos dijo: «¡Ayúdenme! ¡Estoy perdiendo la cabeza!».

Resulta que el equipo enfrentaba cuatro de los desafíos más comunes que conocemos: el síndrome «Aquí vamos otra vez», las metas desconectadas, el agotamiento y el choque de titanes. Aunque la evolución de estos problemas no tiene un patrón específico, notamos que la falta de metas organizadas (específicamente, cuando el equipo no ha definido su ventaja única) crea una ambigüedad en los roles, lo que hace que los miembros se sientan insatisfechos y estresados.

El AIM ayuda a combatir estos desafíos usando la visualización individual y colectiva con el fin de generar una *rendición de cuentas planeada:* cuando todos los miembros del equipo resuelven independientemente algún problema en beneficio del equipo antes de que surjan las dificultades. Esto ocurre cuando el equipo trabaja en conjunto para lograr los objetivos alcanzables mientras predicen y superan retos potenciales antes de que aparezcan, como destinar el tiempo necesario para cumplir con una fecha límite cercana o prepararse para un aumento inminente en la carga de trabajo. Los equipos son un ecosistema, y aquellos que usan la visualización para planear en conjunto desarrollan una simbiosis que fomenta el crecimiento del talento y hace que cada miembro del equipo se sienta parte de él. Echemos un vistazo a cada reto y a la manera en la que los equipos desarrollan la rendición de cuentas compartida mediante el uso del AIM.

El síndrome «Aquí vamos otra vez»

Nos reunimos individualmente con cada miembro del equipo de Catherine. Una ejecutiva experimentada llamada Haley no creía que trabajar con nosotros fuera a producir algún cambio y fue lo bastante valiente como para expresarlo.

—Ya habíamos trabajado con alguien anteriormente —nos contó—. Era una mujer encantadora y seguramente era muy buena en su trabajo, pero nada de lo que hizo nos ayudó. Tenía buenas ideas sobre el flujo de trabajo y los roles, pero no pudo cambiar nada. Quizá fue porque no quería molestar a nadie; era puras palabras y nada de acción.

Haley sufría del síndrome «Aquí vamos otra vez», y no era la única en el equipo. Muchos de los integrantes creían que nada cambiaría con nuestra intervención porque el *coaching* no había funcionado la última vez.

Es frecuente que este síndrome sea el primer problema que enfrentamos al trabajar con un grupo. El equipo, o una de las personas que lo conforman, siente que nada cambiará sin importar las acciones que tome la gerencia con la intención de producir cambios, por ejemplo, contratar a consultores que impartan seminarios de «inspiración» y «mentalidad».

Cuando la gerencia contrata a especialistas para dirigir talleres, es común que los especialistas no empleen las estrategias apropiadas para promover el éxito, lo que significa que el taller no se traduce en acción. Para que un taller tenga éxito y facilite el cambio, debe basarse en el propósito y el significado y, más importante aún, todos deben participar.

Y cuando decimos todos, deben ser *todos*. Si las personas que toman las decisiones o los líderes de equipo no están presentes en los talleres, los equipos se dividen entre quienes asistieron y quienes no, y, cómo resultado, terminamos trabajando de manera aislada, en lugar de como una unidad grupal conectada. Los integrantes del equipo sienten responsabilidad hacia su cápsula, pero no rinden cuentas genuinamente hacia la unidad grupal porque no ven cómo forman parte de la visión colectiva general.

La habilidad de planear a futuro en conjunto es esencial para todos. Si alguien queda fuera de la planeación estratégica, no se sentirá conectado con los cambios que tome el grupo, lo que puede resultar dañino para el éxito del equipo. Cuando alguien se siente incluido en las decisiones del grupo, también se sentirá parte de los resultados.

El AIM aborda directamente el síndrome «Aquí vamos otra vez» con un método que funciona de adentro hacia afuera. Nuestro enfoque colaborativo comienza y termina cuando escuchamos a cada miembro del equipo usando lo que llamamos el espíritu de las entrevistas motivacionales, y este se conecta con la visión grupal mediante la visualización. Ayudamos a los equipos a crear un entorno donde las personas puedan hablar abiertamente e imaginar en conjunto, y le damos mucha importancia a la confidencialidad. Por eso, cuando alguien como Haley expresa sus dudas respecto al proceso, reconocemos sus sentimientos y le compartimos la manera en la que evitaremos desperdiciar su tiempo.

También realizamos mediciones especificas respecto a las habilidades de visualización y la valoración de metas del equipo. No solo es una teoría, se trata de una práctica. No somos asesores de la autocomplacencia; somos arquitectos del cambio. Sin embargo, para que el proceso sea aceptado y los cambios ocurran, todo el equipo, desde los conserjes hasta el CEO, deben sentirse parte de una visión colectiva única, aceptar su rol, y esforzarse por alcanzar los objetivos que indiquen un progreso periódico en la búsqueda de esa visión.

El viaje a la Luna durante la administración de John F. Kennedy es un claro ejemplo de la manera en que esto funciona. La meta era única y desafiante: enviar a un hombre a la Luna y lograr que volviera sano y salvo a la Tierra. Para conseguirlo, casi 400 000 empleados de la NASA desarrollaron objetivos secundarios y se comprometieron a actuar. El viaje a la Luna pudo ser fácilmente un fracaso (de hecho, la mayoría de las personas fuera de la NASA creían que lo sería), pero todos los miembros del equipo asumieron su rol. Todos aceptaron la idea abstracta de llevar a un hombre a la Luna y formaron planes concretos para que la misión progresara. Según la leyenda, cuando Kennedy visitó la NASA en 1962, le preguntó a un conserje qué hacía, a lo que el conserje respondió: «Ayudo a llevar a un hombre a la Luna».

Para desafiar y abstraer metas se necesita visualizar, en especial cuando están arraigadas al propósito y significado del equipo. Abordar metas desafiantes significa que el equipo tendrá que pensar de manera creativa. Por lo tanto, para superar el síndrome «Aquí vamos otra vez», cada miembro del equipo debe compartir la «visión» y unirse como los Vengadores mediante el significado (que con frecuencia tiene una importancia personal incluso para los Vengadores) y el propósito (¡salvar el universo!). Cuando estás conectado con personas que comparten la misma meta, experimentas una pasión armónica que se vuelve contagiosa y aumenta tu motivación al esforzarte por alcanzar una meta desafiante. Cuando encuentras una pasión colectiva e imaginas alcanzar metas con propósito, el síndrome «Aquí vamos otra vez» se transforma en el síndrome positivo «¡Hagámoslo otra vez!».

Metas desconectadas

Las metas del equipo de Catherine también estaban desconectadas. Este problema surge cuando no todos los integrantes de un equipo tienen las mismas metas. Las metas y los objetivos grupales pueden ser diferentes para cada subdivisión dentro de una organización —como ventas, *marketing* y operaciones—, pero para que los equipos puedan alcanzar las metas generales con éxito, estas deben estar en sintonía con todos los miembros de la organización.

Dado que el equipo de Catherine solía ser pequeño, pero estaba creciendo rápidamente, había incertidumbre y competencia entre los miembros, y esto activó el modo supervivencia de algunos de ellos. Varios integrantes prestaban atención excesiva a tareas específicas, mientras que otros trabajaban en lo que *pensaban* que era la tarea correcta cuando, en realidad, no tenían ni idea. Para ser claros, esto no ocurrió por falta de dirección de Catherine; simplemente el equipo en estado de evolución no había encontrado todavía su distintivo, su manera de ser única al tratar de alcanzar una meta compartida. Como resultado, dedicaban demasiado tiempo y atención a realizar tareas periféricas, pero no lo suficiente a las que los acercaran a la meta colectiva y su visión.

Jack, un ejecutivo asistente, nos dijo con pesadez:

—Decimos que «Sí» demasiadas veces. Si alguien nos pide producir un objetivo alcanzable para un accionista importante, por supuesto debemos hacerlo, pero parece que aceptamos demasiadas cosas y no podemos rechazarlas porque tanto nosotros como toda la compañía daremos una mala impresión.

»El equipo se especializa en ESG (datos ambientales, sociales y de gobernanza). No entiendo por qué nos dedicamos a cosas de otras áreas. Si fuéramos más ágiles con nuestra meta colectiva, probablemente seríamos un 60% más productivos.

Las metas desconectadas también pueden ocurrir en los deportes. Al trabajar con un equipo de velerismo de clase mundial al inicio de la temporada, Jonathan reunió a veleristas, entrenadores y personal de apoyo (que incluía ingenieros fabricantes de velas y desarrolladores de software), y les pidió establecer una meta realista para el equipo. El grupo tenía una meta colectiva —ganar el campeonato mundial—, pero todos tenían en mente un plazo drásticamente diferente respecto a cuándo la alcanzarían: algunos creían que podían ganar el campeonato mundial esa temporada y otros no lo creían posible. Clare, la gestora de operaciones, dijo:

—Ganar toma tiempo, y alcanzar nuestra meta final nos llevará cuatro años.

James, el entrenador de rendimiento, no estaba de acuerdo.

—Ahora más que nunca tenemos la oportunidad gracias al talento con el que contamos.

La solución a este problema en particular requiere colaboración y comunicación. Primero, cada persona debe definir individualmente su rol, identificar sus fortalezas y obstáculos, e imaginar cómo luce la colaboración. Luego el equipo vuelve a reunirse para discutir sus hallazgos y crear planes de acción en conjunto. Los equipos de clase mundial saben las respuestas a las siguientes preguntas:

- ¿Cuál es tu rol en el equipo? ¿Todos los miembros del equipo pueden definir los roles de los demás?
- ¿Cuáles son tus fortalezas? ¿Todos los miembros del equipo pueden definir claramente las fortalezas de los demás?
- ¿Qué obstáculos enfrentas? ¿Qué obstáculos enfrentará el equipo como conjunto el próximo año/mes/semana/día?
- ¿Qué hace único a tu equipo? ¿Todos están de acuerdo con eso? De no ser así, ¿por qué?
- ¿Qué apariencia tiene un equipo de alto rendimiento? ¿Cómo puedes alcanzar ese nivel? ¿Puedes usar la visualización multisensorial para imaginar que alcanzas ese nivel?
- ¿Cuál es la meta compartida de tu equipo? ¿Todos los miembros son conscientes del proceso y de los objetivos secundarios? ¿Sabes qué está haciendo cada miembro del equipo para alcanzar esa meta (el equipo es honesto)?

Cuando Jonathan trabajó con el equipo de velerismo, estas preguntas fueron la base del taller para conectar sus metas. Llevó a cabo una discusión respecto a estas preguntas bajo un formato similar al de las citas rápidas, donde las personas cambian de asiento a lo largo de todo un salón hasta haber hablado con todos. En este caso, discutieron el rendimiento marítimo, aunque al final no hubo una cena romántica, sino solamente un equipo lleno de energía con una mejor comunicación, más enfocado en su meta y con un desempeño superior. Los fabricantes de velas hablaron sobre materiales con los ingenieros, los ingenieros hablaron de mecánica con los veleristas, los entrenadores trabajaron con los ingenieros de software para mejorar la recolección de datos, y el equipo trabajó en conjunto para superar los obstáculos, imaginar escenarios hipotéticos y planear estrategias para resolver cualquier problema. Al final, se volvieron un equipo de alto rendimiento, ¡y alcanzaron el cuarto lugar a escala mundial!

Las metas desconectadas no siempre son malas, ya que pueden enfatizar diferentes perspectivas, lo que puede resultar en varias discusiones que nos ayuden a analizar creencias y actitudes implícitas, pero se convierten en un problema cuando no se discuten. Eso es lo que genera conflictos: cuando no se habla de las distintas perspectivas y no hay honestidad. Enfrentamos esta situación directamente con el AIM, a través de un formato constructivo en el que damos a cada integrante la oportunidad de conocer las perspectivas de los demás al discutir roles, objetivos específicos y secundarios, y permitiendo que todos hablen respecto a lo que piensan en relación con el éxito. Al terminar la sesión, siempre pedimos a los miembros que se comprometan juntos con el plan establecido, anotando sus nombres en los puntos de acción. Esto desarrolla relaciones profundas, fortalece la rendición de cuentas y minimiza los conflictos respecto a la meta.

Aunque el equipo de velerismo llegó al campeonato mundial esa temporada, no lo ganó. Al escribir este libro han transcurrido cinco años y el equipo no ha llegado a las finales, pero tiene una meta compartida diferente: ser el equipo más competitivo del campeonato. Ellos imaginaron con detalle su plan más grandioso a lo largo de una serie de escenarios, desde el *mejor resultado* (ganar el campeonato) al *peor* (zozobrar y quedar en último lugar). Tener la mejor visión (navegar bien en cada carrera y establecer las bases para que el equipo exista por generaciones) hace que un equipo *competitivo* se convierta en uno cuya competitividad sea *sostenible* en la búsqueda por el campeonato.

Agotamiento

El agotamiento ocurre cuando el estrés crónico en los espacios laborales no se controla exitosamente y se divide en tres dimensiones: cansancio; distanciamiento mental del trabajo, o sentimientos negativos o cínicos relacionados con el trabajo; y eficacia profesional reducida.

Lo ideal es que jamás llegues al punto del agotamiento, pero el equipo de Catherine se encontraba en ese punto. Los integrantes dijeron que se sentían «emocionalmente frágiles», «constantemente nerviosos», «enfermos», «ansiosos», «juzgados» y «fatigados».

El agotamiento no solo afecta a los individuos. Cuando uno de sus integrantes se siente fatigado, todo el equipo se debilita, y el contagio social dispersa de manera espontánea conductas, emociones y condiciones a lo largo de todo el equipo o toda la red. Amy era una alta directiva en el equipo de Catherine con un rol muy específico: era analista en jefe, lo que significaba que era responsable de revisar los datos de la compañía y el mercado para reportar sus hallazgos tanto a Catherine como a toda la organización. Llevaba dos años en el puesto; pero cuando el equipo creció, su rol se volvió menos claro, ya que los roles de otros integrantes se superponían con el suyo.

Por ejemplo, una nueva integrante, Chrissie, directora de análisis de datos, era responsable de interpretar los datos de los accionistas, prever tendencias del mercado y reportar sus hallazgos a Catherine y a toda la organización. Los métodos de ambos roles eran similares, y ambas peleaban sin parar. Comenzó con una serie de correos sobre un insignificante error de ortografía en una tabla. Amy escribió: «Tenemos estándares altos, y si no puedes molestarte en corregir tu trabajo, entonces no estás a la altura del equipo». Chrissie se volvió la mayor crítica de Amy, y cualquier error resultaba inmediatamente en un *e-mail*. La gota que derramó el vaso fue cuando Amy y Chrissie pelearon durante una reunión y se negaron a trabajar juntas.

Es común que la llegada de un nuevo empleado a un equipo ya conformado cause fricciones, lo que puede generar agotamiento general. Las fricciones ocurren cuando un cambio en las dinámicas del grupo está acompañado por una falta de claridad en los roles. El proceso para sumar a un nuevo miembro al equipo es un punto crucial en el que los grupos pueden superar las fricciones antes de que se conviertan en batallas encarnizadas que culminen en el agotamiento. Cada parte del proceso tiene que ser clara, organizada y planeada, desde la redacción de la descripción del puesto hasta la contratación, la integración del nuevo empleado en el equipo y el trabajo conjunto en los proyectos.

El agotamiento es común cuando existe un desbalance, ya sea como resultado de una mala inclusión de un nuevo miembro, o la pérdida de un integrante valioso. Este desbalance es resultado de una carga de trabajo abrumadora, expectativas poco realistas, mal establecimiento de límites entre la vida laboral y personal, y la percepción de que nada va a mejorar. Por ejemplo, si no estableces límites personales, o si permites que se sobrepasen tus límites regularmente, o si tú sobrepasas los límites de otros, se puede detonar el agotamiento. A la mayoría de las personas no les molesta recibir un correo por la noche solicitando una acción urgente, siempre y cuando sea algo ocasional. Pero cuando este tipo de situaciones son frecuentes, es inevitable que se generen fricciones. Establecer expectativas y límites es vital para prevenir el desgaste. Para asegurar un correcto balance entre la vida personal y profesional, puedes comenzar respondiendo las cuatro preguntas siguientes (y las preguntas de seguimiento entre paréntesis):

1. ¿Qué le da balance a tu vida? (¿Y cómo vas a mantener el balance cuando tengas mucho trabajo?).
2. ¿Cuáles son tus expectativas respecto a este rol? (¿Y qué desafíos esperas enfrentar?).

3. ¿Cómo se vería el sobrepasar tus límites personales? (¿Qué puedes hacer para asegurar que esto ocurra lo menos posible?).
4. Si llegas a sentirte estresado, ¿cómo pretendes identificar y manejar ese estado? (¿Qué podemos hacer para apoyarte?).

Los límites están relacionados con el equipo, pero también con la organización. Si recompensas a los empleados que trabajan mucho, eso puede ser bueno para el negocio, pero malo para el balance. Por ejemplo, promover a quienes trabajan más allá de su horario semanal por encima de quienes se apegan a su horario no es constructivo para mantener la motivación. La mayoría de las personas que trabajan en un horario semanal establecido lo hacen debido a que tienen otros compromisos con su familia, su salud o su círculo social, los cuales son esenciales para prevenir el agotamiento y así mejorar la productividad.

Cuando trabajamos con equipos durante la pandemia de COVID-19 entre febrero de 2020 y febrero de 2022, descubrimos que la carga de trabajo se había elevado en aproximadamente 20%. Las personas revisaban su correo al despertar y antes de ir a dormir, y por lo general reportaban la falta de una rutina. Era un verdadero reto porque el trabajo se filtró en el hogar, saturando cuartos y espacios familiares. Sin embargo, desde antes y después de los primeros años de la pandemia de COVID-19, los equipos, y en especial sus líderes, estaban y siguen estando agotados, y la razón parece estar relacionada con la autonomía, la cercanía y el balance de las expectativas al establecer límites.

La autonomía es fundamental para promover el control personal sobre las expectativas y los límites. Hemos visto a muchas personas, incluyendo personal académico, ejecutivos, entrenadores e incluso oficiales militares, sufrir de agotamiento porque pierden la autonomía de tomar decisiones y controlar el flujo de trabajo. La autonomía significa que es tu decisión decir sí o no a alguna tarea, pero hay situaciones en las que las tareas deben realizarse, y rápido. Como líder de un equipo, es fácil caer en la trampa donde surgen situaciones en las que podrías designar deberes de tal forma que los integrantes de tu equipo sientan que están perdiendo su autonomía. No obstante, esto no tiene que ser así. Puedes asegurarte de que tu equipo sienta que tiene autonomía sin dejar de cumplir con su trabajo, tan solo con alentar discusiones amables entre tus colegas y la persona que designa las tareas. Esta es la razón por la que las mesas redondas semanales (reunirse para discutir el flujo de trabajo, por ejemplo, los objetivos alcanzables) o las reuniones (revisiones del progreso) son una buena forma de mejorar la transparencia y la autonomía.

Ahora, veamos dos escenarios hipotéticos.

Primer escenario: te asignan una tarea. No está dentro de tu área de experiencia, pero tu gerente se acerca y te dice que debes entregarla en tres días. Le dices que debes trabajar en otras cosas y él te dice que debes hacer tiempo porque el proyecto es urgente y necesario.

Segundo escenario: tú y todo tu equipo reciben una invitación para asistir a una reunión relacionada con una nueva tarea. Aceptas la invitación y te presentas. Tu gerente describe la tarea y explica que no está dentro del área de experiencia de ninguno de los presentes, pero que es urgente y necesario terminarla. Entonces pregunta: «¿Quién puede hacerse cargo?». Nadie responde. Sabes que el equipo tiene mucho trabajo pendiente, al igual que tú, pero probablemente seas la mejor opción para realizar la tarea, así que la aceptas.

Bien, ninguno de los escenarios es ideal, pero ¿cuál preferirías, que te ordenen hacer algo o elegir hacerlo por ti mismo? Sabemos que, al trabajar con equipos, las personas que tienen autonomía y deciden aceptar alguna tarea experimentan menos estrés.

Los equipos resilientes de alto desempeño que están conectados entre sí nunca usarían el primer escenario y, de hecho, en el segundo sería raro que solo una persona aceptara la carga de trabajo. Los equipos bien conectados evitan el desgaste aplicando un tercer escenario: eligen a un líder que decida el modo de trabajo y maneje la tarea, y después el equipo en conjunto trabaja para completarla. Al diluir la carga de trabajo, también diluyen el estrés.

A través del AIM, invitamos a cada miembro del equipo a reflexionar sobre sí mismo, establecer sus roles personales y determinar cómo avanzar hacia sus metas. Luego los integrantes miran hacia el exterior para ver cómo pueden ayudar a otros miembros a alcanzar sus metas. Cuando escuchamos que las personas dicen «Parece que necesitas apoyo, ¿te gustaría que te ayudara?» o «Necesito apoyo, ¿podrías ayudarme?», nos sentimos motivados a participar en el ciclo de vulnerabilidad con nuestros colegas, lo que genera empatía a través de la comunicación y el apoyo, lo cual disminuye el estrés.

Otra forma de superar el agotamiento es brindar espacio a las personas para que aprendan y crezcan. Sarah, una maestra de Química con una larga carrera en una escuela particular, trabajaba con un equipo de siete integrantes, incluido el jefe del departamento de ciencias. Fue contratada por muchas razones. La primera, porque era una excelente maestra y fue un éxito instantáneo con los estudiantes. La segunda, porque su entrevista fue extraordinaria y llegó con excelentes referencias. Y la última, porque su planeación académica era meticulosa y beneficiaría bastante al resto del equipo docente. Con eso en mente, el jefe del departamento le asignó a Sarah la tarea de desarrollar planes de clase semanales con el resto del equipo docente. Las clases comenzaban con una sesión plenaria para que los estudiantes se enfocaran en su labor. El equipo disfrutaba su apoyo, pero luego de unas semanas, Sarah dejó de disfrutar el trabajo. Comenzó a sentir ansiedad y a dudar de sus habilidades.

Cuando comenzamos a trabajar con ella, le preguntamos por la causa de su estrés y nos dijo que se debía al jefe del departamento.

—Tiene buenas intenciones, pero consulta todo lo que hago con el equipo antes de poder hacerlo. Es como si no confiara en mí. Luego me da consejos que quiere que le presente al equipo, pero sus consejos no son los mejores y por eso ya no quiero dirigir al equipo, solo quiero enfocarme en mis clases.

Trabajamos con el equipo directivo en la escuela de Sarah y les sugerimos realizar planeaciones con el personal una sola vez. Le recomendamos a los jefes de departamento que no intervinieran o hicieran microgestiones, sino que permitieran que sus colegas cumplieran con sus responsabilidades por sí mismos. Una vez que implementaron estos cambios, el personal reportó un mayor grado de confianza en sus líderes y niveles más bajos de estrés. La claridad en sus roles y objetivos mejoró, y sabían qué hacer y cuándo hacerlo gracias a que se sentían respaldados a través de instrucciones y direcciones claras. Esto permitió que el personal se sintiera más *responsable* por su trabajo en vez de solo tener que cumplirlo.

Tanto en el caso de Sarah como el de Amy, nos reunimos con los equipos e hicimos pausas. Le preguntamos al personal qué deseaba y de qué manera podría trabajar mejor dentro de sus equipos. Su retroalimentación fue invaluable. Todos dijeron que trabajan mejor mediante la independencia, el balance, la cercanía y la claridad de roles. Brindamos apoyo a los equipos y, aunque algunos miembros cambiaron de trabajo, incluida Amy (ahora trabaja como jefe de personal en otra organización), la gran mayoría prospera gracias a un nuevo enfoque centrado en las personas, con objetivos, establecimiento de metas y estrategias para relajarse a sí mismos y al equipo a través de la visualización.

En general, la pandemia de agotamiento se debe a un mal equilibrio en la vida laboral, y sin fuentes de relajación como la autoconciencia y el FIT para equipos que permitan controlar el pensamiento y el estrés, el agotamiento seguirá propagándose. La realidad es que este problema no debería existir en ninguna organización y, cuando lo hace, es indicativo de que esta no ha establecido las expectativas de manera apropiada, los límites se sobrepasan constantemente y el apoyo entre los integrantes no es el adecuado. Quisiéramos poder resolver la pandemia de agotamiento para todos los equipos, pero no nos es posible. Depende de cada equipo llevar a cabo un cambio cultural que reconozca la cantidad de apoyo que se necesita para cada reto específico. Si algo es fácil, no hace falta apoyo, pero si algo es difícil, el equipo debería brindar más apoyo.

Choque de titanes

Hemos observado que los choques más intensos ocurren cuando hay respuestas emocionales asociadas con la necesidad de reconocimiento. Esta necesidad sobrepasa a la razón y lleva a las personas a autosabotearse. Por ejemplo, puede que uno de los miembros del equipo normalmente tenga la iniciativa de servir, pero cuando trabaja en exceso, se le pasa por alto o no se le aprecia, y puede volverse amargado, vengativo y tóxico consigo mismo y con el equipo.

La historia de uno de los fundadores de la *startup* tecnológica YouSendIt sirve como relato precautorio.[2] Khalid Shaikh, nacido en Canadá, hijo de inmigrantes paquistaníes, dedicó cuerpo y alma a la compañía que comenzó con su hermano. Era su bebé. Renunció a su vida personal para escribir el código original, construir sus primeros servidores y dirigir la compañía. Tanto él como los demás cofundadores tuvieron dificultades para cubrir las cuentas hasta que lograron reunir 11 millones de dólares y terminaron por ceder la propiedad de la compañía.

Después de eso, todo cambio, incluidos los directores. Khalid no se sentía ni bienvenido ni admirado por su trabajo y tuvo problemas para adaptarse a algunas de las normas culturales en las conferencias tecnológicas, como acudir a bares nudistas. Se compró un nuevo guardarropa y comenzó a practicar golf, pero se sentía (y lucía) extraño intentando cosas que no percibía como auténticas. Pasó de usar jeans a vestir trajes que le quedaban demasiado grandes y, para manejar su estrés, comenzó a arremeter contra los demás. Enviaba correos a su mejor amigo y a los miembros de su equipo con mensajes como «Eres un idiota. ¡No puedo creer que hayas hecho esto!».

Al final, Khalid fue despedido. En vez de encontrar la forma de volver a la compañía, como lo hizo Steve Jobs cuando fue despedido de Apple, se hundió en su ira y eso sacó lo peor de él. Lanzó un ciberataque en contra de la compañía a la que había dedicado su vida. Como resultado, fue multado por una cantidad que no podía pagar, pasó un tiempo en la cárcel y ahora vive lejos del mundo con el que soñaba. Es difícil leer sobre una persona tan talentosa y dedicada que aleja a sus amigos y colegas y termina convirtiéndose en un criminal. Esta historia tiene muchas partes que podemos analizar, pero nos enfocaremos en el mismo mensaje que hemos enfatizado a lo largo de este libro: nuestras emociones tienen el poder de sobrepasar el pensamiento lógico. Cuando ansiamos el reconocimiento, podemos perdernos de vista a nosotros mismos y a nuestras metas.

En nuestro trabajo, hemos visto colaboraciones que comienzan con las mejores intenciones, mucho esfuerzo y devoción, y terminan convirtiéndose en un choque de titanes. A veces, esto se manifiesta en pequeños juegos de poder, como quién controla la calefacción en una sala, o en grandes juegos de poder, como maniobrar para convertirse en una máxima prioridad en el radar del líder. La solución a este problema es más compleja que simplemente imaginar un mejor entorno laboral o hablar sobre valores. El primer paso es la autogestión, que incluye encontrar un nivel saludable de equilibrio entre la vida profesional y la personal, y después se debe comprender a los demás y aprender a tener comunicación con diferentes personalidades en diferentes roles.

Visualización y soluciones

Dirigir un equipo es un desafío enorme. Hemos observado dos características principales que dan lugar a un sentido de seguridad y pertenencia, lo que a su vez alimenta la imaginación y, a través de esta, surgen la innovación y las soluciones. Esto hace que el líder no se sienta presionado para resolverlo todo y crea un sentido de responsabilidad compartida, que es la meta final. Estas dos características son la autonomía y la empatía, ambas fundamentales para el espíritu de las entrevistas motivacionales.

Autonomía

La autonomía nos ha ayudado a observar lo que ocurre dentro del cerebro bajo diversas condiciones. Si eres un líder, te interesará saber sobre un estudio realizado por Woogul Lee y otros colegas, quienes compararon las recompensas y castigos para conductas autodeterminadas.[3] Cuando las personas se sienten coaccionadas por recompensas y castigos, se activa un área en el cerebro que indica una pérdida de voluntad, lo que podría significar que pierden de vista sus valores y su habilidad para confiar en sí mismas. Al llevar a cabo conductas de autodeterminación (autonomía, dominio y colaboración), los individuos perciben una sensación de voluntad, es decir, sienten que tanto las circunstancias como los resultados que experimentan están bajo su control y se hacen responsables de ellos. Los miembros de un equipo que poseen esta sensación no perciben que los problemas sean asunto de los demás o que estén fuera de su control, y tienen una menor tendencia a sentirse definidos por sus circunstancias. Y lo que es más importante, es más probable que busquen soluciones para mejorar una situación.

El uso de la visualización brinda a las personas una sensación de autonomía, y lo mismo ocurre cuando se aplica a grupos. Como vimos con el equipo de Catherine, el AIM los acercó y los volvió más fuertes y adaptables.

Empatía

Cuando enseñamos empatía a algún equipo, observamos que las quejas se convierten en colaboración. Es un cambio que impacta en el ánimo, en el sentido de pertenencia y en el objetivo final: alcanzar las metas.

Usamos mediciones motivacionales como el cuestionario PRINT, diseñado por el estadista Paul Hertz, para ayudar a los miembros de un equipo a conocer sus fortalezas, debilidades y conflictos potenciales.[4] La autoconsciencia generada por estos reportes ayuda a los integrantes a hacerse responsables de sus acciones y anticipar lo que podría provocarlas o causar problemas de comunicación dentro del equipo. Cuando revisamos los resultados de estas mediciones con los participantes en conjunto, desarrollan un lenguaje en común y reconocen las diferentes perspectivas, lo cual genera empatía.

Es más desafiante generar empatía en un equipo que de manera individual, porque hay muchas dinámicas en juego. El proceso comienza al escuchar. Cuando realizamos talleres con equipos, promovemos la escucha activa, la formulación de preguntas abiertas y las reflexiones. Recomendamos usar ejercicios que construyan un entendimiento en común sobre cómo las palabras y las acciones de una persona impactan en otra. Así como Google alentó a sus empleados a comunicarse por correo de manera consciente, tu equipo también puede practicar una escucha consciente. Inténtalo ahora. Piensa en alguna ocasión en la que participaste en una conversación significativa y estimulante. Tómate unos segundos para estar inmerso en ese momento. Comienza imaginando la conversación, luego a la audiencia, el entorno, la temperatura...

¿Habló mucho la otra persona? Tal vez solamente tú hablaste porque estabas compartiendo una historia y te hicieron preguntas como «¿Qué pasó después?» (una pregunta abierta) o solo susurraron «¡Qué increíble!» (una reflexión curiosa). En ambos casos, el narrador (tú) pudo haber sentido que la otra persona estaba interesada y verdaderamente involucrada con el relato. Quizá te hayas sentido conectado con la otra persona, escuchado y comprendido.

Ahora piensa en alguna ocasión en la que no te estaban escuchando, cuando quisiste compartir una solución o una historia, pero tu audiencia no te quiso escuchar. Comenzaste a hablar y luego alguien te interrumpió, no respondió o cambió de tema sin prestar atención a tus puntos. ¿Eso te hizo sentir frustrado o decepcionado?

Lo difícil es reconocer cuando escuchas para *responder* y no para *entender*. Para ello puedes usar una versión modificada de la secuencia LAP que funciona de la siguiente manera:

- ➜ **Localiza** tu señal (haz una pausa y respira más despacio). Esto evita que respondas de inmediato.
- ➜ **Activa** la visualización (imagina el propósito de tu equipo en menos de ocho segundos, y luego imagina la meta compartida). Esto evoca una conexión emocional grupal.
- ➜ Debes estar **presente** (escucha, reflexiona o formula preguntas abiertas). Recuerda que tienes que escuchar de manera activa para reflexionar.

Este proceso te permite formar conexiones profundas mientras minimizas esas molestas interrupciones que impiden la escucha activa, lo que a su vez lleva a que los equipos participen en discusiones significativas y permite que la voz de todos sea valorada.

La meta final

La meta máxima es la rendición de cuentas planeada. Esto ocurre cuando cada integrante se toma el tiempo para imaginar los desafíos que el equipo podría enfrentar y realiza el trabajo necesario para combatir la situación potencial antes de que se convierta en un problema. Esto significa que todos en el equipo deben convertirse en participantes concienzudos y pasar de la *responsabilidad* compartida a la *rendición de cuentas* personal y la *acción*.

El primer paso para lograr la rendición de cuentas planeada dentro de tu equipo es volver al modelo AIM descrito en el capítulo 7. Con tu equipo, *calibra* y luego *define una meta compartida*, y después planea en conjunto mediante la *visualización grupal*. Al seguir estos pasos, tu equipo desarrollará una serie de objetivos realistas en los que puede trabajar al *entrar en acción*. El AIM ayuda a minimizar el conflicto porque fomenta las conexiones profundas al involucrar a tu equipo en discusiones sobre valores, creencias y actitudes ganadoras. Se enfocarán de manera colectiva en metas compartidas que el equipo juzgará constructivamente, lo que genera motivación.

Después, conforme tu equipo valora el progreso que han logrado rumbo a las metas y los objetivos secundarios, pueden crear sus propias versiones de puntos de pausa y mesas redondas. Estas prácticas desarrollan la empatía al dar voz a los integrantes del grupo, quienes son escuchados, comprendidos y se conectan formalmente con la meta general o el propósito del equipo y de la organización. El primer paso para tener un equipo resiliente es reconocer que el viaje rara vez es fácil, por lo que es necesario hacer tiempo para los momentos en los que el equipo se reúne deliberadamente a fin de resolver los problemas mediante el diálogo o superar un punto decisivo potencial. Al fomentar abierta y deliberadamente un entorno de aprendizaje, se da forma a la oportunidad de que haya una rendición de cuentas planeada y cada miembro del equipo tendrá el espacio para prever los problemas y apoyar a los demás.

Volvamos con el equipo de Catherine, con el que pasamos un año trabajando en la comunicación del equipo para desarrollar su claridad de roles y dar forma a su meta compartida a través de la conexión y el sentido de pertenencia. No fue fácil, tuvimos que superar sus sesgos y el síndrome «Aquí vamos otra vez», para lo cual fungimos como mediadores a fin de resolver los conflictos que existían desde hace meses. Trabajamos con todos (con algunos más que con otros) y los ayudamos a crear un equipo unido.

Dos meses después de terminar oficialmente, realizamos una llamada de seguimiento, lo cual fue uno de los momentos más gratificantes que hemos tenido.

—Gracias a Dios que trabajamos con ustedes —nos dijo uno de los integrantes que llevaba más tiempo en el equipo—. Atravesamos algunas transiciones bastante complicadas recientemente y todo pudo haberse derrumbado, pero las superamos sin contratiempos.

El equipo estaba usando la visualización de manera regular para planear en conjunto, tenían reuniones donde establecían objetivos con base en su meta compartida y sabían bien dónde enfocar su atención y su esfuerzo. Todavía se sentían incómodos si surgían conflictos o incertidumbres, pero mantenían una actitud flexible y se escuchaban mutuamente con compasión y comprensión.

Catherine estaba complacida con el progreso del equipo y nos dijo:

> Establecer objetivos en conjunto genera transparencia. Todos sabemos lo que tenemos que hacer; nos hace sentir responsables de nuestros objetivos entregables. Usar la visualización para planear en conjunto una vez a la semana en nuestra mesa redonda, y repasar escenarios que incluyan desafíos potenciales, plazos y claridad de roles de verdad nos ha unido como equipo. Es como si todos estuviéramos sintonizados en la misma frecuencia y supiéramos cómo trabajan los demás, conociéramos sus preferencias y tuviéramos un entendimiento más amplio y mayor respeto, de modo que, si surge algún obstáculo, sabemos cómo superarlo juntos. El equipo pasó de sentirse responsable a rendir cuentas por nuestro trabajo y el de los demás.

Cuando las organizaciones crecen, también lo hacen los equipos que las conforman, y con cada hora que se invierte en la colaboración y la conexión, los equipos se vuelven más conscientes de las metas externas, las cuales tienen mayor importancia que la meta grupal. La resolución de los conflictos ocasionales se convierte en un valor organizacional compartido, porque se asume como una lucha por el futuro. Una organización con equipos fuertes que practican la rendición de cuentas tiene la oportunidad de ser parte de algo más grande que ella misma, ya que posee la infraestructura comunal no solo para ascender, sino para ir *más allá*.

CAPÍTULO 9

EL SIGUIENTE NIVEL DE LA VISUALIZACIÓN GRUPAL

La lógica te llevará del punto A al punto B.
La imaginación te llevará a cualquier lugar.

ALBERT EINSTEIN

Uno de nuestros pacientes dijo una vez: «Cerrar los ojos me ha abierto los ojos». También es nuestro caso. Todos comenzamos con una meta —la de Jo era superar su accidente de equitación; la de Jonathan, realizar una investigación y escribir al respecto—, y aquí estamos: con ideas más grandes gracias a que compartimos nuestros métodos e historias en este libro. Hemos visto una y otra vez que, cuando la visualización se convierte en un hábito diario, amplifica la motivación y expande los horizontes. Te hemos dado las herramientas para *percibir, planear* y sentirte más *presente* en tus labores, y esperamos que hayas soltado algunas creencias limitantes para abrazar nuevas formas de existir en el mundo.

Si te preguntas cuál es el siguiente nivel, es una gran interrogante y depende completamente de ti. Para muchos, a estas alturas la meta no es tener éxito en un negocio, en los deportes o en alguna otra aventura personal, sino en mantener una visión compartida (y entrar en acción para llevarla a cabo) y crear equipos cuyos integrantes se conviertan en ciudadanos globales responsables.

Si la idea de tener un impacto más grande y amplio en el mundo te atrae, piensa en lo siguiente: ¿de qué manera te gustaría cambiar al mundo? ¿Se relaciona con la educación, la salud mental, la nutrición, la investigación sobre el cáncer, los derechos animales, el cambio climático o algo diferente?

La visualización de nivel avanzado se extiende más allá de ti e incluso mucho más allá de tu equipo, y tiene que ver con la forma en que usas el AIM para crear un cambio positivo en el mundo. Vas a encontrar obstáculos, como la necesidad de modificar las prioridades personales y grupales cuando las metas cambien, pero también encontrarás oportunidades enormes. Este capítulo incluye muchos ejemplos sobre acciones climáticas porque es un tema que nos apasiona personalmente y con el que estamos comprometidos, pero puedes aplicar cualquier desafío global a nuestros ejemplos.

El efecto rinoceronte gris

¿Sabías que el rinoceronte gris está al borde de la extinción? ¿Has donado dinero o invertido tiempo y esfuerzo en salvar al rinoceronte gris?, ¿o al rinoceronte blanco? Muy bien, última pregunta: ¿qué hay del rinoceronte negro? ¿Donaste para salvarlo? Bueno, ya no importa porque el rinoceronte negro se extinguió en 2011.

El efecto rinoceronte gris se presenta cuando es claro que debemos actuar de inmediato para conservar nuestro futuro global, pero elegimos no hacerlo. Cuando sufrimos el efecto rinoceronte gris, nos establecemos en la ambivalencia y sentimos que no es nuestra responsabilidad generar un cambio o que de cualquier forma nuestros esfuerzos no harían ninguna diferencia. Esto puede deberse al impacto de la proximidad (la mayoría de las personas nunca han visto un rinoceronte) o porque no entendemos la emergencia (la probabilidad de que el rinoceronte gris se extinga luce muy lejana como para que debamos actuar ahora) y, como resultado, no actuamos debido a que no parece haber alguna afectación en nuestras vidas *en el presente*. No obstante, el rinoceronte gris está casi extinto y *podemos* (y deberíamos) hacer algo al respecto.

El verdadero motivo por el que podrías no actuar de inmediato es que el sentido de urgencia está entrelazado con la motivación. Revisemos una teoría antigua para que descubras la chispa que te motive a rescatar al rinoceronte (o a rescatar cualquier otra cosa).

Si has estudiado Psicología, conoces la jerarquía de necesidades de Abraham Maslow. Hace más de medio siglo, propuso una jerarquía de cinco niveles de necesidades por la que ascendemos al perseguir una meta: las necesidades fisiológicas (sueño y alimentación apropiados), luego las necesidades de seguridad (buen estado de salud y financiero), las de amor y pertenencia (amigos, empleados/colegas, familia e intimidad romántica), las de estima (respeto y autoestima) y, por último, las necesidades de autorrealización (alcanzar tu meta).[1]

La teoría se mantuvo a lo largo del tiempo, pero siguió siendo una hipótesis con poca evidencia empírica hasta 2005, cuando Gallup comenzó lo que llegaría a ser un estudio masivo sobre la satisfacción, con más de 60 000 participantes y una duración de cinco años, basada en la escala de necesidades de Maslow. Una de las conclusiones del estudio fue que la felicidad tiene menos que ver con la autorrealización que con la conexión social. Ed Diener, psicólogo e investigador en jefe para la organización Gallup, quien ayudó a diseñar la Gallup World Poll [Encuesta Mundial Gallup], dijo: «La investigación indica que las personas dan una mejor valoración a sus vidas cuando las necesidades de otros miembros de la sociedad también están satisfechas».[2] En otras palabras, eres más feliz cuando se satisfacen las necesidades de las personas que te rodean, y tu calidad de vida disminuye cuando los demás enfrentan dificultades. Por lo tanto, no podemos ignorar el sufrimiento y los desafíos a nuestro alrededor si queremos alcanzar todo nuestro potencial. Cualquier ganancia que obtengamos mediante la visualización será fugaz si decidimos ignorar las necesidades de otros, incluyendo a criaturas como el rinoceronte gris.

El efecto rinoceronte gris se puede vencer a través de la conexión. La visualización fomenta la conexión, permitiéndonos imaginar las conversaciones que podríamos tener con otras personas, y nos ayuda a relacionarnos con los demás de una forma auténtica y realista. Puedes crear una actitud flexible y ganadora y abrir tu mente a nuevas soluciones al considerar escenarios hipotéticos, para luego tomar acciones que establezcan conexiones que te trasciendan; es decir, la conexión que sientes con tu comunidad externa y con el mundo.

Tanto las organizaciones como los equipos e individuos son más efectivos cuando arrancan de la misma forma: tienen una visión y luego retroceden, haciendo concesiones y realizando el trabajo necesario para formar cimientos sólidos. A escala global, algunas compañías han comenzado a realizar este cambio visionario. La Ford Motor Company y otros fabricantes de autos han aumentado el uso de materiales sostenibles, asegurándose de que sus coches puedan ser reciclados (el Ford Focus es reciclable en un 80%). Starbucks literalmente se ha vuelto verde al crear «tiendas verdes», cuya operación genera emisiones bajas de carbono y usa válvulas de agua a baja presión, además de donar sus granos de café a comunidades locales para que los usen como abono en jardines.

Incluso la industria de los cosméticos está recibiendo un cambio de imagen. La popular compañía Lush Cosmetics fabrica todos sus productos a partir de fuentes naturales vegetales, vende productos sin empaque y no realiza pruebas en animales. Sin embargo, no fue fácil llegar a ese punto. Antes de tener su nombre actual, la compañía se llamaba Cosmetics to Go y vendían productos por paquetería sin costo de envío, como bombas para tinas, las cuales llegaban en paquetes extravagantes de papel café y atados con un listón. Quizá sus productos lucían increíbles, pero usaban demasiado papel. Lo que les permitió crecer fue que ni el envío ni el empaquetado tenían costo. Hoy en día, Lush Cosmetics está comprometida con el cambio y tienen un «fondo de caridad» en el que pueden participar organizaciones sin fines de lucro para ganar fondos que les permitan alcanzar metas de sostenibilidad ambiental.

Cómo combatir el efecto rinoceronte gris relacionado con el cambio climático mediante el AIM para equipos

Antes de seguir hablando sobre la sostenibilidad y el medioambiente, tenemos que ser francos. En lo relativo al cambio climático, el efecto rinoceronte gris está tan arraigado en la humanidad que nos ha puesto al borde de consecuencias cataclísmicas. Los polos se están derritiendo a una tasa del 13% cada década y seguirán derritiéndose; como consecuencia, las ciudades costeras quedarán hundidas bajo el agua. ¿Cómo lo sabemos? Gracias a imágenes satelitales que la NASA ha recolectado desde 1979.[3] Hemos trabajado con ecólogos y economistas que alguna vez tuvieron la esperanza de que alcanzaríamos el objetivo de la Organización de las Naciones Unidas de limitar el aumento en la temperatura promedio global a 1.5 °C, pero ahora reconocen que no será posible. Esto significa que, sin lugar a dudas, algunas partes del mundo experimentarán temperaturas extremadamente altas, lo que producirá sequías, pobreza, una caída en la biodiversidad terrestre y marina, y peligros para la salud debido a enfermedades vectoriales como la malaria.

Muchas personas creen que ya es tarde para que la humanidad haga algo, que es imposible que podamos cambiar el resultado de esta crisis ambiental, y que tendremos que adaptarnos o morir, como las demás especies. La crisis climática fue causada por los humanos y la solución tendrá que ser humana. Por esta razón, el *coaching* de visualización es esencial. Tenemos la esperanza de que, al enseñarles a las personas a visualizar y dominar sus puntos decisivos, algunas sean capaces de imaginar una solución para la crisis climática, a fin de trabajar con un equipo que tenga el entusiasmo y la concentración para alcanzar la meta.

El cambio global comienza con acciones a escala micro: tú y tu equipo, visualizando, planeando y actuando juntos. Desarrollamos el AIM para que los individuos se conecten a través de sus imaginaciones y se vuelvan perseverantes, especialmente cuando surgen circunstancias desafiantes. Hoy en día, experimentamos de manera constante el efecto rinoceronte gris. Estamos en un momento de dificultades globales, enfrentamos una crisis existencial como nunca se había visto y tanto el nivel de terror como la naturaleza de la amenaza sin precedentes producen una sensación de nihilismo que ha generado una inercia feroz. Ahora más que nunca necesitamos una actitud ganadora para imaginar, intentar, refinar, adaptar, reimaginar y volver a intentar hasta tener éxito porque, con esta crisis climática, en realidad no tenemos alternativa. Debemos tener éxito.

Una estrategia que enseñamos a las personas para vencer la sensación de inercia es imaginar y describir su lugar de asombro: el lugar donde sienten una armonía sobrecogedora con la naturaleza. Estos lugares varían: «Caminar en una playa y mirar al horizonte», «Mirar las estrellas durante la noche y que la mente viaje hacia lo desconocido» o «Acostarse en un pastizal y ver las nubes pasar por encima». Tu lugar de asombro es tu arma secreta contra los pensamientos indeseados, y pensar en él te mantendrá conectado con tus metas y te ayudará a reiniciarte porque es tu ancla emocional. Tiene significado y, con frecuencia, tienes que usar la visualización multisensorial vívida para traerlo a tu mente.

Vamos a tomarnos un momento para activar el modo de visualización. Comienza por concentrar tu atención en tu respiración. Ahora en tus pies. Siente el piso y conéctate con él; no hace falta que ocurra nada especial, solo presta atención. Imagina que estás en tu lugar de asombro en este momento. Imagina los paisajes, los sonidos, el clima, los sabores y los aromas, el movimiento de tu cuerpo, las sensaciones y las emociones. Piensa durante unos segundos en la razón por la que este es tu lugar de asombro. Reconecta y desarrolla.

Ahora, sin salir del modo de visualización, imagina el mismo lugar, pero cincuenta años en el futuro. ¿Algo cambió en el espacio físico o todo sigue igual? ¿Hubo algún cambio en ti o en las personas con las que estás? Mantén ese pensamiento respecto al futuro durante unos segundos. Ahora viaja cien años al futuro, pero tu lugar de asombro ya no existe; está arruinado. ¿Cómo te sientes? Esta será la realidad si no usamos nuestra imaginación para resolver los conflictos y el cambio climático.

Tus actos en el presente, en especial si son consistentes, tienen importancia porque tus acciones definen tu futuro y tu historia.

Puedes usar el AIM para superar el efecto rinoceronte gris, más allá de tu compromiso y tus esfuerzos personales. Puedes usar el poderoso ejercicio del viaje al futuro que acabamos de mostrarte para aumentar la sensación de urgencia de todos. Los equipos pueden emplear la visualización para imaginar qué sucedería si siguieran operando de la misma manera durante los próximos cinco o diez años.

A menudo, cuando comenzamos a trabajar con equipos, usamos un ejemplo no relacionado con el medioambiente para generar una discusión. Presentamos un tema que resulte cercano —como la tecnología—, preguntando al equipo qué pasaría si no implementaran un nuevo software que la competencia ha estado usando para agilizar su flujo de trabajo. Comenzamos con un escenario: «Tú equipo está considerando utilizar un nuevo software. La sensación general en el equipo es que implementar el programa y dominarlo para sacarle el mayor provecho requerirá mucho tiempo y esfuerzo. Todo el personal se beneficiará, pero requiere grandes cambios para los que —tememos— todavía no estamos listos». Invitamos a los equipos a imaginar qué efecto tendría en la compañía, los equipos y sus vidas personales, y exploramos las emociones y motivaciones relacionadas con el cambio.

Luego pasamos al tema del medioambiente y examinamos el efecto rinoceronte gris explorando los puntos decisivos individuales respecto a decisiones en favor del medioambiente como reciclar, ahorrar energía, limitar el desperdicio de comida, etc., e invitamos a los equipos a desarrollar su propio escenario: «¿Qué podrían hacer en este momento como organización para ejemplificar cómo superar el efecto rinoceronte gris?».

En este punto, casi todos los equipos discuten factores ambientales, aunque algunos discuten sobre tecnología. Después los invitamos a imaginar que *no* realizan acciones en favor del medioambiente, *no* conservan el agua o *no* comparten su auto para evitar la contaminación, este es el escenario propuesto con mayor frecuencia.

A continuación, formulamos preguntas que invitan a los equipos a prever qué pasaría si compartieran su coche más a menudo:

- ¿Qué impacto tendría en el medioambiente compartir mi auto al trasladarme al trabajo? ¿Qué beneficios habría para nosotros a escala local y en relación con la crisis ambiental a escala global?
- ¿Por qué es importante para mí/nosotros?
- ¿Qué *debo* hacer para convertirme en un miembro activo del programa? ¿Qué significa eso para mí?
- ¿Qué debemos hacer para comenzar? ¿Estamos listos para implementar cambios ahora? ¿Cuál será nuestro siguiente paso?
- ¿Este programa es sostenible?
- ¿Qué pasará si no lo hacemos?
- ¿Cómo podemos juzgar el éxito o el fracaso? ¿Podemos imaginar ambos escenarios, que más personas compartan su auto y que menos personas lo hagan?
- ¿Cómo podríamos hacer crecer el programa en cinco/diez/cincuenta años?
- ¿Qué apariencia tienen nuestras acciones? ¿Por dónde comenzamos y cuáles serán nuestros objetivos secundarios?

Los equipos se sumergen en la visualización, imaginando resultados positivos y negativos tanto si actúan como si no lo hacen. Si el momento es apropiado, el resultado siempre es que los equipos desarrollan planes de implementación para después trabajar en sus conductas.

El momento apropiado

La sincronía es fundamental para que haya cambios en la conducta, ya que las personas solo cambian cuando están listas. No puedes y no deberías forzar el cambio, porque los participantes recaerán y volverán a sus viejos hábitos a menos que se fomente su autonomía personal. Para establecer en qué grado una persona está lista para el cambio, pídele que califique su disposición a comenzar de inmediato en una escala del 0 («No estoy listo») al 10 («Comencemos ahora mismo»). Estos puntajes pueden servir como puntos de referencia para exploraciones adicionales: si la calificación es un 7, podrías preguntar por qué no es un 5, o cómo serían las cosas si fuera un 9. Los puntajes dan pie a discusiones grupales y reflexiones personales. El cambio comienza con la reflexión (por ejemplo, ¿qué me dice la experiencia?) y luego continúa con la incubación (por ejemplo, ¿qué significa esto para mí y para los demás?). Si las personas exploran el motivo por el que algunas metas desafiantes hacen eco en su interior, comenzarán a pensar en formas creativas de implementar cambios, lo que aumentará su disposición. Esto es importante porque, para alcanzar metas desafiantes, hace falta tener creatividad a lo largo del proceso —al planear, al comenzar, al enfrentar dificultades, al tener éxito— y, subsecuentemente, cuando reimaginas el siguiente viaje. Necesitamos ser creativos para salvar a los habitantes de este mundo, y para ser creativos, necesitamos estar llenos de imaginación.

Vamos a imaginar que has realizado algunos cambios en tu vida para ayudar a cuidar el medioambiente, por ejemplo, que formas parte de un proyecto de recolección de basura desde hace un par de meses.

El proyecto va bien y conociste a varios activistas que piensan como tú. Tu labor tiene un gran propósito y significado, y disfrutas la oportunidad de salir y mantenerte activo. Uno de tus amigos en la oficina te dice «¡Te ves muy bien! ¿Cómo lo haces?», a lo que respondes, «A la hora del almuerzo voy a correr y llevo mi bastón para recolectar basura en el parque».

Tu amigo sonríe y le preguntas «¿Quieres venir conmigo?», a lo que responde «No estoy seguro. Pero tal vez en otra ocasión».

Mientras algunos podrían estar listos para zambullirse de lleno y unirse a ti, otros solo meterán los dedos al agua un poco. Escuchar a las personas y saber en qué punto de su viaje hacia el cambio se encuentran te servirá para entenderlas y conectar con ellas. De nuevo, todo tiene que ver con la sincronía.

Un buen amigo de Jonathan llamado Thomas trabaja como gerente de operaciones en una organización importante que opera con combustibles fósiles. Thomas es activista ambiental desde que iba a la universidad, donde asistió por primera vez a marchas y protestas organizadas. Puede que te preguntes por qué un activista ambiental trabajaría para una compañía de combustibles fósiles. Thomas tenía dudas sobre si podría trabajar en una empresa que hace dinero importando «energía sucia», pero percibió que su rol era central para realizar cambios mayores porque quería asegurarse de que la empresa operara de forma ética y funcionara de tal forma que disminuyera las emisiones de carbono. Como activista ambiental y empresario, sabía que estaría involucrado en la toma de decisiones importantes y, en consecuencia, podría tener un impacto en la mesa directiva y no solo detrás de una pancarta de protesta.

Las decisiones importantes normalmente se toman en las mesas directivas —donde los participantes clave de una compañía alcanzan consensos—, pero no necesariamente se originan ahí, y no es el lugar donde se implementan. En enero de 2018, tras meses de lucha, Thomas pudo dirigir exitosamente a su equipo a un consenso: la organización declaró una emergencia climática. Lo hicieron porque se dieron cuenta de que era muy probable que las temperaturas globales excedieran el objetivo de 1.5 °C, lo que afectaría los niveles oceánicos y los hábitats de todas las criaturas vivientes. Más aún, la compañía reconoció que era «parte de la causa de la crisis climática». Aunque fue una gran victoria para Thomas (en serio, ¡logró que una compañía de combustibles fósiles declarara su impacto negativo en el medioambiente!), hubo muchas discusiones respecto al momento apropiado para hacer la declaración.

En una reunión con el equipo directivo, Thomas dijo:

—Estoy muy feliz de que todos estemos de acuerdo. Necesitamos tomar acciones inmediatas. ¿Cuáles podrían ser?

Uno de sus colegas respondió:

—Hagamos una pausa para dedicar uno o dos meses al desarrollo de un plan de cinco pasos para reducir nuestra huella de carbono.

Esta respuesta dejó perplejo a Thomas.

—¿No podríamos hacer eso ahora? —preguntó—. Una crisis climática debería tener una respuesta urgente. ¿Podemos compartir algunas ideas ahora?

—¿Ahora? —intervino otro de sus colegas—. Eso sería apresurado. Necesitamos dedicarle tiempo. Esta es una gran oportunidad para que desarrollemos un plan de *marketing*, en especial si copiamos las estrategias de otras organizaciones bien posicionadas.

El primer colega respondió:

—Exactamente. Debemos tener un plan de *marketing* detallado. Hagamos el anuncio en el Día de la Tierra con una gran conferencia de prensa. ¿Alguien sabe cuándo es?

—Sí, es en abril —afirmó otra persona—. Esa semana me voy de viaje con mi familia. ¿Podemos cambiar el cronograma y pasar la declaración de emergencia a una fecha posterior?

Thomas habló.

—Creo que lo importante aquí es desarrollar una estrategia de trabajo y hacer un anuncio de inmediato. Lo ideal sería hacerlo en máximo una semana.

—¿Cuándo es la COP24? —preguntó el segundo colega, refiriéndose a la Conferencia de la Organización de las Naciones Unidas sobre Cambio Climático 2018.

—En diciembre —respondió Thomas.

—Perfecto. Desarrollemos una estrategia durante los próximos dos o tres meses, que el área de *marketing* considere su impacto, y redactemos un documento con las políticas de la compañía. De esa forma no tenemos que hacer implementaciones inmediatamente.

Completamente frustrado, Thomas declaró:

—¿Alguien ve la ironía de todo esto?

Aunque había logrado alcanzar un acuerdo entre sus colegas sobre la importancia de declarar una emergencia climática, Thomas se había saltado el paso importante de acordar el momento adecuado, y se dio cuenta de que la importancia y la preparación no siempre están conectadas. Luego de una larga discusión respecto a planes de acción, desarrollo de políticas y fechas de arranque, la organización acordó implementar «cambios significativos en las operaciones con el objetivo de alcanzar metas de sostenibilidad, con efecto inmediato».

Encontrar el momento adecuado con la ayuda del AIM

Los objetivos del AIM son tanto la colaboración como establecer y alcanzar metas compartidas. Las metas compartidas se deben discutir e imaginar, y se debe trazar la ruta de los objetivos secundarios. Al trazar esta ruta, pedimos a los miembros del equipo que califiquen la confianza que tienen en su habilidad para alcanzar la meta, la importancia que esta tiene y su disposición para comenzar (mediante la escala de 0-10 antes descrita). Después recolectamos y promediamos las calificaciones individuales, y discutimos la calificación final dentro del equipo junto con cualquier discrepancia en los puntos de vista. Por ejemplo, si uno de los miembros del equipo tiene un puntaje de disposición de 5 y el del resto del equipo es de 8, el equipo discute sobre la discrepancia. Este proceso no siempre aumenta la urgencia con la que un equipo entra en acción respecto a una visión externa colectiva, pero permite que los integrantes compartan sus razones para querer (o no querer) actuar. En los equipos con calificaciones altas en la escala de disposición, el AIM aumenta la confianza respecto a la meta y agrega una sensación de urgencia, lo que resulta en un plan de acción. En los equipos con calificaciones bajas, los puntajes indican que la meta no es apropiada en este punto, por lo que se requiere más trabajo para encontrar la meta compartida correcta antes de volver a valorar su importancia y la disposición de los integrantes.

Crea una manada

Al intentar ser un factor de cambio, Thomas era un lobo solitario, lo que lo llevó a una ruta de progreso lento y resistencia porque el equipo no estaba listo para ese cambio. Cuando dos lobos solitarios se unen y comparten una meta, se convierten en una manada (pequeña) y ya no están solos. Incluso una manada pequeña de dos integrantes tiene el potencial de producir un cambio en el pensamiento de los demás con rapidez y generar un impulso en dirección a la meta. Imagina un equipo de lobos igualmente ansiosos por alcanzar una misma meta. Sería un equipo de alto rendimiento imparable.

Una manada imparable tiene una meta específica que enciende una identidad única a través de la toma de decisiones creativa, los planes y las acciones. Imagina comenzar una manada de alto rendimiento, o quizá ya formes parte de una. Este es un equipo que «lo entiende» y que está preparado. Cada miembro es parte del propósito, tiene un significado personal que lo ata a la meta, y la acción lo llena de energía.

Hagamos una visualización respecto a esto. ¿Cómo luce tu equipo? ¿Cómo se siente formar parte de ese equipo? ¿Cómo son las personalidades de sus integrantes? ¿Sus puntos de vista son similares o diferentes? ¿Existen lineamientos para que quienes deseen unirse a tu manada puedan hacerlo? De ser así, ¿cuáles son?

Los equipos de alto rendimiento tienen cerebros que comparten puntos de vista sin restricciones, rápidamente desarrollan el potencial de sus miembros y fomentan un ambiente compasivo y próspero en el que las personas pueden equivocarse, aprender y sentirse respaldados.

Formar una manada a través del AIM

El AIM alinea los valores, las creencias, las actitudes y las metas del equipo. Crea una sensación de urgencia al proveer herramientas para realizar visualizaciones multisensoriales detalladas de cómo sería fracasar y, luego, de cómo sería alcanzar la meta. Al usar la visualización grupal para explorar escenarios en conjunto, descubrimos que sus miembros se identifican más con el proceso y los resultados a medida que se esfuerzan por alcanzar los objetivos acordados. Esto mantiene enfocados los esfuerzos de todos los participantes y promueve la rendición de cuentas en todo el equipo. En general, el proceso AIM amplifica las conexiones grupales creando un sentido de pertenencia y un compromiso con una meta desafiante que va más allá del propósito personal.

Fomentar el pensamiento diverso para encontrar soluciones creativas

Ciara gestiona uno de los fondos de inversión de más alto rendimiento en el mundo. Solía ser capitana del equipo de tenis en Harvard, y odia perder, motivo por el cual quedó perpleja cuando su equipo no pudo superar con éxito una sesión en un *escape room* en el tiempo asignado. Al ser una persona con una mentalidad de crecimiento que desea aprender de sus errores, Ciara le preguntó al gerente del *escape room* si otras personas habían completado la sesión y cuáles eran sus perfiles.

—Sí. Los que salen son grupos de pensadores creativos, artistas, músicos y escritores. Es esencial escuchar y colaborar.

La historia de Ciara demuestra la importancia de la cooperación entre personas con ideas diversas en entornos de apoyo. Si vamos a encontrar soluciones a los problemas cada vez más abundantes de la actualidad, desde los servicios de salud hasta el medioambiente, debemos expandir nuestras mentes y hacer partícipes a aquellos que piensan de forma creativa. La naturaleza humana dicta que tendemos a convivir con personas con ideas similares a las nuestras, pero solo podremos resolver nuestros problemas, desafiar críticamente nuestras ideas e innovar si abrimos las puertas a personas con ideas e historias diversas que cuestionen nuestros puntos de vista sin dejar de apoyar nuestras metas.

Cuando trabajamos con integrantes de las fuerzas armadas y les preguntamos por qué se unieron al ejército, nadie habla sobre Dios o su país. Por lo general, las respuestas son «Seguridad financiera», «Conocer a personas con ideas similares», «Viajar por el mundo» o «Aprender un oficio». No hemos conocido a un solo soldado que mencione a Dios, a la reina, al presidente o defender las fronteras nacionales. Cuando hablamos sobre metas, exploramos la manera en que todos —cada soldado (y cada investigador)— estamos conectados con una meta, incluso si tenemos trasfondos diversos y nuestras ideas son diferentes. Todos compartimos una meta que nos da un propósito conectado, y esto crea nuestro vínculo inicial. A medida que ese vínculo se fortalece con el paso de las semanas y nos conectamos, dándonos cuenta de la importancia de cada miembro del equipo, la motivación de la manada crece.

Los buenos equipos reconocen la necesidad de la diversidad de ideas, personalidades y trasfondos. Todos tenemos habilidades y experiencias únicas. Las diferencias en la forma de pensar, que se combinan con nuestras características únicas, nos permiten encontrar un carácter distintivo. Esto significa que, aunque persigamos una meta como equipo y nos identifiquemos con él, somos capaces de reconocer nuestras contribuciones individuales durante la búsqueda de esa meta. Nuestras ideas y temperamentos evolucionan conforme reconocemos nuestra identidad grupal, lo que nos permite pensar de forma creativa como unidad. Esta dinámica es esencial para la manada porque todos presentan perspectivas nuevas que pueden servir para fortalecer el enfoque colectivo al momento de superar los desafíos.

En el entrenamiento de combate, donde los soldados deben avanzar hacia un objetivo, la diversidad de ideas y personalidades significa que algunos individuos prefieren dar instrucciones y dirigir el movimiento del personal, otros desean revisar el plan y el progreso actual, a otros les gusta crear planes, pero no se involucran en la acción, y otros solo quieren terminar la práctica para que dejen de gritarles. Cualquiera que sea la preferencia de los soldados, esta es esencial en la manera en que la unidad opera, desde la planeación hasta la práctica funcional.

Alentar el pensamiento diverso mediante el AIM

En grupos de bailarines, el entrenamiento de visualización puede mejorar la creatividad y el pensamiento flexible durante el desarrollo de una nueva coreografía.[4] Durante un estudio de seis sesiones, enseñamos visualización multisensorial a un grupo de bailarines y exploramos movimientos grupales, con lo cual crearon una coreografía específica e innovadora. Los resultados demuestran que compartir ideas diversas y usar la visualización puede producir conceptos novedosos y hacer más flexible el pensamiento.

Cuando usamos el AIM con equipos, los participantes reportan mejoras en la apertura y la positividad, y observan que este modelo genera una plataforma de igualdad para todos desde la cual pueden planear actividades en conjunto. Como describimos en el capítulo 7, cuando trabajamos con las fuerzas armadas, los soldados discuten sus planes abordando diferentes perspectivas, tales como pensar en lo que el enemigo podría hacer. Imaginan el Plan A, el Plan B y el Plan Z antes de definir cuál es la mejor estrategia para el grupo. Aquí es donde la diversidad de ideas críticas juega un papel importante. Luego de que el equipo crea el plan más apropiado, cada miembro acepta su rol (por ejemplo, soldado A: «Avanzaré hacia la posición tres mientras ustedes me cubren desde la posición dos, y luego atravesaré el punto de acceso»). Después, se comprometen con el plan (soldado B: «Coordinaré el avance desde el punto dos. ¿Todos estamos de acuerdo con el plan?»). Por último, ponen el plan en acción.

La diversidad de pensamiento permite a los equipos alcanzar sus metas y, con frecuencia, los integrantes ven más allá de la meta y piensan en formas de apoyar a sus comunidades locales. Vemos este fenómeno con regularidad al trabajar con equipos que organizan colectas comunitarias, como carreras de 5 kilómetros, días familiares, voluntariados en comedores colectivos o colectas de alimentos. A menudo es un lobo solitario el que genera estas ideas creativas, que luego adquieren impulso al trabajar con una manada, gracias al sentido de conexión entre sus integrantes.

¿Cómo determina tu manada el progreso hacia la meta unificada? Una manada motivada dictará la velocidad con la que avanza hacia un objetivo mientras persigue una meta con un propósito general. Llena de energía y entusiasmo, la manada enfoca su atención en el objetivo desarrollando soluciones creativas e implementándolas. Cuando se hace bien, el trabajo en equipo produce una cultura de esfuerzo e inteligencia que se vuelve la norma para la realización de tareas.

Sacrificio

Piensa en una ocasión en la que hayas hecho un sacrificio para alcanzar una meta o un objetivo. Quizá cursaste un posgrado, obtuviste un grado técnico o comenzaste un pasatiempo. Al decir «sacrificio» no nos referimos a sentir que tuviste que ceder en algo, como salir de trabajar exactamente a las cinco de la tarde todos los días porque tu jefe es un controlador. Más bien nos referimos a una parte necesaria en tu nueva rutina, tu nueva normalidad, que se convirtió en algo que guía tu vida. Este tipo de sacrificio ocurre con frecuencia en los deportes, donde los atletas sacrifican su vida social, eventos familiares, ingresos y su descanso. Cuando les preguntamos por qué hacen tantos sacrificios, responden: «Es parte de ser un atleta». Quizá seas un lobo solitario, o quizá tienes una manada. De cualquier forma, tendrás que hacer sacrificios explícitos y deliberados para alcanzar metas demandantes.

Desde luego, al comenzar a cambiar tu conducta, los sacrificios serán incómodos. Crear una nueva normalidad suele ser difícil porque este acto desafía tus pensamientos automáticos. Con frecuencia, esta sensación de sacrificio toma la forma del miedo a estar ausente (FOMO, por sus siglas en inglés) o el miedo a la opción equivocada (FOBO, por sus siglas en inglés): la aprensión por tener que elegir una acción por encima de otra que podría generar una gratificación inmediata. ¿Deberías ir a una fiesta antes de una competencia o quedarte con tus compañeros de equipo? Una vez que aceptas que un sacrificio en particular es un requerimiento de tu identidad —por ejemplo, «Soy un doctor y eso me obliga a trabajar hasta tarde por las noches y a no tener mucho tiempo para socializar»—, este se convierte en una norma cognitiva y conductual.

Desarrollar una identidad y normas compartidas es parte del proceso de la manada. Cuando las personas con pensamientos diversos aceptan estas cualidades, con frecuencia se genera un llamado a la acción que involucra sacrificios. Por ejemplo, ofrecerse como voluntario para apoyar a una organización benéfica puede significar sacrificar un fin de semana, un sacrificio que haces deliberadamente al imaginar el trabajo en equipo durante un acto desinteresado. Esta consciencia altruista, al estar vinculada con tu propósito y significado, te permite tomar rápidamente el control de tu punto decisivo y pasar de la visualización destructiva del FOMO/FOBO (por ejemplo, comerte un panqué) a la visualización constructiva (volver a ponerte tu ropa favorita).

Fomentar el sacrificio deliberado mediante el AIM

En nuestro trabajo con atletas olímpicos, descubrimos que la identidad grupal produce conductas específicas que se forman con base en las rutinas del equipo (por ejemplo, llegar temprano a un entrenamiento), las actitudes colectivas (para ser los mejores, debemos hacer sacrificios) y las expectativas del grupo (dar retroalimentación constructiva a los compañeros). Estas acciones se vuelven una práctica común y a menudo permiten los sacrificios o la adopción de una nueva conducta. Al trabajar para conseguir tu meta, por cuenta propia o con un equipo, el sacrificio debe ser una decisión autónoma que cada integrante toma para conseguir un beneficio futuro.

Mario, un nadador italiano, se mudó para ser parte del mejor club de nadadores en el país. En consecuencia, llegó a compartir un departamento con otros cuatro nadadores de alto rendimiento. Entre ellos, los nadadores que recibieron entrenamiento con el AIM establecieron normas para alcanzar una meta a largo plazo. Imaginaron los obstáculos que podrían enfrentar al vivir juntos y cuidar su salud. El principal obstáculo fue encontrar la manera de apegarse a un plan de alimentación saludable, así que optaron por establecer algunas reglas básicas: primero, no comerían carbohidratos pesados, como el pan, porque creían que no era la mejor fuente de energía para nadar y consumirlos perjudicaría el valor colectivo de la alimentación saludable. Para ellos, dejar el pan fue un pequeño sacrificio para hacer una gran diferencia en su desempeño. En su lugar, comían avena, arroz integral y muchos vegetales, haciéndose responsables mutuamente de su dieta, a la que llamaron «alimentación limpia». Los «carbohidratos pesados», como el arroz blanco, algunas pastas y todo lo que se preparara con masa, recibió el nombre de «alimentación sucia». Mario dejó de comer cosas «sucias» e hizo su parte para que todos en el equipo de natación también se hicieran responsables de su alimentación.

Cuando un equipo se convierte en una manada, su compromiso con sus metas inspira a los demás a esforzarse. Esto se conoce como «semillero de talento».[5] Los semilleros son los espacios en los que personas con mentalidades similares entrenan, aprenden, compiten y crecen juntas, y al tener metas similares, desarrollan normas que se transmiten a los demás. Estas normas, las normas de la manada, dan forma a la cultura que los conecta a todos si la organización lo permite.

Las normas también dan forma a los equipos corporativos. Pedimos a los miembros de uno de estos equipos enlistar los sacrificios deliberados que habían hecho recientemente. Lo primero en la lista fue la decisión de convertir un cuarto, u otro espacio disponible, en una oficina para trabajar desde casa. Puedes pensar que no es un sacrificio muy grande, pero esta decisión transforma el entorno del hogar en un espacio de trabajo, lo que, de acuerdo con muchos empleados, «aumenta el estrés y disminuye la productividad». Preguntamos a los equipos cómo podrían crear una norma grupal para reducir la carga de trabajo al hacer este sacrificio deliberado, y establecieron que los viernes no se realizarían videollamadas y dedicarían las tardes de los miércoles a la creatividad («¿Te gustaría trabajar en un proyecto conmigo? ¡Es la norma los miércoles!») para dar forma a la conexión y pertenencia del equipo y recuperar el control respecto al estrés y la productividad. Un sacrifico deliberado dio como resultado que el equipo adoptara una nueva norma, lo que hizo que el sacrificio fuera más manejable. Estar conectado con otros al tomar decisiones independientes (como cuando apagas la cámara de tu computadora) incrementa la autonomía a través del significado (importancia personal). En el caso del equipo que quería mejorar la experiencia del trabajo remoto, aprovechar la oportunidad de asistir a tardes creativas dependía del individuo, pero la oferta debía existir en primer lugar. La oferta y el entorno deben ser los correctos, y cuando las personas ven un valor y un significado en la actividad, se vuelve parte de su rutina y nace una norma.

Mario cambió rápidamente sus hábitos alimentarios no solo para adaptarse a sus nuevos *roomies*, sino porque era la ruta sostenible para poder mejorar su rendimiento. Él «vio» el valor de hacer ese sacrificio porque estaba relacionado con su pasión, la natación, y usó este conocimiento cada vez que enfrentó un punto decisivo: en vez de ceder ante la tentación impulsivamente, podía detenerse y recordar que la comida poco saludable entraba en conflicto con sus valores y su conducta elegida.

Viaje en el tiempo: recapitular y revisar

Cuando entrenamos tanto a individuos como a grupos, realizamos una visualización tipo «viaje al futuro» en el último taller para recapitular las habilidades que los participantes aprendieron y revisar sus narrativas. Esta última parte cierra el círculo al usar esas habilidades y reimaginar cambios que no solo sean individuales o grupales, sino que vayan más allá de los participantes, porque se enfocan en aquellos que heredaran sus roles o incluso nuestro planeta. En este punto, a menudo descubrimos que los individuos y los equipos comienzan a imaginar formas que exceden sus metas iniciales y descubren el verdadero valor de la visualización. El plazo en el que estos beneficios se vuelven realidad varía para todos. Trabajamos con equipos que alcanzan sus metas en tan solo seis semanas mientras que a otros les toma más de un año. El AIM promueve el sentido de pertenencia, y se requiere tiempo para formar conexiones profundas. Cuando reciben ese tiempo, las personas hacen sacrificios, entienden la importancia de la diversidad de pensamiento y desarrollan un mayor sentido de urgencia.

El último ejercicio que realizamos involucra viajar en el tiempo y contar nuevas historias, lo que amplifica la motivación y alinea todavía más las metas basadas en un propósito, y esto a su vez lleva esas metas más allá de nuestros círculos inmediatos, extendiéndolas a las comunidades externas, y también más allá de la duración de nuestras vidas.

Es posible viajar en el tiempo y, de hecho, lo hacemos continuamente. Cuando sentimos nostalgia, estamos viajando en el tiempo. Cuando sentimos ansiedad o anticipamos nuestros futuros, estamos viajando en el tiempo. Viajamos mentalmente en el tiempo todos los días, y a veces puede ser atemorizante o triste, como cuando pensamos en experiencias pasadas con un anhelo agridulce por los «buenos y viejos tiempos». Siempre que vas al interior de tu cerebro, el viaje mental en el tiempo está vinculado con tus emociones. Ya que el AIM tiene la intención de *ir más allá de tus metas y expectativas iniciales*, usamos estos vínculos emocionales para establecer buenas conductas en el presente, de tal modo que nuestro futuro sea más brillante de lo que jamás podríamos imaginar.

En uno de nuestros proyectos de investigación no publicados, nos concentramos en la siguiente generación. Pedimos a 294 estudiantes de tres escuelas diferentes, cuyas edades iban de los 14 a los 19 años, que calificaran cuán capaces creían ser para influir personalmente en el cambio climático, usando una escala del 1 («¡No soy nada capaz!») al 10 («¡Soy absolutamente capaz!»). La calificación colectiva fue de 2.4. Después les preguntamos si todo el grupo, como equipo, podría influir en el cambio climático. Los resultados fueron similares: la calificación promedio fue de 2.6, lo cual nos resultó preocupante.

Pedimos a los maestros que crearan un consejo estudiantil de sostenibilidad. Los maestros no podían forzar a los estudiantes a participar, sino que estos debían hacerlo por sí mismos. Nos reunimos con los 29 alumnos que se ofrecieron como voluntarios (divididos en cinco grupos) y les pedimos hacer tres cosas.

En primer lugar, que discutieran por qué es importante (o no) tomar decisiones sostenibles respecto al medioambiente. Para esto tuvieron que hacer algunas anotaciones en sus diarios y presentar sus hallazgos al grupo. En segundo lugar, medimos sus habilidades de visualización y les enseñamos a refinarlas. Por último, les enseñamos a viajar mentalmente en el tiempo.

Les pedimos localizar su lugar de asombro, por ejemplo, la cima de una montaña o una playa, sintiendo el viento, la temperatura; escuchando las conversaciones a su alrededor, y sintiéndose conectados. Después contrastaron mentalmente su lugar de asombro en el presente con su apariencia en cien años si no se hace nada para revertir el cambio climático. Al mismo tiempo, los invitamos a escribir en sus diarios respecto a la frecuencia con la que piensan en la sostenibilidad y el medioambiente. Esto se convirtió en su diario de pensamiento. Por último, los invitamos a comprometerse a realizar una acción de sostenibilidad ambiental de manera consistente, como reciclar, pero la decisión de hacerlo dependía de ellos.

Tras un par de semanas, volvimos a reunirnos con ellos. Nos dieron retroalimentación respecto a lo que aprendieron, refinaron e implementaron. Todos los integrantes del consejo tomaron decisiones más conscientes y buscaron ser creativos en sus implementaciones. Una estudiante de nombre Lucy comenzó a bañarse con agua fría con la intención de que pasar menos tiempo bajo la regadera debido a la incomodidad, y así poder ahorrar agua. Otros dos estudiantes construyeron «hoteles» para abejas, y nueve comenzaron a usar botellas reutilizables. Todos implementaron una acción de manera individual, pero lo que pasó después fue todavía más interesante: formaron una manada.

El consejo estudiantil de sostenibilidad produjo un cambio en sus escuelas. Lucy, quien había estado bañándose con agua fría por 15 días (llevaba la cuenta), pidió a los administradores de su escuela que redujeran un poco la temperatura en las regaderas del campus. Los estudiantes que construyeron los hoteles para abejas trabajaron con el departamento de ciencias para elaborar todavía más y los colocaron por toda la escuela. Todos trabajaron en conjunto con las direcciones escolares para eliminar los plásticos de un solo uso, y también colaboraron con el personal de las cafeterías para reducir el desperdicio de alimento ajustando el tamaño de las porciones servidas. Un grupo incluso pegó carteles para recordar a los maestros apagar las luces y los monitores cuando no estuvieran en uso.

Al final del periodo académico, volvimos a preguntar a los 294 participantes originales las mismas dos preguntas: en una escala del 1 al 10, ¿crees poder influir personalmente en el cambio climático?, y ¿tu equipo/escuela puede influir en el mismo ámbito? Ambas preguntas combinadas obtuvieron un asombroso puntaje de 7.4. Los estudiantes no solo se volvieron una fuerza en acción, sino que se transformaron en una manada enfocada en la urgencia de actuar.

Si esos estudiantes pueden lograr tanto a través del viaje mental en el tiempo, ¡imagina lo que tú puedes lograr!

CONCLUSIÓN

Es imposible vivir un solo día sin influir en el mundo que nos rodea. Lo que haces marca la diferencia y tienes que decidir qué tipo de diferencia quieres marcar.

Jane Goodall

Jo y su novia comenzaron una nueva tradición combatiendo lo que llamaron «incendios en el comedor», un término que comenzaron a usar luego de leer el libro *ADHD and Me: What I Learned from Lighting Fires at the Dinner Table* [El TDAH y yo: lo que aprendí al comenzar incendios en el comedor], de Blake E. S. Taylor. Para dicha tradición, usaban una caja con preguntas. Cada persona en la mesa tiene la oportunidad de sacar una carta, leerla en voz alta y esperar a que todos respondan (claro que Reid recibía ayuda para leer las cartas porque solo tenía 4 años). Un lunes por la noche, tras un día complicado, Jo sacó una carta que decía: «¿Permites que los asuntos pequeños tengan un efecto sobre los asuntos más grandes?».

Todos respondieron que sí.

—¿Quién no? —agregó Andrew, de 9 años.

Entonces, el pequeño Reid intervino en contra.

—No, no. ¡Yo no lo hago!

Todos rieron a causa de su respuesta. Aunque él no entendía del todo el concepto, a Jo y a su pareja les pareció una respuesta sincera. Su vuelo a Utah se había retrasado y la aerolínea había perdido una de sus maletas con esquíes, dejándolos varados en el aeropuerto a la una de la madrugada. Reid, bastante tranquilo, estaba apuntando hacia la luna y las montañas cubiertas de nieve con alegría.

Mientras todos estaban cansados y malhumorados, él veía el camino a través de la ventanilla, maravillado y lleno de asombro. Nuestro objetivo al escribir este libro es ayudarte a recuperar la imaginación de tu niño interior, ver más allá de la incomodidad inmediata para percibir el panorama y conectar con lo que verdaderamente importa. Nuestra meta es que entiendas que dentro de ti yace un poder que te ayudará a percibir ese panorama para que no permitas que las pequeñeces te distraigan y pierdas de vista tus sueños.

Tenemos la esperanza de que uses la información que te hemos dado para empoderarte y hacer que te enfoques conscientemente. ¿Te enfocarías en la imagen de una maleta perdida y en las emociones asociadas con esa imagen? ¿O preferirías enfocarte en la majestuosidad de las montañas y en la sensación de asombro que te inspiran?

La maleta apareció algunos días después. Como Jo dijo: «Ninguno de nuestros pensamientos cambió el resultado o el momento en el que encontraron la maleta, pero con el comentario de Reid que cambió nuestra perspectiva, nuestros pensamientos *sí* cambiaron nuestra experiencia». De no ser por Reid, la familia de Jo se habría estancado en la negatividad, y no habría estado presente para disfrutar las impresionantes Montañas Rocallosas.

Es tu decisión enfocarte en lo que perdiste o en lo que ganaste. Depende de ti.

Nos has acompañado en un viaje de autodescubrimiento, uno que comenzó con una reflexión para establecer tus valores, tu propósito y tu significado. Ese es un punto de partida crítico porque es la brújula interna que define la forma en que ves y sientes el mundo. Una vez que conectas con un significado más profundo, puedes comprometerte y mantener el impulso que te lleve hacia tus metas.

Lo que esperamos

Los cambios significativos ocurren poco a poco. Una vez que comienzas a prestar atención a los aproximadamente sesenta puntos decisivos que enfrentas cada día, te vuelves capaz de ver todas las oportunidades para avanzar hacia tus metas.

Ahora que leíste este libro, notarás que eres más consciente de tus puntos decisivos cuando estos se presentan porque estás más al tanto de tu conversación interna. Es muy probable que seas hipersensible a tus metacogniciones —tu forma de pensar respecto a tus pensamientos—, lo cual es normal y, de hecho, es el resultado deseado. Tal vez pienses cosas como «Estoy inventando excusas para no correr. Me doy cuenta de ello y quiero cambiarlo».

También es probable que, además de ser más consciente de tu conversación interna, tu habilidad para visualizar haya mejorado. Al desarrollar y repasar tus pensamientos usando estas nuevas habilidades, refinarás constantemente tu capacidad para imaginar el futuro y la vida que quieres vivir. Cuanto más practiques, más clara se volverá la imagen. Al concentrarte, permítete experimentar las emociones asociadas con ser la persona que quieres ser: una persona que actúa de manera consistente con sus valores, su propósito y su significado. En última instancia, la práctica de la visualización te revelará una nueva forma de abordar los desafíos, y desarrollarás una actitud flexible al cambio mientras te esfuerzas por aquello que de verdad te importa.

Es normal que comiences a notar las dificultades durante el proceso para dominar cualquier habilidad. Puede que la visualización se sienta torpe y complicada antes de que refines tu estilo y tomes el control de tus puntos decisivos cuando ocurran. Todo lo que vale la pena es desafiante, y que domines la visualización depende de cuánto estás dispuesto a practicar, aplicar y aprender.

Lo más satisfactorio de nuestro trabajo es ver a las personas invertir tiempo y esfuerzo en la visualización y el cambio. Todos van a su propio ritmo; encuentra el tuyo y *confía en él*. Descubrir lo que funciona mejor para ti lleva tiempo, en especial si te sientes desconectado de tus valores o limitado por experiencias pasadas. Tómate el tiempo de conectar con aquello que te motiva, esfuérzate de verdad por desafiar tus pensamientos negativos y descubrirás que puedes lograr mucho más de lo que has soñado.

A lo largo de los años que pasamos desarrollando y adaptando el FIT y el AIM, descubrimos que en el proceso hay factores en los que no puedes hacer concesiones; es decir, cosas que debes hacer para dominar tus puntos decisivos de manera individual y al formar parte de un equipo. Estos factores siguen una secuencia —valores, creencias, actitudes, cogniciones (visualización) y acciones— y son los elementos fundamentales con los que conectamos cuando revisamos el trabajo con nuestros pacientes en nuestra sesión final. A estas conclusiones las llamamos Principios para ser tú, y son las lecciones centrales que queremos enseñarte.

Los valores son los comodines para tus puntos decisivos

Si alguien te preguntara «¿Cuáles son tus valores?», ¿qué responderías? Esperamos que, a estas alturas, puedas reconocer tus valores nucleares con facilidad porque has reflexionado sobre su importancia desde el capítulo 2. Debes portar tus valores con orgullo y compartirlos con los demás. Vivir de acuerdo con tus valores sirve para que no te sientas desequilibrado. Alguien que valora la salud, pero fuma y bebe todos los días, vive en un estado de conflicto interno donde cada cigarro representa un punto decisivo.

Sabemos que las personas que están bien conectadas con sus valores y toman acciones de acuerdo con ellos todos los días tienen más probabilidades de mantenerse apegadas a metas desafiantes y de perseverar cuando enfrentan adversidades. Tus valores son tus comodines para los puntos decisivos: puedes utilizarlos en cualquier momento para superar algún obstáculo en el juego de la vida.

Los valores siguen siendo esenciales al trabajar en equipos porque crean conexiones y expectativas. Si te pidiéramos a ti y a tu equipo nombrar sus valores comunes e individuales, y describir su meta compartida, ¿podrían hacerlo? Tu equipo es único, tiene su propia identidad y crea el ecosistema, o cultura, en la que todos trabajarán. Tus valores personales y los valores de los compañeros que te rodean, en combinación con los valores de la organización y la meta compartida, crean la identidad grupal, aquello que los diferencia de los demás. Conocer esta identidad grupal hará que todos vayan en la misma dirección y los ayudará a desarrollar un flujo de trabajo honesto.

LECCIÓN 1: alista tus valores.
Debes vivir de acuerdo con ellos, ya que serán tus agentes de cambio.

La actitud es más grande que las creencias

Tus experiencias pasadas crean tus creencias, es decir, tu mentalidad actual, y, a su vez, las primeras producen la percepción que tienes sobre un posible cambio futuro. Es algo similar a cómo un jugador de póquer juzga su mano con base en las cartas que tenía en la mano anterior y las posibilidades que aún quedan en la baraja. Por ejemplo, si no has tenido mucho éxito ejercitándote y perdiendo peso, sería comprensible que desarrollaras la creencia fija de que no hay mucho que puedas hacer para cambiar. Sin embargo, puedes mantener esta creencia fija y aun así progresar hacia el cambio.

Cuando Jonathan comenzó su trabajo relacionado con la mentalidad hace una década, descubrió que algunos atletas olímpicos tenían la percepción de que no podían cambiar su nivel de talento, pero sus actitudes, su tenacidad y su entusiasmo eran flexibles. Estos atletas le decían: «No creía que pudiera mejorar, pero seguí esforzándome y mejoré cada vez más». Su actitud fue más grande que sus creencias, y lo mismo puede sucederte a ti.

La mejor actitud que puedes tener respecto a los escenarios hipotéticos es aceptar una forma optimista de afrontar los problemas y arriesgarte sin importar lo positiva o negativa que sea tu mentalidad en un momento dado; es el pensamiento que conecta tus valores con las posibilidades de cambio que imaginaste; es el motivo por el que tantas personas juegan a la lotería sin importar que pierdan cada semana. O juegas o no lo haces (no es que estemos a favor de jugar a la lotería). Jugar a la lotería no tiene que ver con una mentalidad y creencias lógicas, sino que se basa en la actitud y, como dicen los jugadores frecuentes: «¡Qué diablos! ¡Imagina si llegaras a ganar!».

Las creencias —ya sea que estén afianzadas en una mentalidad fija o de crecimiento, o que sean individuales o las comparta un grupo— cambian con la actitud, y una actitud ganadora crea un espacio para el esfuerzo y la imaginación. Aquí es donde yacen la curiosidad y los retos. Es lo que les decimos a nuestros hijos cuando juegan: «¡Solamente dale una oportunidad! ¡Inténtalo!», y entonces vemos cómo su curiosidad se enciende mientras se esfuerzan implacablemente por aprender. Y mientras lo intentan, les dan forma a sus puntos decisivos.

En lo que respecta a nosotros, debemos cultivar una curiosidad y un ánimo implacables, permitiendo que nuestras mentes imaginen las posibilidades que acompañan la mentalidad flexible de arriesgarnos pese a las adversidades. Así es como damos una nueva forma a nuestros puntos decisivos: perseverando con decisiones pequeñas y apropiadas que nos permitan acercarnos a nuestras metas.

La curiosidad genera colaboración y permite el nacimiento de nuevas ideas. Ser curiosos implica soltar cualquier apego sobre tener la razón o ser el experto, para aceptar los riesgos y decir: «Estoy abierto a escuchar tu perspectiva». Incluso una de las mejores jugadoras de tenis que jamás haya existido puede aprender de una principiante, siempre que tenga una actitud flexible y ganadora.

En una ocasión, Martina Navratilova le dio algunas indicaciones a una amiga de Jo llamada Pam respecto a su saque. Jo, quien está lejos de ser una jugadora de tenis, notó que Pam movía sus pies al realizar el saque, mientras que los pies de Martina estaban bien plantados en la cancha. Ella notó que Martina no se había dado cuenta de ese detalle al estar de pie junto a Pam, prestando atención a la parte superior de su cuerpo.

—Creo que sus pies son el problema —le indicó a Martina—. Me pregunto si notarás lo mismo si la observas desde donde yo estoy.

Martina pareció molesta, pero hizo caso a Jo. Caminó hasta donde ella estaba sentada y observó el saque de Pam.

—Vaya —Martina estaba asombrada—. ¡Tienes razón!

Al combinar tu actitud positiva con la positividad de los demás, creas una actitud grupal ganadora. En vez de limitar tu pensamiento a la rigidez, observa con una mente inquisitiva y conviértete en un investigador curioso, tanto de forma individual como con tu equipo. Esta actitud ganadora da poder a una cultura de aprendizaje, aumenta el nivel de esfuerzo y fomenta un ambiente en el que el talento crece.

LECCIÓN 2: sé curioso ante el aprendizaje.
Es la clave para que tú y tu equipo
tengan una actitud ganadora.

La visualización requiere desarrollo

Dicen que la vida no es un ensayo teatral, pero la visualización es una herramienta que te permite realizar algunos repasos. La consciencia plena y la meditación hacen que prestes atención al presente, mientras que el *coaching* de visualización te prepara para lo que yace a la vuelta de la esquina. Si solo te fijas en la valla frente a ti al montar a caballo, te perderás en la pista después de saltarla y aterrizar. Un buen jinete establece un ritmo, mira a la distancia, se compromete y observa *qué viene a continuación*, y sabe *antes* del salto si después debe seguir de frente o girar a la derecha o a la izquierda.

Los marineros observan el viento que está más allá del viento que está a punto de tocar su barco para saber adónde ir *después*. En el automovilismo pasa algo similar: los expertos como Andy Priaulx enseñan a los pilotos a ver «más allá de la curva».

Al visualizar, lo ideal es realizar un desarrollo con tres o más sentidos, y también con tus emociones, para que seas capaz de ver con detalle lo que hay más adelante.

LECCIÓN 3: profundiza los detalles de tu visualización. Es tu ensayo teatral.

Practica la visualización para mantener la ruta

A estas alturas, ya deberías haber experimentado y usado la secuencia LAP (localizar tu señal, activar la visualización y perseverar con el plan) de la manera que te resulte más funcional. Las señales (verbales o físicas) detonan los pensamientos que producen conductas. Tus señales son importantes, especialmente al combinarlas con tu significado. Si planeas aplicar los principios de este libro en tu vida, esperamos que incorpores al menos estos dos elementos en tu rutina diaria. En primer lugar, establece una señal inicial, como el aroma de tu café matutino, para activar el modo de visualización, lo que te permitirá experimentar tu futuro con detalles vívidos antes de que ocurra.

En segundo lugar, usa otra señal, como una respiración profunda, para reiniciar tus pensamientos cuando te desorientes y retomar la dirección correcta alineando tus acciones con tus valores. O quizá elijas una señal que puedas usar con facilidad dondequiera que estés, porque no necesita un objeto o aroma en particular, y siempre la tienes a la mano. En este libro, te hemos recomendado dejar lo que estés haciendo, inhalar profundamente, aguantar por dos segundos, y luego exhalar despacio. Elegimos esto como señal porque tu respiración siempre estará disponible, pero si sientes que hay otra cosa que te funcionará mejor, úsala, sea lo que sea. Recuerda: tú eres el personaje principal de tu historia.

A medida que practiques la secuencia LAP, serás capaz de redirigir tu pensamiento con mayor rapidez. Descubrimos que la mayoría de las personas que refinan y amplifican su habilidad de visualización pueden llevar a cabo fácilmente el desarrollo de lo que desean, en lugar de lo que no desean, cuando llegan a un punto decisivo. Experimenta con las señales apropiadas para ti; solo recuerda relacionarlas con tus valores porque estos son los que activan tus emociones junto con la visualización motivacional.

El uso del AIM como herramienta formal para la planeación ante los desafíos es útil en grupos, equipos y organizaciones. La visualización ayuda a crear el panorama general del ecosistema de la organización y beneficia a los equipos cuando crean sus propios microcosmos, desarrollando procesos para mantenerse resilientes ante los desafíos antes de que estos surjan.

Es posible que tanto tú como tu equipo ya hayan hecho algo similar en su organización realizando las reuniones estratégicas ocasionales en las que formulan planes para las amenazas antes de que ocurran, pero es raro que los equipos hagan esto semanalmente.

Aunque consuma tiempo y requiera mucha energía, recomendamos que tu organización realice planeaciones con la visualización formal cada semana. Los beneficios son superiores a los costos, y con el tiempo notarás un aumento significativo en la productividad, más equilibrio personal, mejor calidad de sueño y menos estrés general, tanto para ti como para tus compañeros de equipo.

En cualquier caso, ya sea que uses la visualización por tu cuenta o con un equipo, el proceso de compartir metas y comprometerte con un plan te da energía para entrar en acción. El simple acto de reunirse para discutir metas es una intervención por sí mismo. Al discutir las metas en reuniones programadas de manera regular, la propia reunión se convierte en una señal y crea un espacio para la visualización, a medida que los participantes desarrollan expectativas y se esfuerzan por cumplir con la rendición de cuentas planificada.

LECCIÓN 4: presta atención a tus señales.
Úsalas para activar tu visualización.

Rige tu vida bajo tus propias tus reglas

En las sesiones finales con nuestros pacientes, les pedimos que nos enseñen lo que aprendieron y normalmente comienzan hablando de sus valores, de cómo algunas de sus creencias eran fijas, pero una actitud flexible les permitió esforzarse para investigar nuevas metas, lo que a su vez los hizo capaces de imaginar nuevas posibilidades. La tarea final que les damos es determinar tres conductas que demuestren compromiso.

En una ocasión, Jonathan le preguntó a un CEO con el que estaba trabajando:

—Si rigieras tu vida bajo tus valores, ¿cuáles serían las tres cosas que harías y en las que no cederías en absoluto?

El CEO respondió:

> Mi primer valor es la familia, y necesito enfocarme en estar presente con ellos. Tengo una meta, que es tomar de la mano a mi hija todos los días para estar más conectados y sentirme más presente. Nada de teléfonos ni llamadas, solo estar presente. El segundo valor es la amistad. Mantendría mis reuniones de los martes por la mañana con mis amigos para sentirme más conectado con los demás. He cancelado muchas de ellas recientemente, lo que me hace sentir desconectado, y si es uno de mis valores nucleares, tengo que darles continuidad. Mi tercer valor es la salud y el equilibrio, que van de la mano. De verdad disfruto ir a correr o a nadar por las mañanas. Me siento más sano y más como yo mismo cuando lo hago cuatro veces a la semana.

—¿Podrías regir tu vida bajo estos valores y acciones en todo momento y sin ceder nunca? —preguntó Jonathan.

El CEO respondió:

—Sí, es algo en lo que he estado trabajando, pero ahora que lo he dicho en voz alta, puedo imaginarme viviendo de esa forma y cómo eso me hace sentir como persona.

No les pedimos a nuestros pacientes que rijan sus vidas bajo sus valores al inicio de nuestras sesiones. Es una petición muy grande cuando vamos empezando. En vez de eso, primero nos enfocamos en una sola meta y solo llegamos al punto de vivir bajo los valores tras un largo proceso de reflexión, incubación de pensamientos, refinación de las habilidades de visualización y aplicaciones deliberadas y específicas. Por ejemplo, estar presente y vivir en el momento requiere autodescubrimiento y la habilidad de controlar tu atención.

Al concluir, damos a nuestros pacientes y equipos un llamado a la acción. Ellos escriben sus compromisos respecto a sus conductas, y nosotros nos apartamos un poco luego de un breve resumen.

Al igual que con nuestros pacientes, te daremos una última tarea: escribe tres conductas con las que te comprometerás. Siéntete libre de usar la siguiente plantilla para anotar tus respuestas en tu diario; esperamos que ya esté lleno de notas. Estos compromisos pueden ser acciones diarias o semanales. Tómate el tiempo para imaginarte realizando cada una, y reflexiona sobre su importancia y la razón por la que estás listo para comenzar de inmediato.

1. Mi valor es ________________ y voy a _________________.
2. Mi valor es ________________ y voy a _________________.
3. Mi valor es ________________ y voy a _________________.

Una vez que hayas escrito tus compromisos, habrás terminado. Haz tu mejor esfuerzo para regir tu vida con ellos, realizando una visualización multisensorial detallada respecto al *motivo* por el que son un propósito para ti y los demás. Vivir bajo estas tres reglas o compromisos de comportamiento te definirá como persona.

LECCIÓN 5: sé consciente de tus comportamientos estableciendo tres compromisos.

EN RESUMEN

Sé consciente de tus valores.

Sé curioso ante el aprendizaje.

Profundiza los detalles de tu visualización.

Presta atención a tus señales.

Sé consciente de tus comportamientos.

¿Qué sigue?

Aunque el *coaching* de visualización es nuevo, el Entrenamiento de Visualización Funcional (FIT) no lo es. Los equipos que investigaron y desarrollaron este modelo, y más recientemente el AIM, pasaron por un proceso de control de fidelidad, o pruebas de garantía de calidad. Nos aseguramos de que todos los investigadores pasen pruebas rigurosas para cumplir con nuestros altos estándares. Si quieres volverte un profesional del *coaching* de visualización, desarrollamos una serie de capacitaciones certificadas por la Federación Internacional de Coaching.

Desde luego, este libro no te convertirá en un profesional del FIT o del AIM, ni en un *coach* de visualización, pero si te dará a ti y a tu equipo las herramientas para usar estas técnicas directamente. El uso de estos modelos está basado en investigaciones, desarrollo y muchas prácticas aplicadas en muchas áreas de la vida. Para saber más, visita <www.imagerycoaching.com>.

Tal vez antes de leer este libro sentías que no estabas donde querías estar, ya fuera en el trabajo, en las relaciones, con la familia o en relación con tu salud. Quizá te hayas sentido impotente ante los pensamientos y las imágenes en tu cabeza. Ahora posees las herramientas para recuperar el control y elegir lo que deseas ver. Ahora eres el conductor de tu vida y no solo un pasajero. Muchos de nuestros pacientes dicen que su habilidad para visualizar es un superpoder, y estamos de acuerdo. Úsalo sabiamente y cambiará tu vida. Esperamos que puedas apreciar su magia.

AGRADECIMIENTOS

Este libro está basado en investigaciones y en nuestro uso aplicado del Entrenamiento de Visualización Funcional, que combina entrevistas motivacionales con visualización. Estamos agradecidos con la Facultad de Psicología de la Universidad de Plymouth por ofrecer capacitaciones y supervisar las investigaciones, lo cual nos permitió volvernos desarrolladores y profesionales de este método.

Agradecemos enormemente a nuestra agente, Eileen Cope, y a nuestra editora, Lauren Marino, por darles la oportunidad a dos autores noveles. Damos las gracias a Maya Hoffman y a Robin Colucci, nuestros *coaches* de escritura, por sus indicaciones, su paciencia y todo su apoyo al hacer que nuestras ideas no parecieran un libro de texto (y también por permitirnos escribir algunos chistes).

Agradecimientos de Jo

Quiero agradecer a mis amigos y a mi familia por su amor y su apoyo, especialmente a mi papa de 95 y a mi mamá de 91 años, por enseñarme sobre resiliencia; a mis pacientes, por confiarme sus imaginaciones; y a mi terapeuta, Roberta Shapiro, por alentarme a viajar a Inglaterra para capacitarme en FIT, y por insistir en que debía encontrar el valor para escribir incluso cuando me sentía rota.

Agradecimientos de Jonathan

En 2021, terminé de supervisar mi proyecto número 100. No hubo champaña ni palmadas en la espalda al conseguir ese logro, solo llegó el siguiente proyecto. El camino así es. Este libro está dedicado principalmente a los miles de investigadores, académicos, profesores y participantes que brindan su apoyo para generar proyectos en favor del conocimiento (incluidos aquellos cuyas investigaciones no llegan a ser publicadas debido a que la revisión por parte de expertos puede ser muy dura). Ustedes son los héroes anónimos de la educación. ¡Gracias!

Por último, agradezco a todos mis amigos y a mi familia por su apoyo, en especial a Katie, mi esposa, y a Rory, mi hijo (juntos formamos el equipo Rhodesy). Siempre estaré en deuda por todo el amor, la paciencia y la generosidad que me han brindado. Espero que ahora, luego de leer este libro, tengan una idea más clara de lo que hago.

NOTAS

CAPÍTULO 1

1 Tseng, Julie y Jordan Poppenk. «Brain meta-state transitions demarcate thoughts across task contexts exposing the mental noise of trait neuroticism» en *Nature Communications* 11, núm. 1 (2020): 1-12.

2 Baumeister, Roy F., Ellen Bratslavsky, Mark Muraven y Dianne M. Tice. «Ego depletion: Is the active self a limited resource?». En *Self-Regulation and Self-Control*, pp. 16-44. Routledge, 2018.

3 Organización Mundial de la Salud. «Obesity», [Consultado el 9 de junio de 2021]. <www.who.int/news-room/facts-in-pictures/detail/6-facts-on-obesity>.

4 Solbrig, Linda, Ben Whalley, David J. Kavanagh, Jon May, Tracey Parkin, Ray Jones y Jackie Andrade. «Functional imagery training versus motivational interviewing for weight loss: A randomised controlled trial of brief individual interventions for overweight and

obesity» en *International Journal of Obesity* 43, núm. 4 (2019): 883-894.

5 Proyecto Conectoma Humano. «1200 Subjects Data Release», [Consultado el 1 de marzo de 2017]. <www.humanconnectome.org/study/hcp-young-adult/document/1200-subjects-data-release>.

6 Tseng y Poppenk. «Brain meta-state transitions demarcate thoughts».

7 Suárez-Pellicioni, Macarena, María Isabel Núñez-Pena y Àngels Colomé. «Math anxiety: A review of its cognitive consequences, psychophysiological correlates, and brain bases» en *Cognitive, Affective, and Behavioral Neuroscience* 16, núm. 1 (2016): 3-22.

8 Rhodes, Jonathan, Karol Nedza, Jon May, Thomas Jenkins y Tom Stone. «From couch to ultra marathon: Using functional imagery training to enhance motivation» en *Journal of Imagery Research in Sport and Physical Activity* 16, núm. 1 (2021).

9 Nedza, Karol y Jon May. «The impact of Functional Imagery Training on adherence to treatment, completion of rehabilitation exercise plan and confidence in recovery in sports therapy patients: Pilot study: Oral Presentation B5.6» en *Health and Fitness Journal of Canada* 14, núm. 3 (2021).

10 May, Jon, Jackie Andrade, David Kavanagh y Lucy Penfound. «Imagery and strength of craving for eating, drinking, and playing sport». *Cognition and Emotion* 22, núm. 4 (2008): 633-650.

11 Kahneman, Daniel. *Pensar rápido, pensar despacio*. Debolsillo, 2020.

12 Leahy, Robert L. *The Worry Cure: Seven Steps to Stop Worry from Stopping You*. Harmony, 2006.

13 Baddeley, Alan D. y Graham Hitch. «Working memory». En *Psychology of Learning and Motivation*, vol. 8, pp. 47-89. Academic Press, 1974.

CAPÍTULO 2

1 Miller, William R., Cheryl A. Taylor y JoAnne C. West. «Focused versus broad-spectrum behavior therapy for problem drinkers» en *Journal of Consulting and Clinical Psychology* 48, núm. 5 (1980): 590.

2 Miller, William R. «Motivational interviewing with problem drinkers» en *Behavioural and Cognitive Psychotherapy* 11, núm. 2 (1983): 147-172.

3 Miller, William y Stephen Rollnick. *Motivational Interviewing: Preparing People to Change Addictive Behavior*. Guilford Press, 1991.

4 Rubak, Sune, Annelli Sandbaek, Torsten Lauritzen y Bo Christensen. «Motivational interviewing: A systematic review and meta-analysis» en *British Journal of General Practice* 55, núm. 513 (2005): 305-312.

5 Lundahl, Brad W., Chelsea Kunz, Cynthia Brownell, Derrik Tollefson y Brian L. Burke. «A meta-analysis of motivational interviewing: Twenty-five years of empirical studies» en *Research on Social Work Practice* 20, núm. 2 (2010): 137-160.

6 Kavanagh, David J., Jackie Andrade y Jon May. «Imaginary relish and exquisite torture: The elaborated intrusion theory of desire» en *Psychological Review* 112, núm. 2 (2005): 446.

7 May, Jon, Jackie Andrade, Nathalie Panabokke y David Kavanagh. «Images of desire: Cognitive models of craving» en *Memory* 12, núm. 4 (2004): 447-461.

8 Andrade, Jackie, Marina Khalil, Jennifer Dickson, Jon May y David J. Kavanagh. «Functional Imagery Training to reduce snacking: Testing a novel motivational intervention based on Elaborated Intrusion theory» en *Appetite* 100 (2016): 256-262.

9 May, Jon, Jackie Andrade, David J. Kavanagh y Marion Hetherington. «Elaborated intrusion theory: A cognitive-emotional theory of food craving» en *Current Obesity Reports* 1, núm. 2 (2012): 114-121.

10 Miller, William R., Janet C'de Baca, Daniel B. Matthews y Paula L. Wilbourne. «Personal Values Card Sort». Sitio web de Guilford Press, actualizado en 2011. <www.guilford.com/add/miller11_old/pers_val.pdf?t>.

CAPÍTULO 4

1 Paivio, A. «Cognitive and motivational functions of imagery in human performance» en *Canadian journal of applied sport sciences; Journal canadien des sciences appliquées au sport* 10, núm. 4 (1985): 22S-28S.

2 Schuster, Corina, Roger Hilfiker, Oliver Amft, Anne Scheidhauer, Brian Andrews, Jenny Butler, Udo Kischka y Thierry Ettlin. «Best practice for motor imagery: A systematic literature review on motor imagery training elements in five different disciplines» en *BMC Medicine* 9, núm. 1 (2011): 1-35.

3 Holmes, Emily A. y Andrew Mathews. «Mental imagery and emotion: A special relationship?» en *Emotion* 5, núm. 4 (2005): 489.

4 Henderson, Robert R., Margaret M. Bradley y Peter J. Lang. «Emotional imagery and pupil diameter» en *Psychophysiology* 55, núm. 6 (2018): e13050.

5 Esta sección está basada en el trabajo del psicólogo cognitivo David Marks y su investigación con el uso del Cuestionario de Intensidad de las Habilidades Visuales (VVIQ, por sus siglas en inglés).

6 Hanakawa, Takashi, Ilka Immisch, Keiichiro Toma, Michael A. Dimyan, Peter Van Gelderen y Mark Hallett. «Functional properties of brain areas associated with motor execution and imagery» en *Journal of Neurophysiology* 89, núm. 2 (2003): 989-1002.

7 Galton, Francis. «Statistics of mental imagery» en *Mind* 5, núm. 19 (1880): 301-318.

8 Andrade, Jackie, Jon May, Catherine Deeprose, Sarah-Jane Baugh y Giorgio Ganis. «Assessing vividness of mental imagery: The Plymouth Sensory Imagery Questionnaire» en *British Journal of Psychology* 105, núm. 4 (2014): 547-563.

9 Zeman, Adam, Michaela Dewar y Sergio Della Sala. «Reflections on aphantasia» en *Cortex* 74 (2016): 336-337.

10 Williams, Jacqueline, Cristina Omizzolo, Mary P. Galea y Alasdair Vance. «Motor imagery skills of children with attention deficit hyperactivity disorder and developmental coordination disorder» en *Human Movement Science* 32, núm. 1 (2013): 121-135.

11 Debarnot, Ursula, Eleonora Castellani, Gaetano Valenza, Laura Sebastiani y Aymeric Guillot. «Daytime naps improve motor imagery learning» en *Cognitive, Affective, and Behavioral Neuroscience* 11, núm. 4 (2011): 541-550.

12 McTighe, Stephanie M., Rosemary A. Cowell, Boyer D. Winters, Timothy J. Bussey y Lisa M. Saksida. «Paradoxical false memory for objects after brain damage» en *Science* 330, núm. 6009 (2010): 1408-1410.

13 Crego, Alberto, Socorro Rodriguez-Holguín, María Parada, Nayara Mota, Montserrat Corral y Fernando Cadaveira. «Reduced anterior prefrontal cortex activation in young binge drinkers during a visual working memory task» en *Drug and Alcohol Dependence* 109, núm. 1-3 (2010): 45-56.

CAPÍTULO 5

1 Rhodes, Jonathan. «The commando's mental mutiny and mindset» en *The Psychologist* 4 (2022): 54-56.

2 Rhodes, Jonathan. «Enhancing grit in elite athletes through functional imagery training». Tesis doctoral, Universidad de Plymouth, 2020.

3 Oettingen, Gabriele. «Future thought and behaviour change» en *European Review of Social Psychology* 23, núm. 1 (2012): 1-63.

4 Zenke, Friedemann y Wulfram Gerstner. «Hebbian plasticity requires compensatory processes on multiple timescales» en *Philosophical Transactions of the Royal Society B: Biological Sciences* 372, núm. 1715 (2017): 20160259.

5 Rhodes, Jonathan, Karol Nedza, Jon May, Thomas Jenkins y Tom Stone. «From couch to ultra marathon: Using functional imagery training to enhance motivation» en *Journal of Imagery Research in Sport and Physical Activity* 16, núm. 1 (2021).

6 Rhodes, Jonathan, Jon May, Jackie Andrade y David Kavanagh. «Enhancing grit through functional imagery training in professional soccer» en *Sport Psychologist* 32, núm. 3 (2018): 220–225.

CAPÍTULO 6

1 Rhodes, J., J. May, J. Andrade y R. Ramage. «Mindsets in Education» (presentado en el 8th Annual Pedagogic Research Institute and Observatory [8.° Instituto y Observatorio Anual de Investigación Pedagógica], Universidad de Plymouth, Plymouth, Reino Unido, abril de 2019). <www.researchgate.net/publication/332371437_Mindsets_in_Education>.

CAPÍTULO 7

1 Rhodes, Jonathan y Jon May. «Applied imagery for motivation: A person-centred model» en *International Journal of Sport and Exercise Psychology* (2021): 1-20.

2 Rhodes, Jonathan, Karol Nedza, Jon May, Thomas Jenkins y Tom Stone. «From couch to ultra marathon: Using functional imagery training to enhance motivation» en *Journal of Imagery Research in Sport and Physical Activity* 16, núm. 1 (2021).

CAPÍTULO 8

1 Blanding, Michael. «National health costs could decrease if managers reduce work stress». Escuela de Negocios Harvard, 26 de enero de 2015. <https://hbswk.hbs.edu/item/national-health-costs-could-decrease-if-managers-reduce-work-stress>.

2 Olivarez-Giles, Nathan. «Former YouSendIt CEO admits to cyber attack on the company». *Los Angeles Times*, 28 de junio de 2011. <www.latimes.com/business/la-xpm-2011-jun-28-la-fi-yousendit-20110628-story.html>.

3 Lee, Woogul, Johnmarshall Reeve, Yiqun Xue y Jinhu Xiong. «Neural differences between intrinsic reasons for doing versus extrinsic reasons for doing: An fMRI study» en *Neuroscience Research* 73, núm. 1 (2012): 68-72.

4 Sitio web del Paul Hertz Group, [Consultado el 13 de septiembre de 2022]. <www.paulhertzgroup.com>.

CAPÍTULO 9

1 Maslow, Abraham Harold. «A dynamic theory of human motivation», 1958.

2 Tay, Louis y Ed Diener. «Needs and subjective well-being around the world» en *Journal of Personality and Social Psychology* 101, núm. 2 (2011): 354.

3 NASA. «Arctic sea ice minimum extent», 13 de julio de 2022. <https://climate.nasa.gov/vital-signs/arctic-sea-ice/>.

4 May, Jon, Emma Redding, Sarah Whatley, Klara Łucznik, Lucie Clements, Rebecca Weber, John Sikorski y Sara Reed. «Enhancing creativity by training metacognitive skills in mental imagery» en *Thinking Skills and Creativity* 38 (2020): 100739.

5 Coyle, Daniel. *The Talent Code: Unlocking the Secret of Skill in Maths, Art, Music, Sport, and Just About Everything Else*. Random House, 2009.